Colección de Puntos de Tejido

Colección de Puntos de Tejido

Una guía creativa e imprescindible con
300 puntos para tejer

LESLEY STANFIELD & MELODY GRIFFITHS

Manu

Título original: *Essential stitch collection for knitters.*

© Primera edición en Argentina en 2012,
por Cute Ediciones.
Agüero 1481, Ciudad de Buenos Aires,
Argentina (1425)
Tel.: (5411) 4824-5694,
info@cuteediciones.com.ar
www.cuteediciones.com.ar

© de la Traducción: Alejandra Pont.

Stanfield, Lesley
Colección de puntos de tejido / Lesley Stanfield y Melanie Griffiths. - 1a ed. - Buenos Aires : Cute Ediciones, 2012.
208 p. ; 19x25 cm.

ISBN 978-987-1903-06-1

1. Tejido. 2. Manualidades. I. Griffiths, Melanie II. Título
CDD 746.4

Fecha de catalogación: 30/08/2012

Esta primera edición de 5.000 ejemplares se terminó de imprimir en noviembre de 2012 en los talleres gráficos 1010 Printing International Ltd., China.

Queda hecho el depósito que dispone la ley n° 11.723

Contenido

Introducción

Nuestra colección de 300 diseños de puntos fue pensada para las tejedoras manuales de todos los niveles y ambiciones, porque cubre puntos sencillos que son la base de otros diseños y se transforman en más complejas y desafiantes ideas. Es realmente difícil explicar la fascinación del tejido, especialmente a alguien que no teje, y es verdad que pueden haber frustraciones en el camino. Pero una vez que usted domine el aspecto mecánico de realizar puntos, se convertirá en una directora de arte. Puede seleccionar colores, elegir hilados, combinar puntos y ser la creadora y crítica de una obra.

Si su aproximación al tejido es la de quien teje como actividad social, querrá quedarse con los puntos más simples; encontrará una gran variedad de ellos en esta colección. Cuanto más elaborados son los diseños de punto, en general, requieren más paciencia que habilidad. Pruebe libremente y anímese a los más difíciles: no hay nada más gratificante que intentar algo que creíamos por encima de nuestra capacidad y luego descubrir que realmente no era tan duro.

Hemos explorado algunos viejos y olvidados puntos y nos divertimos creando muchos otros nuevos, con la esperanza de que podamos comunicar nuestro entusiasmo por el tejido a todos los lectores.

Disfruten la alquimia de los hilados y las agujas!

Sobre este libro

Este libro presenta 300 puntos ordenados en capítulos, cada uno con su código de color. Se presentan las texturas básicas (puntos derechos y revés) y luego una serie de muestras agrupadas por tipos de diseño, para terminar con una colección de técnicas poco comunes. Al final, hay una guía que indica cómo usar los puntos junto con un resumen de las técnicas básicas de tejido.

LA GUÍA

Selección de puntos

Cada capítulo está precedido por un cuadro que muestra todos los diseños próximos uno de otro para facilitar la comparación entre los mismos.

Las muestras de puntos

Las muestras de puntos están organizadas en capítulos: Derecho y Revés, Torzadas, Trenzas, Calados, Puntos en relieve y hojas, Jacquard e Intarsia, Puntos Infrecuentes y Letras y Números.

SABER CÓMO TEJER

Usando los puntos

Págs. 184-191: Muchas tejedoras poseen un amplio espectro de diseños de puntos pero no saben cómo usarlos. Esta sección le mostrará cómo usar los puntos para diseñar, también las repeticiones del diseño o paneles sencillos y motivos, usando la texturas presentadas en el libro y en los colores de los puntos.

Técnicas básicas

Págs. 194-199: Esta sección incluye todas las técnicas elementales, desde cómo empezar hasta la comprensión de temas más complejos (tal como aumentar y disminuir) y decidir cuál es el mejor método para el tipo de punto que usted querrá usar.

Leyendo los gráficos

Págs. 200-203: Esta sección explica cómo usar los gráficos, permitiéndole aprovechar al máximo el libro.

Abreviaturas y símbolos

Págs. 204–205: Las abreviaturas y los símbolos más frecuentemente usados están reproducidos en éste libro. Cualquier abreviatura ó símbolo poco común - específicos de algún diseño - están presentados como "Símbolos específicos" junto a su gráfico. También hay un recordatorio de abreviaturas en la solapa desplegable de la página 207.

Selector de puntos
Con las fotografías de los puntos que presentará cada capítulo dispuestos uno al lado del otro, será más fácil seleccionar el que se ajuste mejor a su diseño.

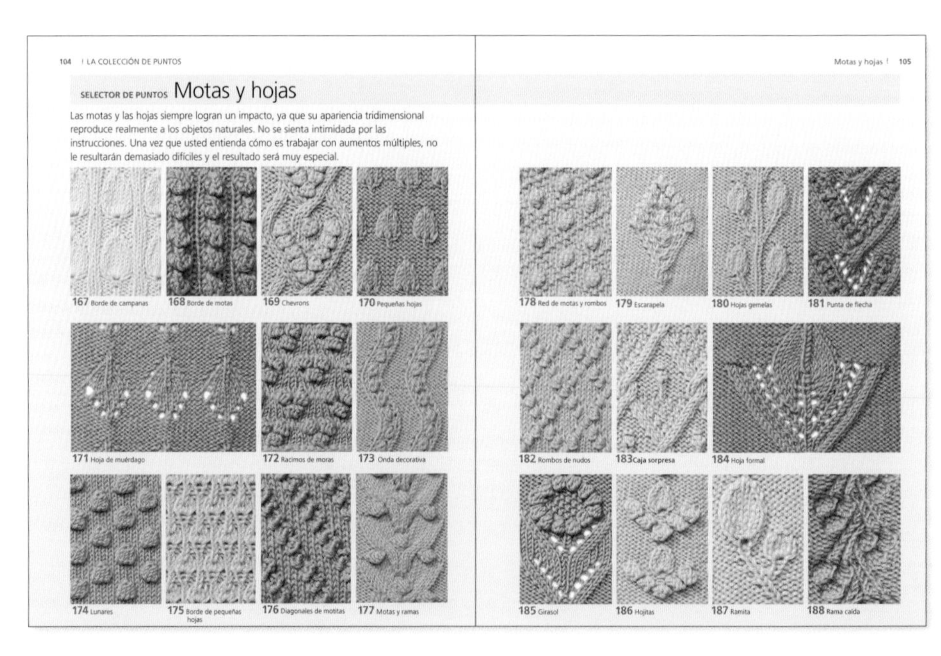

104 | LA COLECCIÓN DE PUNTOS

Motas y hojas | 105

SELECTOR DE PUNTOS Motas y hojas

Las motas y las hojas siempre logran un impacto, ya que su apariencia tridimensional reproduce realmente a los objetos naturales. No se sienta intimidada por las instrucciones. Una vez que usted entienda cómo es trabajar con aumentos múltiples, no le resultarán demasiado difíciles y el resultado será muy especial.

167 Borde de campanas
168 Borde de motas
169 Chevrons
170 Pequeñas hojas
178 Red de motas y rombos
179 Escarapela
180 Hojas gemelas
181 Punta de flecha
171 Hoja de muérdago
172 Racimos de moras
173 Onda decorativa
182 Rombos de nudos
183 Caja sorpresa
184 Hoja formal
174 Lunares
175 Borde de pequeñas hojas
176 Diagonales de motitas
177 Motas y ramas
185 Girasol
186 Hojitas
187 Ramita
188 Rama caída

Muestras de puntos
Cada capítulo tiene una sección introductoria con diseños para principiantes, que incluyen tanto las instrucciones hilera por hilera como gráficos fáciles de leer.

Nivel de dificultad
Las muestras están graduadas con niveles ascendentes de dificultad en escala de 1 a 3.

Hilados usados
Las muestras están tejidas en hilados suaves y fáciles de visualizar

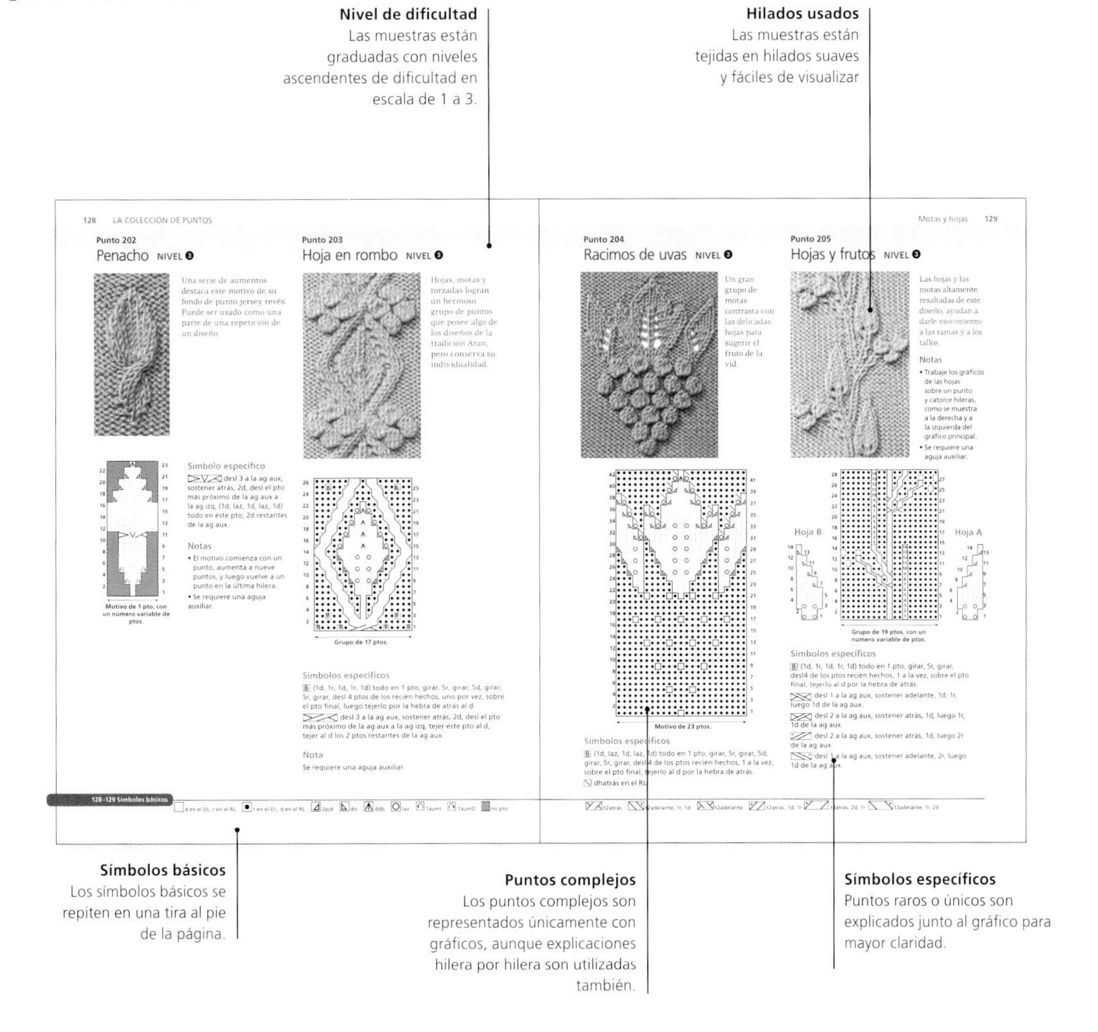

Símbolos básicos
Los símbolos básicos se repiten en una tira al pie de la página.

Puntos complejos
Los puntos complejos son representados únicamente con gráficos, aunque explicaciones hilera por hilera son utilizadas también.

Símbolos específicos
Puntos raros o únicos son explicados junto al gráfico para mayor claridad.

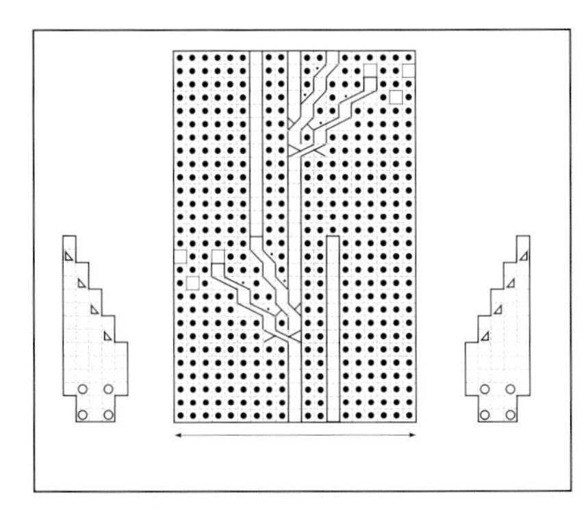

Copiando los gráficos de puntos
Los gráficos de puntos están impresos en blanco y negro, para facilitar el fotocopiado o escaneo y escalado (esto es particularmente útil si usted tiene baja visión o trabaja en un lugar con poca luz, también para tejedoras activas en grupo o clase).

Solapa desplegable
En la página 207 encontrará una solapa desplegable con las abreviaturas de puntos y un conversor de agujas de tejer.

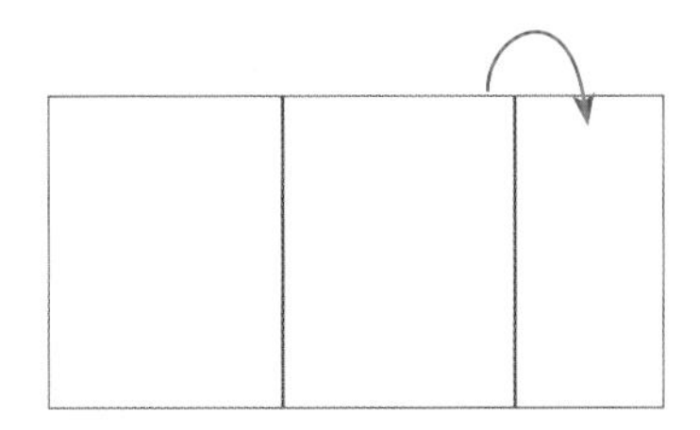

La Colección de puntos

Esta sección presenta 300 puntos ordenados en capítulos, cada uno con su código de color para que usted pueda encontrar fácilmente lo que desea. Empezamos con las tramas básicas (puntos derechos y revés), luego el contenido transcurre a través de una serie de variadas muestras y terminamos con una colección de técnicas poco comunes.

SELECTOR DE PUNTOS Derecho y revés

Los puntos derechos y revés son los bloques de construcción del tejido – ellos forman el punto jersey y el punto jersey revés, muchas terminaciones y muchas más texturas. Las "V" del derecho de la labor tienen un aspecto redondeado en el revés de la misma.

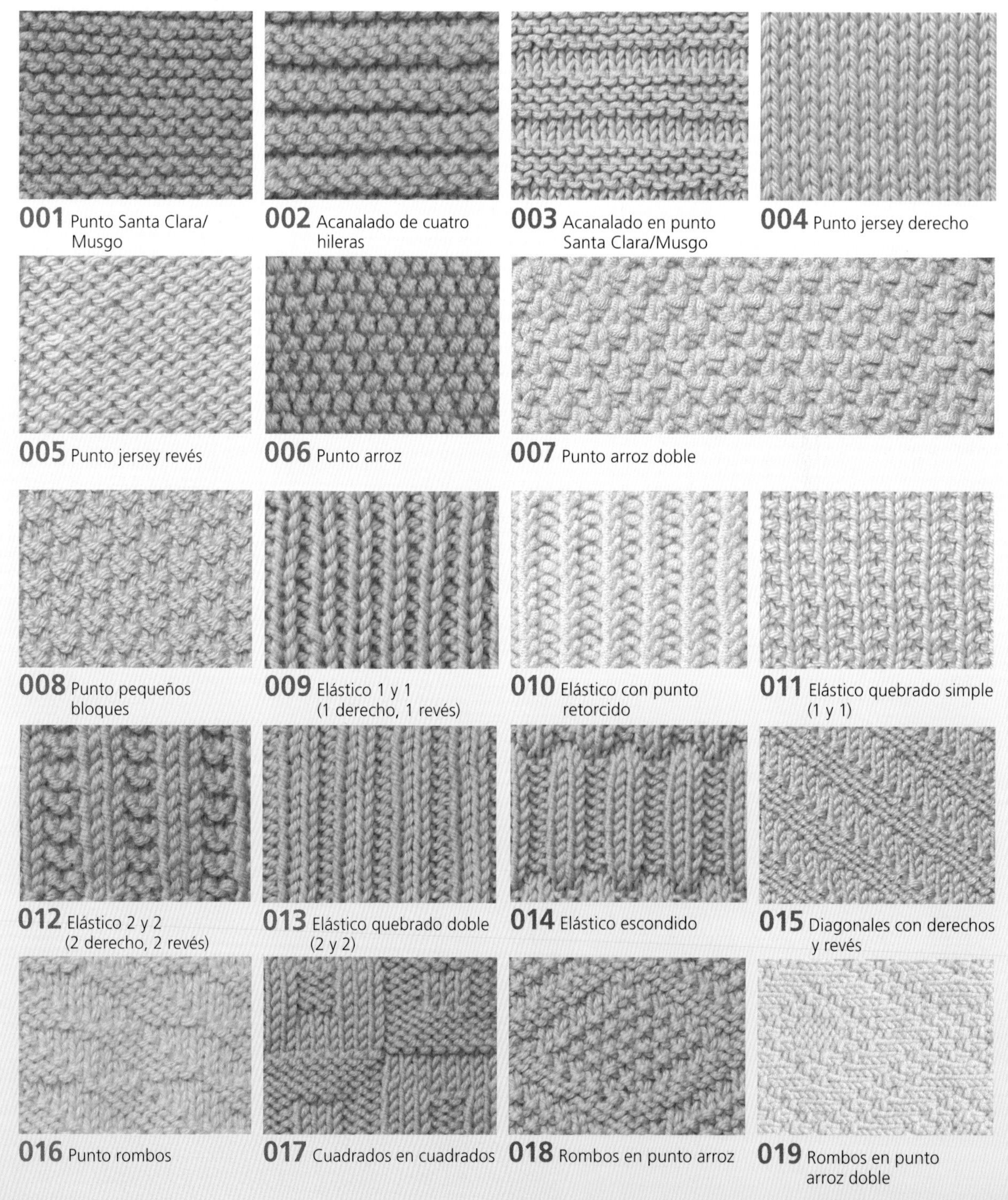

001 Punto Santa Clara/ Musgo

002 Acanalado de cuatro hileras

003 Acanalado en punto Santa Clara/Musgo

004 Punto jersey derecho

005 Punto jersey revés

006 Punto arroz

007 Punto arroz doble

008 Punto pequeños bloques

009 Elástico 1 y 1 (1 derecho, 1 revés)

010 Elástico con punto retorcido

011 Elástico quebrado simple (1 y 1)

012 Elástico 2 y 2 (2 derecho, 2 revés)

013 Elástico quebrado doble (2 y 2)

014 Elástico escondido

015 Diagonales con derechos y revés

016 Punto rombos

017 Cuadrados en cuadrados

018 Rombos en punto arroz

019 Rombos en punto arroz doble

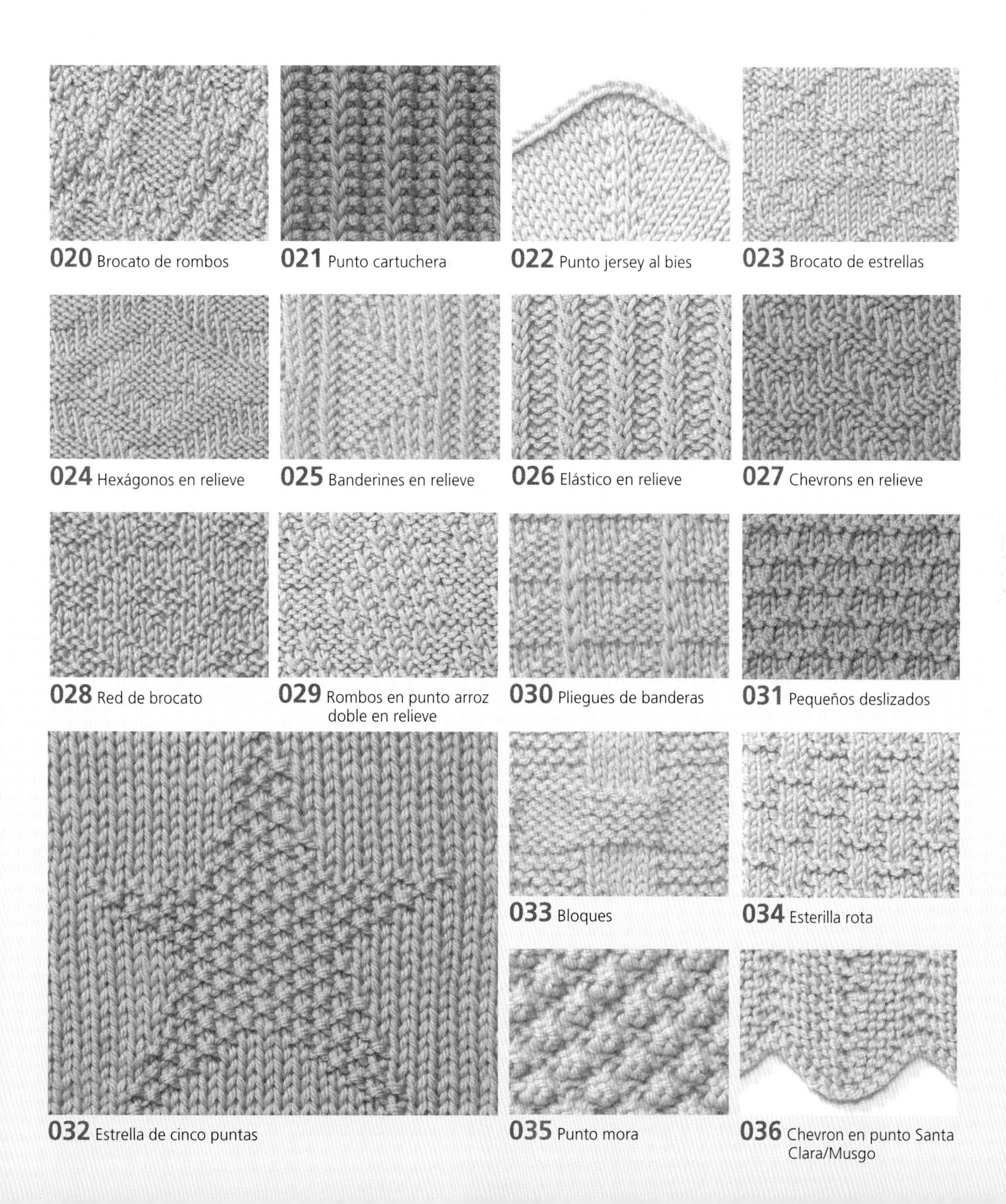

020 Brocato de rombos

021 Punto cartuchera

022 Punto jersey al bies

023 Brocato de estrellas

024 Hexágonos en relieve

025 Banderines en relieve

026 Elástico en relieve

027 Chevrons en relieve

028 Red de brocato

029 Rombos en punto arroz doble en relieve

030 Pliegues de banderas

031 Pequeños deslizados

032 Estrella de cinco puntas

033 Bloques

034 Esterilla rota

035 Punto mora

036 Chevron en punto Santa Clara/Musgo

Punto 001

Santa Clara/Musgo NIVEL 1

Es sencillo, ya que cada punto de cada hilera está tejido al derecho. Esto produce un tejido reversible que no tiende a enrollarse sobre sí mismo, y lo vuelve útil para vistas y terminaciones. Sus cordones de puntos al derecho producen un ligero estiramiento en el ancho y una contracción en lo vertical; por ello, la muestra casi siempre es cuadrada. Al contar las hileras, recordar que hay una hilera del revés entre cada par de cordones del derecho. Se logra el mismo punto tejiendo todos los puntos de cada hilera al revés.

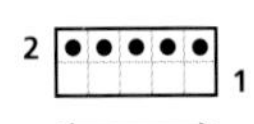

Cualquier número de ptos, el que se muestra es sobre 5

Procedimiento

1ra hilera (DL): d.

2da hilera (RL): d.

Estas 2 hileras forman el diseño.

Punto 002

Acanalado de 4 hileras NIVEL 1

Acanalado es el término para una serie de surcos horizontales que resultan de una combinación de hileras al derecho y al revés. Tiende a estirarse a lo ancho y puede ser trabajado sobre cualquier número de puntos. Esta versión de cuatro hileras es probablemente la más sencilla.

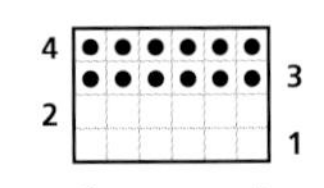

Cualquier número de ptos, el que se muestra es sobre 5

Procedimiento

1ra hilera (DL): d.

2da hilera: r.

3ra hilera: r.

4ta hilera: d.

Estas 4 hileras forman el diseño.

Punto 003

Acanalado en Santa Clara NIVEL 1

Siete de cada ocho hileras de este diseño son tejidas al derecho. Esto le da una textura más profunda y suave que otros puntos similares.

Procedimiento

1ra hilera (DL): d.

2da hilera: r.

3ra – 8va hilera: d.

Estas 8 hileras forman el diseño.

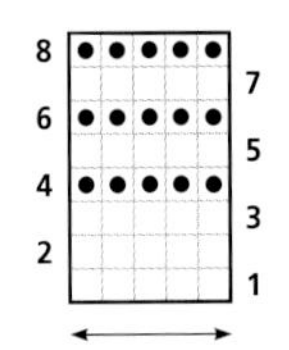

Cualquier número de ptos, el que se muestra es sobre 5

Punto 004

Punto Jersey NIVEL 1

Este punto resulta en un tejido suave y se logra tejiendo todos los puntos de las hileras del derecho de la labor al derecho, y todos los puntos de las hileras del revés de la labor al revés. Probablemente es el punto más conocido y más usado en el tejido.

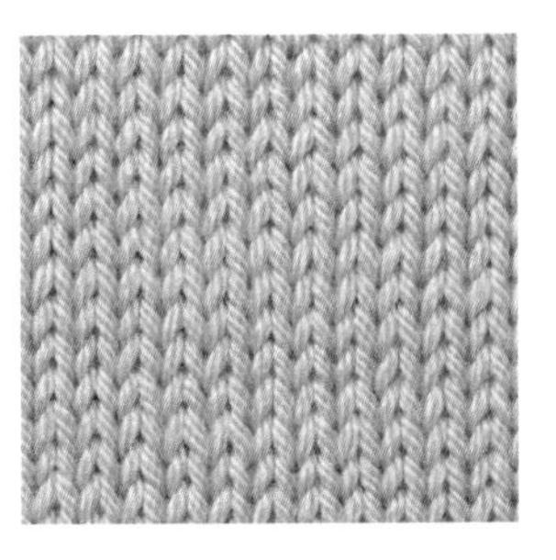

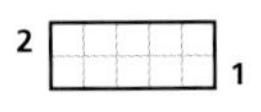

Cualquier número de ptos, el que se muestra es sobre 5

Procedimiento

1ra hilera (DL): d.

2da hilera: r.

Estas 2 hileras forman el diseño.

d en el DL, r en el RL ● r en el DL, d en el RL

Punto 005

Punto Jersey revés NIVEL 1

Usado menos frecuentemente, pero igualmente distintivo, el punto jersey revés es lo opuesto al punto jersey derecho. Tejiendo al revés todos los puntos de las hileras del derecho y tejiendo al derecho todos los puntos de las hileras del revés se luce todo el aspecto del revés del punto.

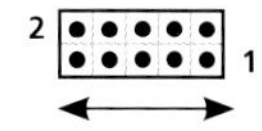

Cualquier número de ptos, el que se muestra es sobre 5

Procedimiento

1ra hilera (DL): r.

2da hilera: d.

Estas 2 hileras forman el diseño.

Punto 006

Punto arroz NIVEL 1

El punto arroz crea una de las más simples y más gratificantes texturas. Al igual que el punto Santa Clara, tiende a estirarse a lo ancho y a contraerse verticalmente, lo que resulta en una muestra casi siempre cuadrada. Consiste en puntos derechos y revés alternados.

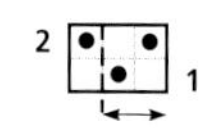

Múltiplo de 2 más 1.

Procedimiento

1ra hilera (DL): [1d, 1r] hasta el final de la hilera, 1d.

2da hilera: igual que la primera.

Estas 2 hileras forman el diseño.

Nota

Sobre un número par de puntos, trabajar [1d, 1r] hasta el final de la primera hilera, luego [1r, 1d] a lo largo de la segunda hilera.

Punto 007

Punto arroz doble NIVEL 1

A veces llamado arroz irlandés, ésta variación de punto arroz de cuatro hileras no tiene la tendencia de contraerse verticalmente. Puede ser empezado con un punto al derecho o con un punto revés, siempre y cuando se correpondan con los siguientes puntos al derecho y al revés.

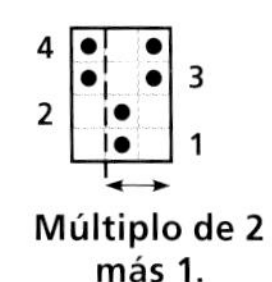

Múltiplo de 2 más 1.

Procedimiento

1ra hil. (DL): [1d, 1r] hasta el último pto, 1d.

2da hil.: [1r, 1d] hasta el último pto, 1r.

3ra hil.: [1r, 1d] hasta el último pto, 1r.

4ta hil.: [1d, 1r] hasta el último pto, 1d.

Estas 4 hileras forman el diseño.

Punto 008

Pequeños bloques NIVEL 1

Al igual que en el punto doble arroz, ésta es una repetición de cuatro hileras, pero con el múltiplo del punto multiplicado por dos. El resultado es muy diferente pero a la vez produce una textura simple que muestra cómo los bloques pueden sobresalir.

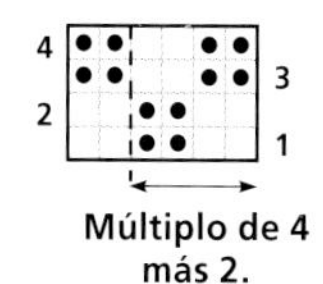

Múltiplo de 4 más 2.

Procedimiento

1ra hilera (DL): [2d, 2r] hasta los últimos 2 ptos, 2d.

2da hilera: [2r, 2d] hasta los 2 últimos ptos, 2r.

3ra hilera: [2r, 2d] hasta los últimos 2 ptos, 2r.

4ta hilera: [2d, 2r] hasta los últimos 2 puntos, 2d.

Estas 4 hileras forman el diseño.

Punto 009

Elástico 1 y 1

NIVEL 1

Alternando puntos derechos y revés a lo largo de la hilera se obtiene un borde elástico con un montón de aplicaciones. Puede ser trabajado sobre un número par de puntos, pero trabajarlo sobre un número impar es lo más usual.

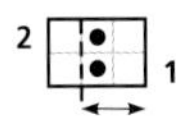

El que se muestra es sobre un número impar de puntos; múltiplo de 2 más 1.

Procedimiento

1ra hilera (DL): [1d, 1r] hasta el último pto, 1d.

2da hilera: [1r, 1d] hasta el último pto, 1r.

Estas dos hileras forman el diseño.

Nota

Sobre un número par de puntos, trabajar [1d, 1r] hasta el final de la 1° hilera, luego trabajar la 2° hilera de igual modo.

Punto 010

Elástico retorcido

NIVEL 1

Es una variante del punto elástico 1 y 1 que, a pesar de ser menos elástico que el original, tiene una muy buena definición. Los puntos tejidos al derecho en el derecho de la labor y los puntos tejidos al revés en el revés de la labor están trabajados por la hebra de atrás.

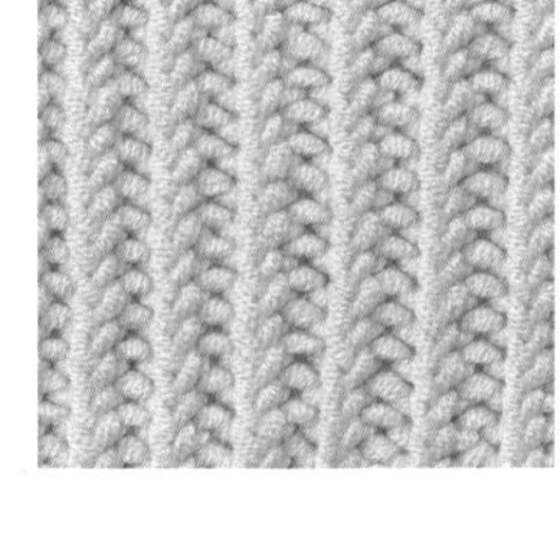

Múltiplo de 2 más 1.

Procedimiento

1ra hilera (DL): [1r, 1d pha]] hasta el último pto, 1r.

2da hilera: [1d, 1r pha] hasta el último pto, 1d.

Estas dos hileras forman el diseño.

Punto 011

Elástico quebrado simple

NIVEL 1

Si las hileras del derecho de la labor se tejen 1d, 1r y las hileras del revés de la labor se tejen sencillamente al revés, el resultado es un elástico con una apariencia texturada pero con poca elasticidad.

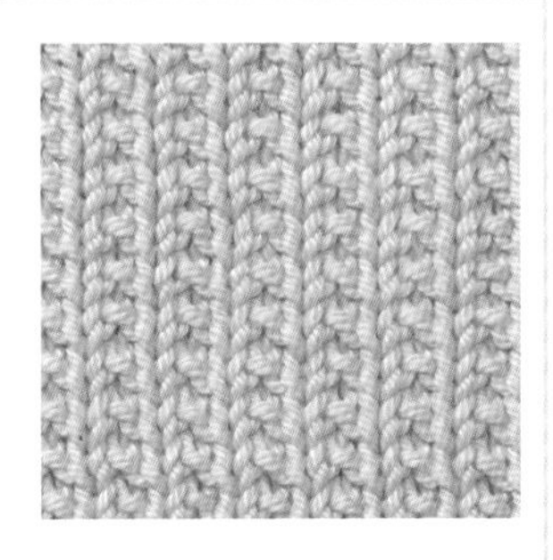

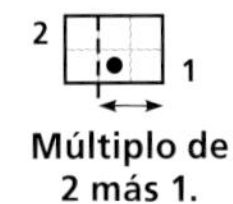

Múltiplo de 2 más 1.

Procedimiento

1ra hilera (DL): [1d, 1r] hasta el último pto, 1d.

2da hilera: r.

Estas 2 hileras forman el diseño.

Punto 012

Elástico 2 y 2

NIVEL 1

Este clásico punto reversible es probablemente el elástico que tiene mayor profundidad en sus surcos. Es llamado a veces elástico doble y puede ser usado tanto para prendas enteras como para terminaciones.

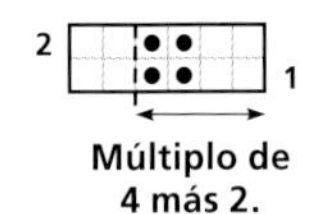

Múltiplo de 4 más 2.

Procedimiento

1ra hilera (DL): [2d, 2r] hasta los últimos 2 ptos, 2d

2da hilera: [2r, 2d] hasta los últimos 2 ptos. 2r.

Estas 2 hileras forman el diseño.

16–17 Símbolos básicos

□ d en el DL, r en el RL ● r en el DL, d en el RL ⧅ d pha en el DL, r pha en el RL

Punto 013

Elástico quebrado doble (2 y 2)

NIVEL 1

Al tejer al revés las hileras del revés de la labor se producen cordones verticales en el elástico 2 y 2. Esto aplana el elástico pero le da firmeza a la textura del punto.

Procedimiento

1ra hilera (DL): [2d, 2r] hasta los últimos 2 ptos, 2d.

2da hilera: r

Estas 2 hileras forman el diseño.

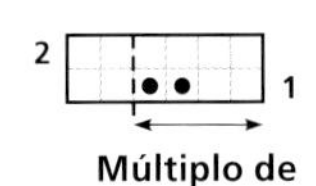

Punto 014

Elástico escondido

NIVEL 2

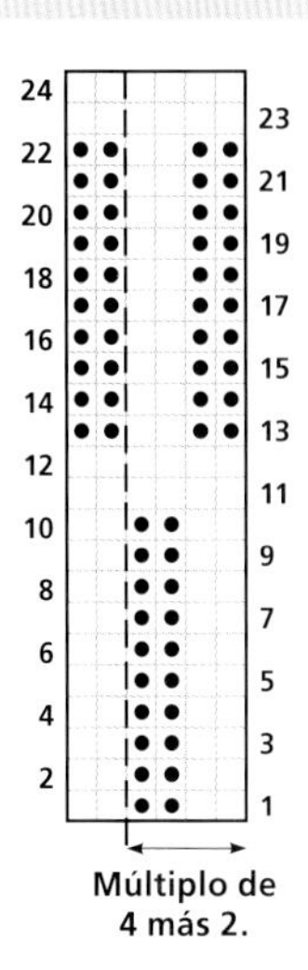

Insertando dos hileras de punto jersey entre bandas alternadas de elástico 2 y 2 se produce una textura fuerte y definida, que es bastante diferente a la del elástico puro.

Punto 015

Diagonales

NIVEL 2

Grupos de puntos al derecho y puntos al revés se desplazan un punto en cada hilera, resultando en diagonales muy bien definidas y angulosas.

Procedimiento

1ra hil. (DL): [4d, 4 r] hasta final.

2da hil.: [3d, 4r, 1d] hasta final.

3ra hil.: [2r, 4d, 2r] hasta final.

4ta hil.: [1d, 4r, 3d] hasta final.

5ta hil.: [4r, 4d] hasta final.

6ta hil.: [3r, 4d, 1r] hasta final.

7ma hil.: [2d, 4r, 2d] hasta final.

8va hil.: [1r, 4d, 3r] hasta final.

Estas 8 hileras forman el diseño.

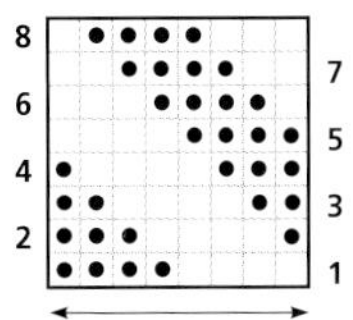

Punto 016

Punto rombos

NIVEL 2

Intercalando diagonales de puntos derecho y revés se forma otro diseño.

Procedimiento

1ra hil.: [4r, 4d] hasta final.

2da hil.: [3r, 4d, 1r] hasta final.

3ra hil.: [2d, 4r, 2d] hasta final.

4ta hil.: [1r, 4d, 3r] hasta final.

5ta hil.: [4d, 4r] hasta final.

6ta hil.: [4r, 4d] hasta final.

7ma hil.: [1d, 4r, 3d] hasta final.

8va hil.: [2r, 4d, 2r] hasta final.

9na hil.: [3d, 4r, 1d] hasta final.

10ma hil.: [4d, 4r] hasta final.

Estas 10 hileras forman el diseño.

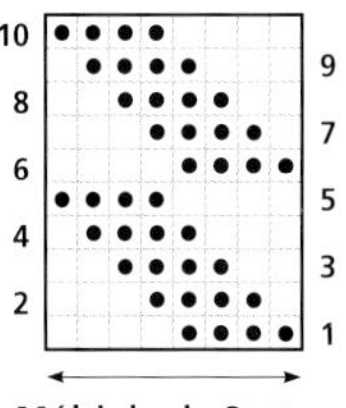

Punto 017

Cuadrados encuadrados

NIVEL 2

Alternando cuadrados de puntos derechos y revés se crea una textura de fuerte relieve, a la que se acrecienta en atractivo con el agregado de pequeños cuadrados. Nótese que un cuadrado contiene más hileras que puntos.

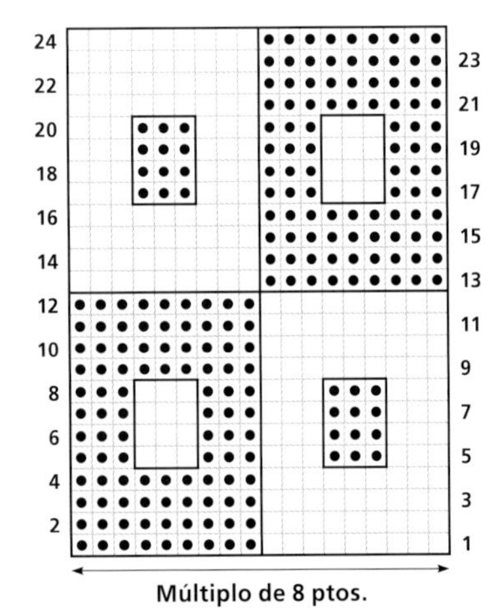

Punto 018

Rombos en punto arroz

NIVEL 2

Dos puntos jersey revés encuadran el punto arroz para lograr un fuerte relieve poco profundo de rombos.

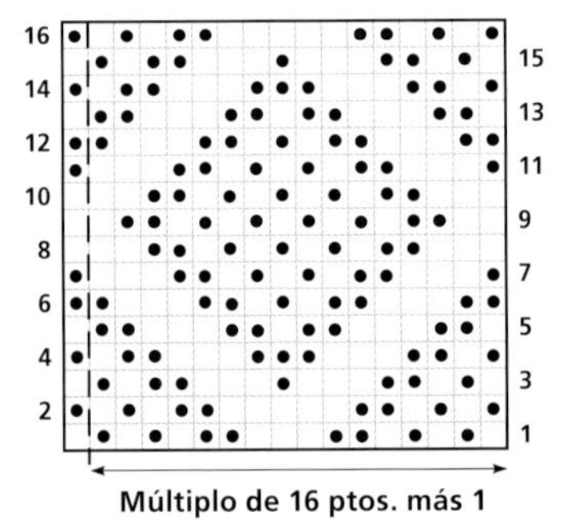

d en el DL, r en el RL

r en el DL, d en el RL

Punto 019

Rombos en punto arroz doble NIVEL ❷

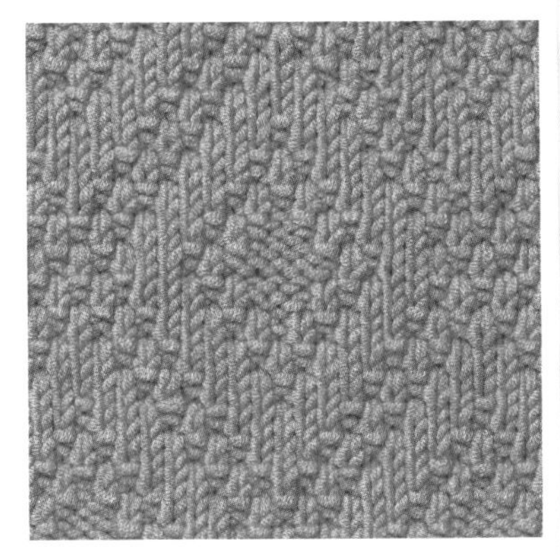

Estos rombos entre rombos están logrados en punto arroz doble con un fondo de punto jersey. El rombo central tiene un pequeño panel de punto jersey revés.

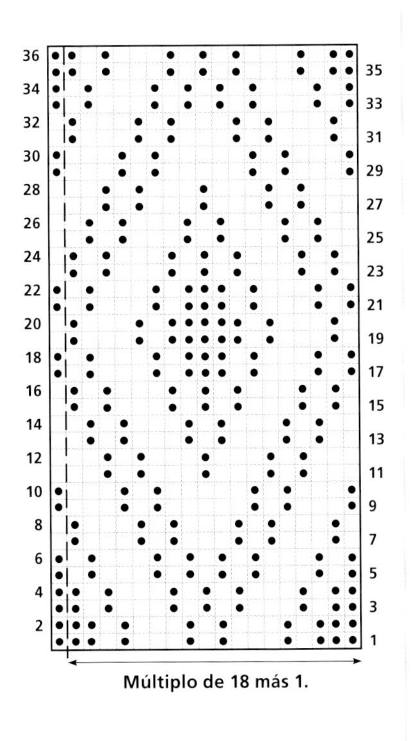

Múltiplo de 18 más 1.

Punto 020

Brocato de rombos NIVEL ❷

Resaltar los rombos hechos en jersey revés con dos puntos en jersey derecho le otorga un efecto "quilt" a una simple combinación de derechos y revés.

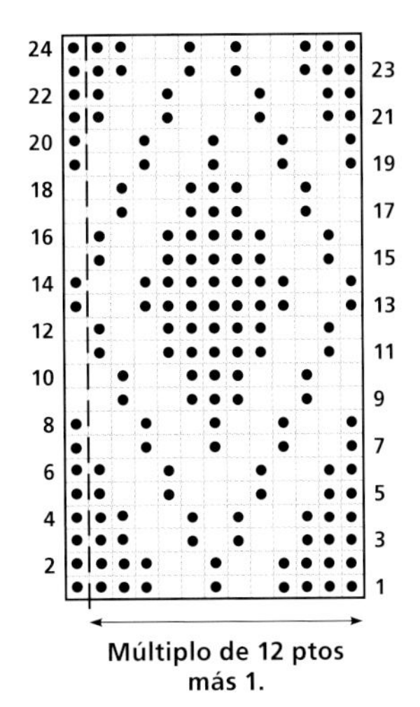

Múltiplo de 12 ptos más 1.

Punto 021

Punto cartuchera NIVEL ❷

Este punto clásico tiene la ventaja de ser reversible. Las profundas canaletas y los sólidos cordones de puntos derechos están realizados con puntos deslizados. Además, esta es una secnilla repetición de dos hileras sin puntos al revés.

Múltiplo de 4 más 3 ptos

Símbolo específico

⊟ desl1rha

Procedimiento

1ra hilera (DL): 3d, [desl1rha, 3d] hasta el final.

2da hilera: 1d, [desl1rha, 3d] hasta los últimos 2 ptos, desl1rha, 1d.

Estas 2 hileras forman el diseño.

Punto 022

Punto jersey al bies NIVEL 2

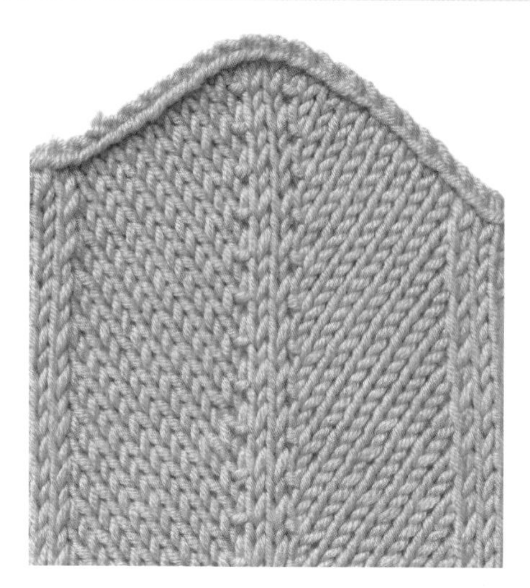

Trabajando uniformemente pares de aumentos y disminuciones, el punto jersey se transforma en un bies que le da al tejido una terminación de ondas. Se admite cualquier número de puntos entre cada onda. Acerque los aumentos y las disminuciones para crear chevrons, o colóquelos en cada extremo para un tejido inclinado.

Se muestra sobre 26 ptos.

Símbolo específico

1d ad y at

Procedimiento

1ra hilera (DL): 2d, dsi, 7d, 1d ad y at, , 1d, 1d ad y at, 8d, 2pjd, 2d.

2da hilera: r.

Estas 2 hileras forman el diseño.

Punto 023

Brocato de estrellas NIVEL 2

Aquí, una red de puntos que asoman están rellenos de estrellas de ocho puntas. Parece complicado, pero se trata de derechos y reveses, por lo que es fácil de realizar.

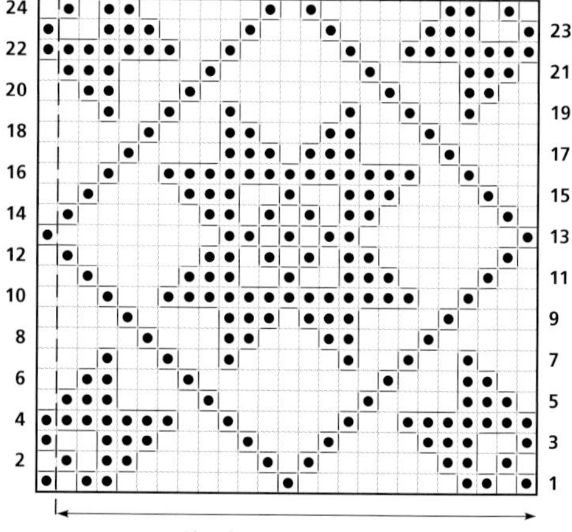

Múltiplo de 24 ptos más 1.

d en el DL, r en el RL | r en el DL, d en el RL | dha en el DL, rha en el RL | 2pjd | dsi

Punto 024

Hexágonos en relieve NIVEL ❷

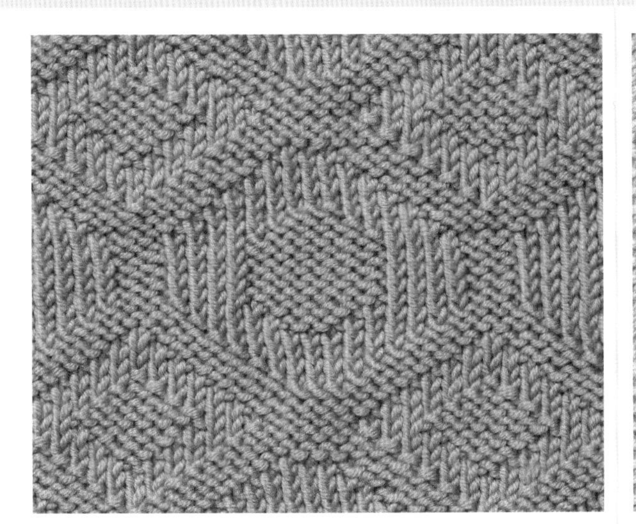

Esta disposición ordenada de puntos derecho y revés, con algunos puntos trabajados por la hebra de atrás, se asemeja a un diseño de patchwork.

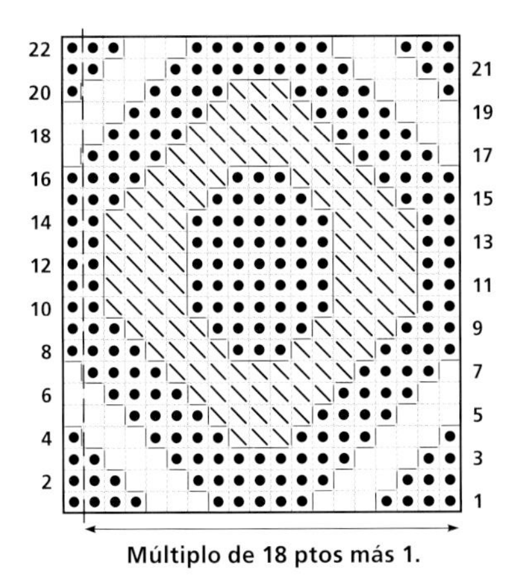

Múltiplo de 18 ptos más 1.

Punto 025

Banderines en relieve NIVEL ❷

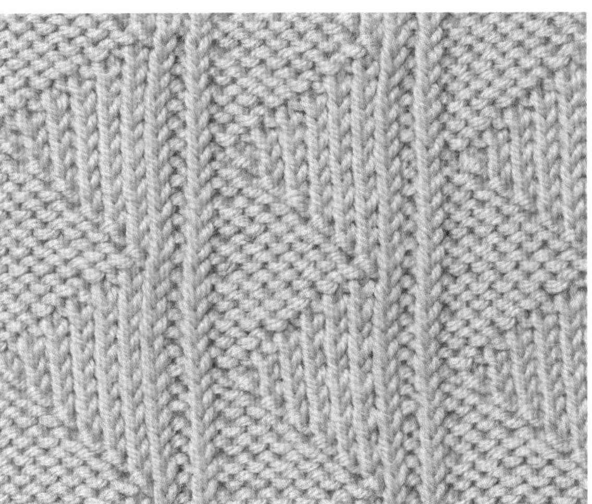

Este es el tipo de diseño sencillo que resulta ideal para seguir con un gráfico a mano ya que, a pesar de que los cambios de diseño se producen tanto en las hileras del derecho como en las del revés, le será con esta ayuda más fácil ver dónde usted se encuentra. El contraste entre los puntos trabajados por la hebra de atrás y el punto jersey revés le agrega una delicada textura al diseño.

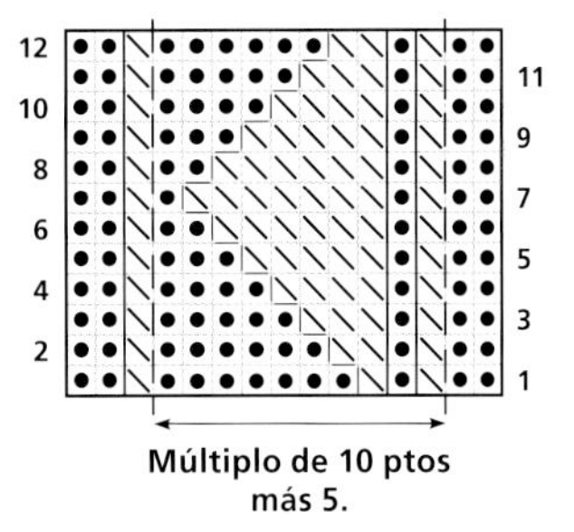

Múltiplo de 10 ptos más 5.

Punto 026
Elástico en relieve
NIVEL 2

Esta es una variante interesante del elástico 2 y 2, es fácil de trabajar y se logra una textura firme y definida.

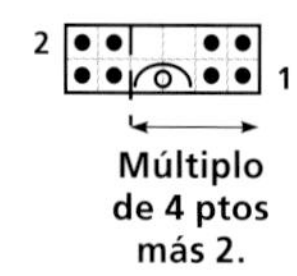

Símbolo específico

Wha, desl1r, laz, 1d, montar ambos ptos.

Punto 027
Chevrons en relieve
NIVEL 2

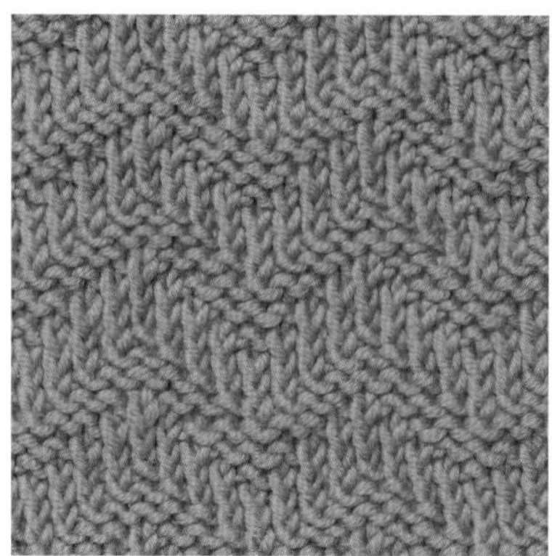

Trabajando los puntos para alternar los chevrons por la hebra de atrás agrega definición y le da a este sencillo punto un efecto sofisticado.

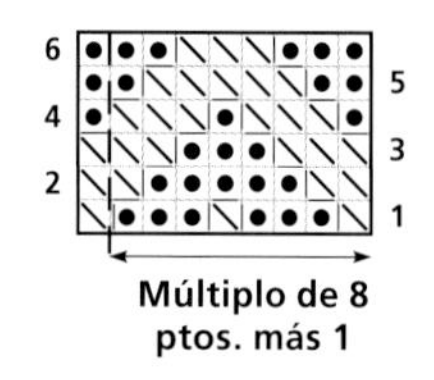

Punto 028
Red de brocato
NIVEL 2

Esta disposición delicada de puntos que se asoman forma una red de rombos que se asemeja a los cobertores blancos de cama del siglo XIX. A pesar de que el reverso no es idéntico, posee un lindo diseño.

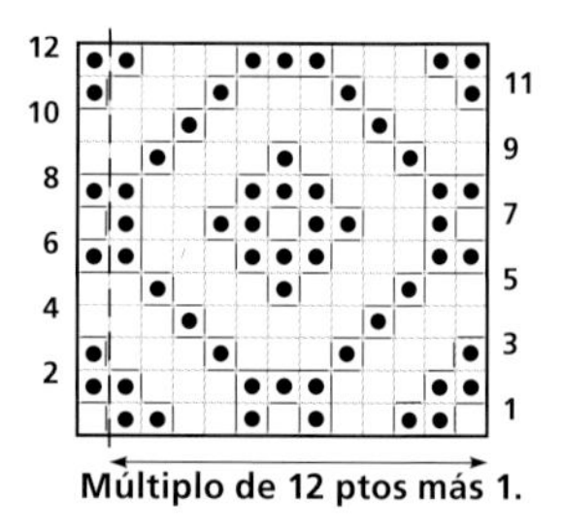

d en el DL, r en el RL | r en el DL, d en el RL | d pha en el DL, r pha en el RL

Punto 029

Rombos en punto arroz doble NIVEL 2

Trabajar puntos en arroz doble por la hebra de atrás contribuye al efecto de relieve en este diseño. A pesar de que el reverso no es idéntico, posee un lindo diseño y la trama puede ser invertida.

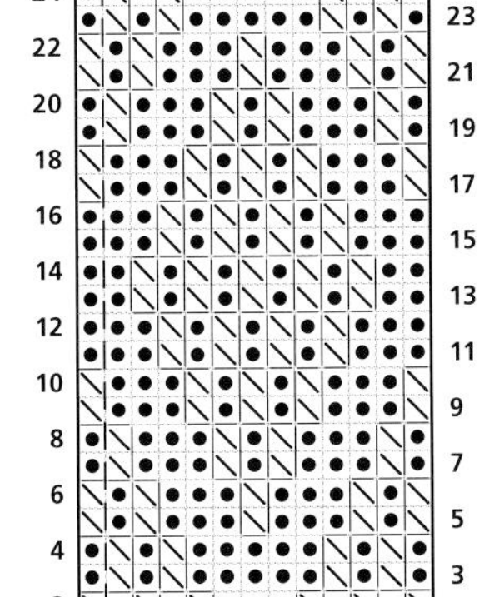

Múltiplo de 12 ptos más 1.

Punto 030

Pliegues de banderas NIVEL 2

Los puntos deslizados enfatizan las verticales entre los grupos de banderas. Esta muestra fue planchada, por eso luce plana. Para una mayor definición de los pliegues, usar un hilado elástico de pura lana y no planchar.

Múltiplo de 7 ptos más 1.

Punto 031

Pequeños deslizados NIVEL 2

Alternando puntos deslizados entre las hileras del derecho, se forma una interesante textura en relieve.

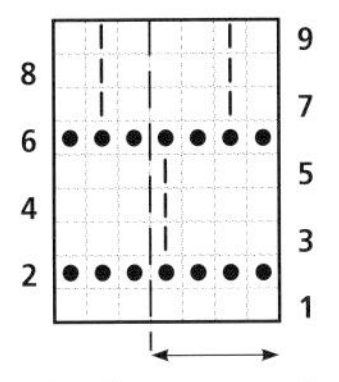

Múltiplo de 4 ptos más 3.

Símbolo específico

En el DL con la hebra atrás, desl1r, en el RL con la hebra adelante.

Nota

Las hileras 2 - 9 forman el diseño.

Punto 032

Estrella de cinco puntas

NIVEL 2

Un motivo texturado como esta estrella se muestra claramente sobre el fondo de punto Jersey. Comparando el gráfico con el motivo tejido, se ve cuánto más el punto arroz comprime la tensión de las hileras.

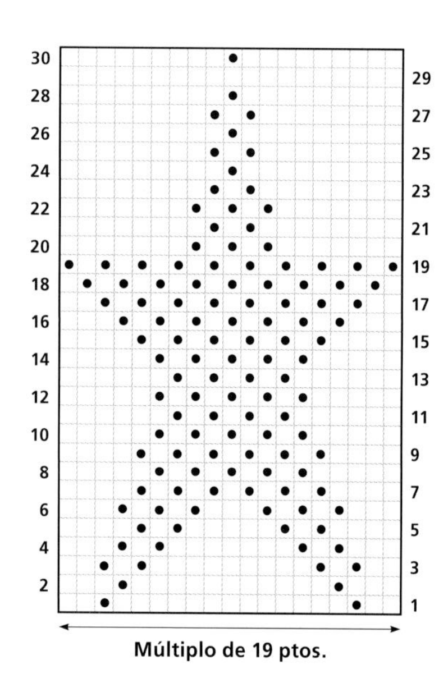

Múltiplo de 19 ptos.

Punto 033

Bloques

NIVEL 2

Bloques de puntos Santa Clara, punto Jersey y punto Jersey revés logran un diseño de puntos satisfactorio con la apariencia de un fuerte tejido.

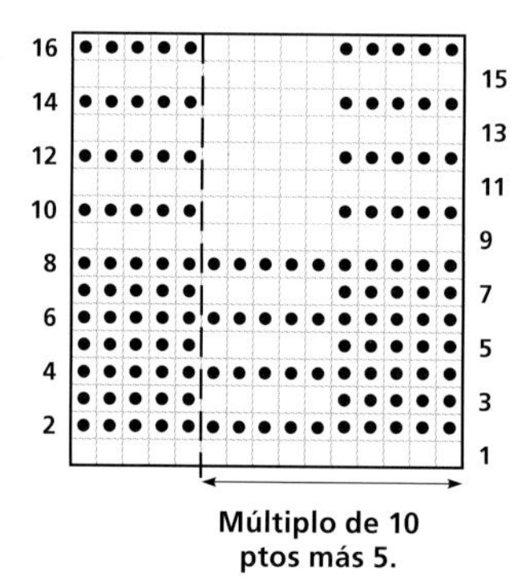

Múltiplo de 10 ptos más 5.

Punto 034

Esterilla quebrada

NIVEL 2

Trabajando las hileras del revés de la labor al revés y quebrando las líneas verticales con grupos de puntos revés en el derecho de labor, un simple borde se transforma en un diseño de esterilla pequeña.

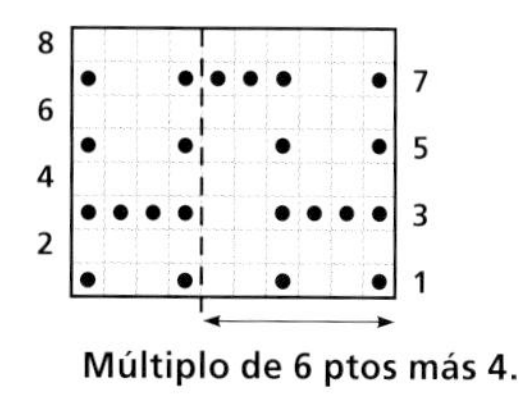

Múltiplo de 6 ptos más 4.

Procedimiento

1ra hilera (DL): [1r, 2d] hasta el último pto, 1r

2da y todas las hileras del RL: r

3ra hilera: [4r, 2d] hasta los últimos 4 ptos, 4r.

5ta hilera: como la 1ra.

7ma hilera: [1r, 2d, 3r] hasta los últimos 4 ptos, 1r, 2d, 1r.

8va hilera: r

Estas 8 hileras forman el diseño.

Punto 035

Punto mora

NIVEL 3

Alternando aumentos y disminuciones dobles en las hileras del revés de la labor, se produce un diseño en relieve hermoso y parejo. Las hileras del derecho en punto revés le dan a las motas aún más textura.

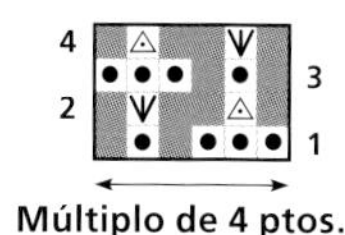

Múltiplo de 4 ptos.

Procedimiento

1ra hilera (DL): r

2da hilera: [(1d, 1r, 1d) en 1 pto, 3pjr]

3ra hilera: r

4ta hilera: [3pjr, (1d, 1r, 1d) en 1 p] hasta el final.

Estas 4 hileras forman el diseño.

Símbolo específicos

△ 3pjr

V (1d, 1r, 1d) todo en 1 pto.

Punto 036

Chevron en punto Santa Clara

NIVEL 3

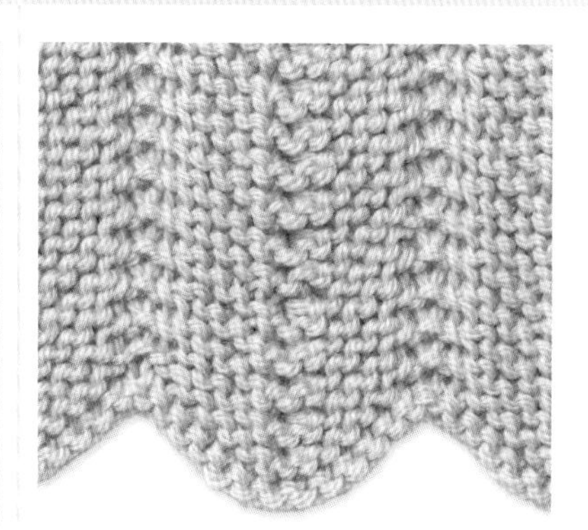

Aumentos y disminuciones parejas forman chevrons muy definidos con cordones de punto Santa Clara subrayando el efecto. Para que el cerrado de puntos luzca angular como el montaje, ha de realizarse en una hilera del derecho de la labor y no en hilera de puntos al derecho.

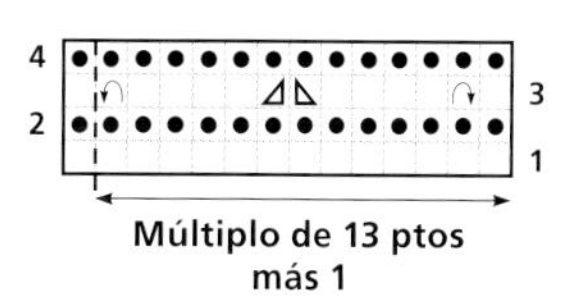

Múltiplo de 13 ptos más 1

Procedimiento

1ra hilera (DL): d

2da hilera: d

3ra hilera: [1d, 1aumD, 4d, dsi, 2pjd, 4d, 1auml] hasta el último punto, 1d.

4ta hilera: d

Las hileras 3 – 4 forman el diseño.

SELECTOR DE PUNTOS Retorcidos

Cruzar los puntos sin una aguja auxiliar de trenzas es una manera diferente de realizar puntos que se desplazan. Pueden agruparse o distribuirse en diagonales sobre la superficie del tejido. Úselos para dibujar repeticiones del diseño o realizar motivos. El resultado es similar al de las torzadas.

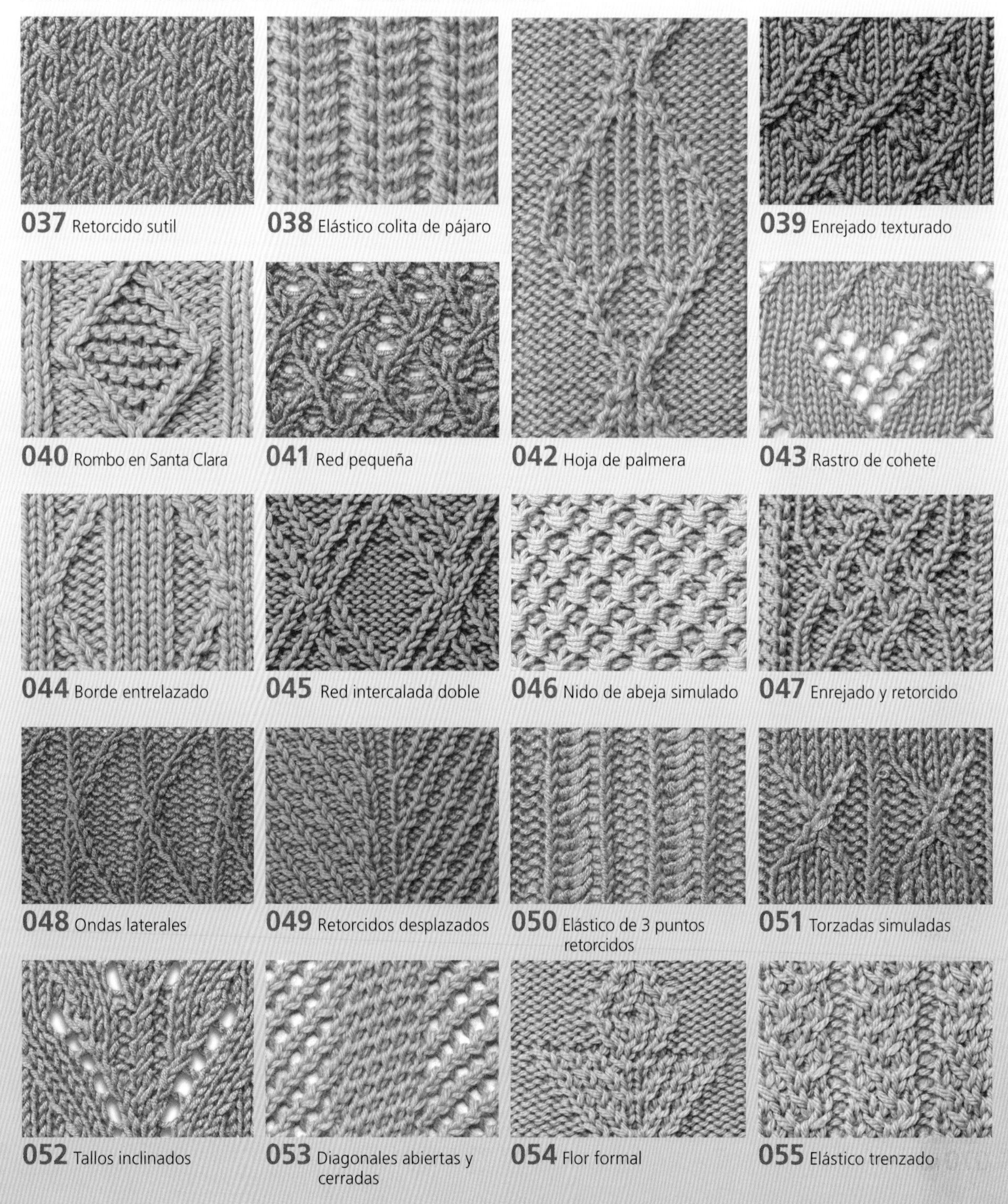

037 Retorcido sutil

038 Elástico colita de pájaro

039 Enrejado texturado

040 Rombo en Santa Clara

041 Red pequeña

042 Hoja de palmera

043 Rastro de cohete

044 Borde entrelazado

045 Red intercalada doble

046 Nido de abeja simulado

047 Enrejado y retorcido

048 Ondas laterales

049 Retorcidos desplazados

050 Elástico de 3 puntos retorcidos

051 Torzadas simuladas

052 Tallos inclinados

053 Diagonales abiertas y cerradas

054 Flor formal

055 Elástico trenzado

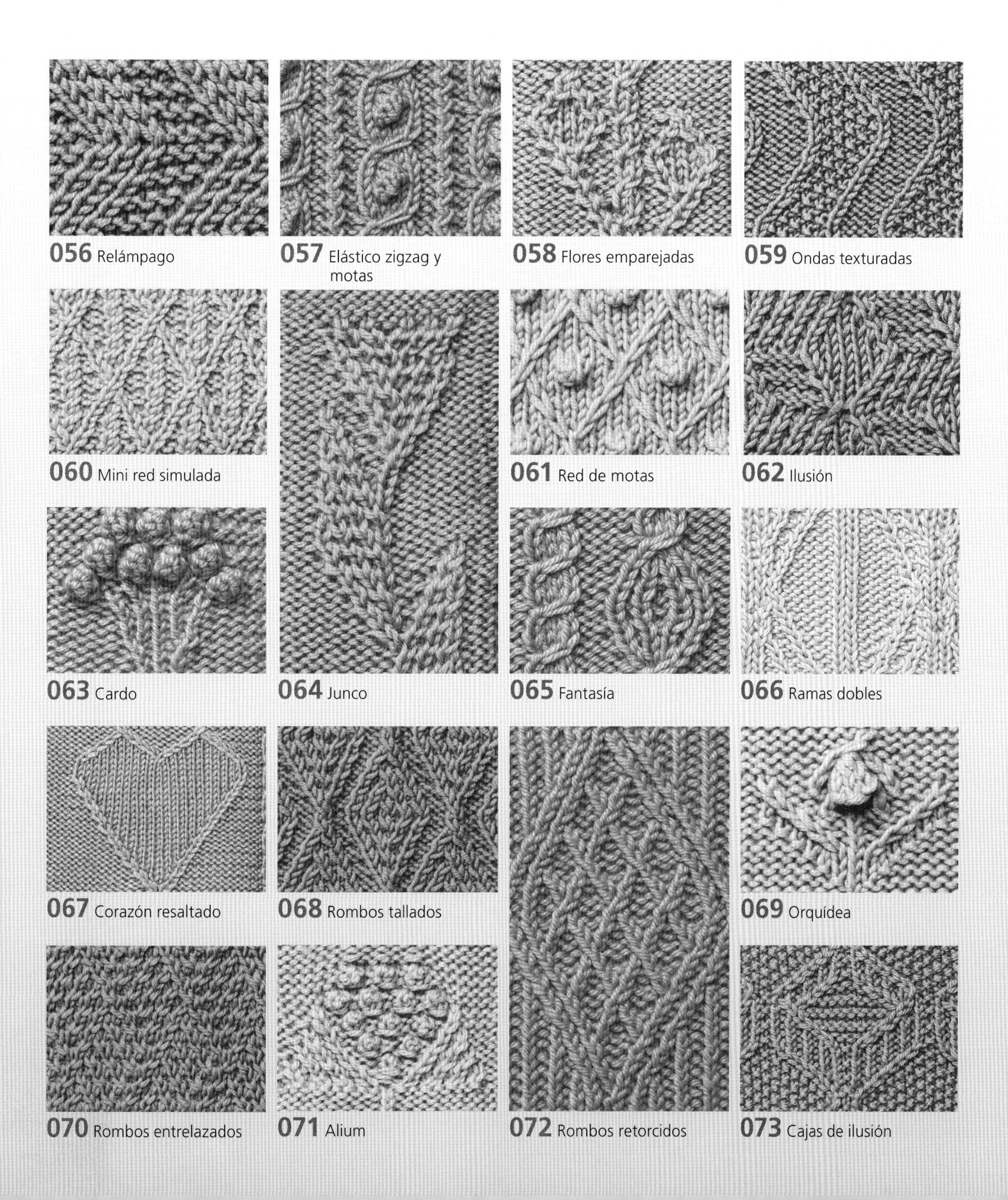

056 Relámpago

057 Elástico zigzag y motas

058 Flores emparejadas

059 Ondas texturadas

060 Mini red simulada

061 Red de motas

062 Ilusión

063 Cardo

064 Junco

065 Fantasía

066 Ramas dobles

067 Corazón resaltado

068 Rombos tallados

069 Orquídea

070 Rombos entrelazados

071 Alium

072 Rombos retorcidos

073 Cajas de ilusión

Punto 037

Retorcido sutil

NIVEL 1

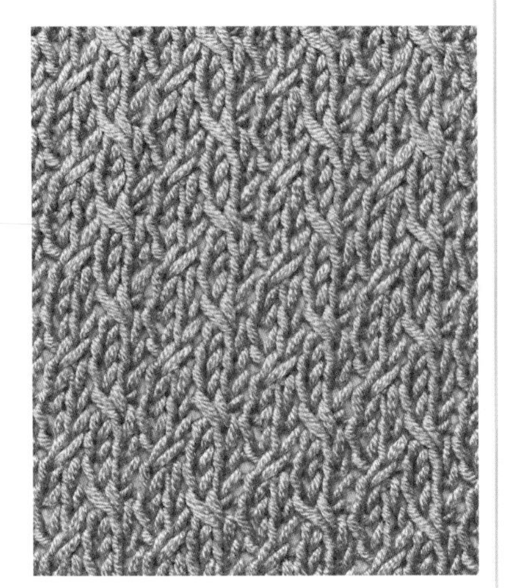

Este diseño de bandas de puntos alternados y retorcidos hacia la izquierda y la derecha es muy fácil. Un retorcido hacia la izquierda muestra el ángulo del primer punto más claramente que un retorcido a la derecha. Para compensar esto, tire del primer punto de cada retorcido a la derecha para aflojarlo.

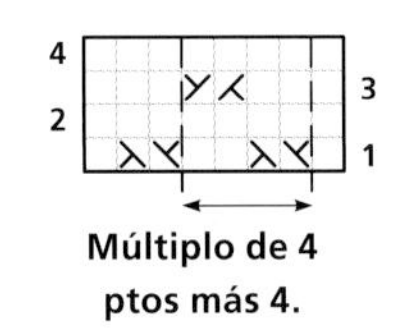

Múltiplo de 4 ptos más 4.

Procedimiento

1ra hilera (DL): 1d, [r2I, 2d] hasta los últimos 3 ptos, r2I, 1d.

2da hilera: r

3ra hilera: 1d, [2d, r2D) hasta los últimos 3 ptos, 3d.

4ta hilera: r

Estas 4 hileras forman el diseño.

Punto 038

Elástico colita de pájaro

NIVEL 1

En este diseño, los puntos retorcidos a la izquierda y a la derecha, separados por otro punto retorcido, forman un borde firme y definido que es muy estable.

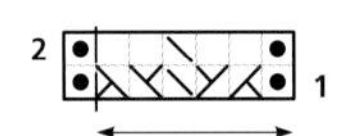

Múltiplo de 6 ptos más 1.

Procedimiento

1ra hilera (DL): [1r, r2D, 1dhatrás, r2I] hasta el último punto, 1r.

2da hilera: 1d, [2r, 1rhatrás, 2r, 1d] hasta el final.

Punto 039

Enrejado texturado

NIVEL 1

La mitad de los rombos en este sencillo diseño enrejado están rellenos con doble arroz irlandés para enriquecer la superficie.

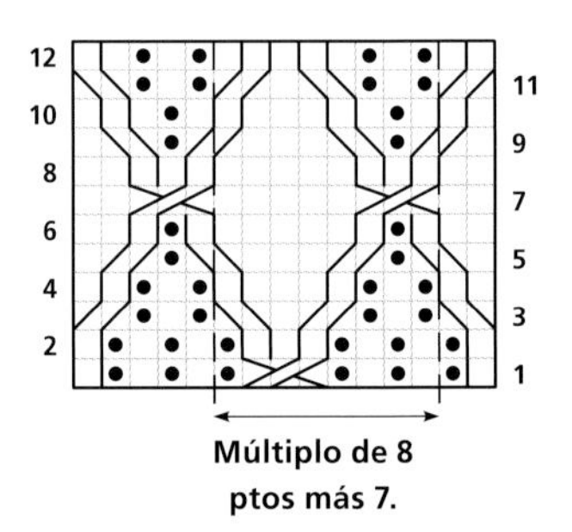

Múltiplo de 8 ptos más 7.

Símbolo específico

dh adelante del 3ro, 2do, y 1er pto de la aguja I, desl todos los ptos juntos.

d en el DL, r en el RL ● r en el DL, d en el RL dhatrás en el DL, rhatrás en el RL  r2D 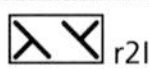 r2I

Punto 040

Rombos en pto. Santa Clara NIVEL 1

En la muestra superior, los puntos retorcidos enmarcan los puntos Santa Clara revés, dándole definición al diseño del punto.

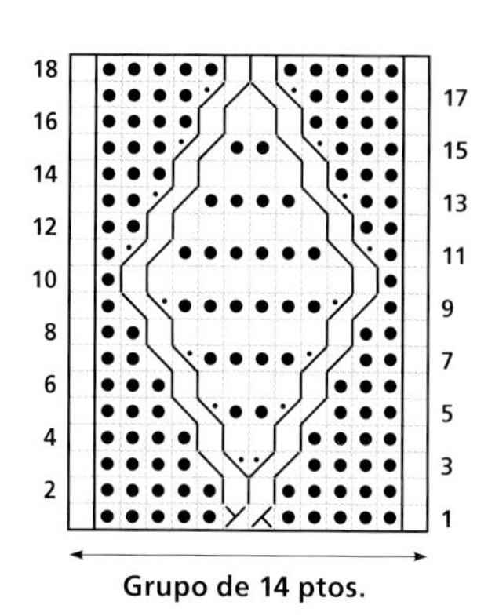

Punto 041

Red pequeña NIVEL 1

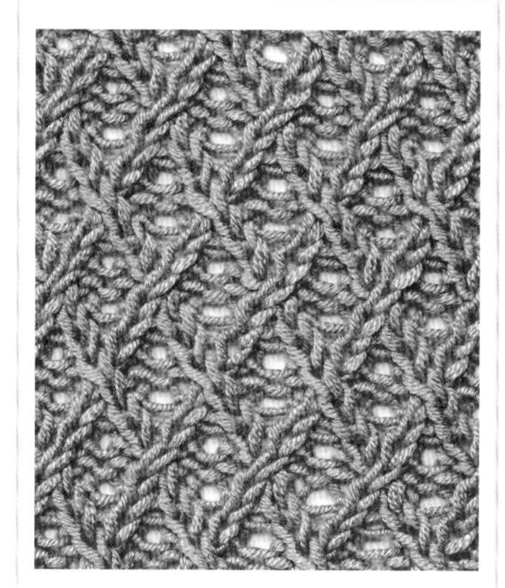

Es fácil no perderse en este diseño, ya que la dirección de los puntos retorcidos cambia en cada hilera del derecho de la labor. En las hileras del revés, tejer al derecho y al revés los puntos como se presentan.

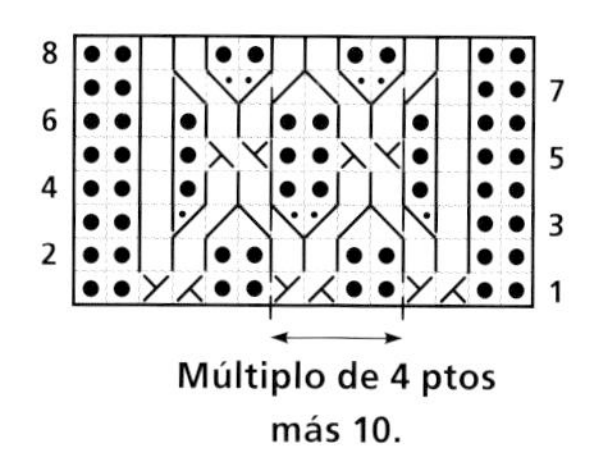

Procedimiento

1ra hilera (DL): 2r, [(r2D, 2r)] hasta el final.

2da hilera: 2d, [(2r, 2d)] hasta el final.

3ra hilera: 2r, 1d, [r2Irevés, r2Drevés] hasta los últimos 3 ptos, 1d, 2 r.

4ta hilera: 2d, 1r, 1d, [2r, 2d] hasta los últimos 6 ptos, 2r, 1d, 1r, 2d.

5ta hilera: 2r, 1d, 1r, [r2I, 2r] hasta los últimos 6 ptos, r2I, 1r, 1d, 2r.

6ta hilera: igual que la 4ta hilera.

7ma hilera: 2r, 1d, [r2Drevés, r2Irevés] hasta los últimos 3 ptos, 1d, 2r.

8va hilera: igual que la 2da hilera.

Estas 8 hileras forman el diseño.

Punto 042

Hoja de palmera NIVEL 1

Remarcada con puntos retorcidos y texturada con punto elástico retorcido, esta silueta de hoja conforma un grupo que puede repetirse.

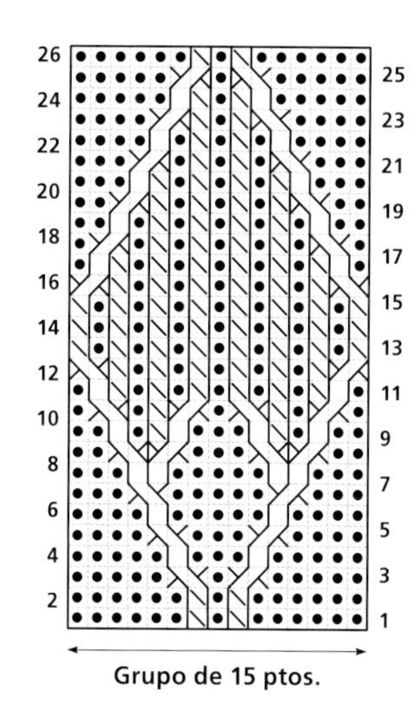

r2Drevés r2Irevés

Punto 043

Rastro de cohete NIVEL 1

Solamente unos pocos puntos retorcidos son usados en este diseño para continuar las líneas de las disminuciones donde se forman los ojales. Una repetición puede ser usada como un grupo.

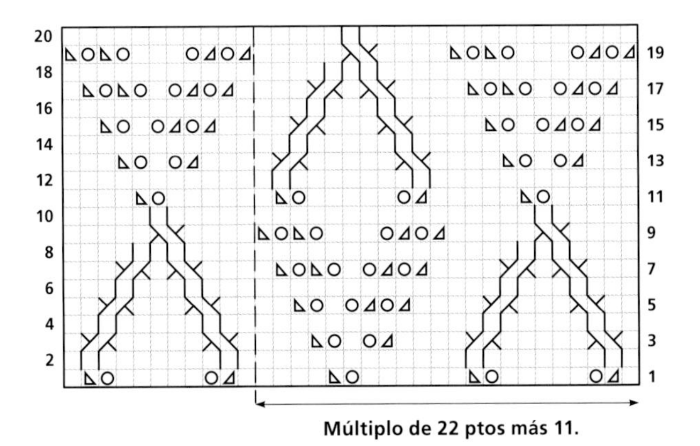

Múltiplo de 22 ptos más 11.

d en el DL, r en el RL | r en el DL, d en el RL | 2pjd | dsi |  laz |  r2D | 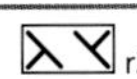 r2I | 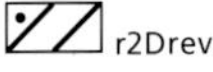 r2Drevés

Punto 044

Borde entrelazado NIVEL 1

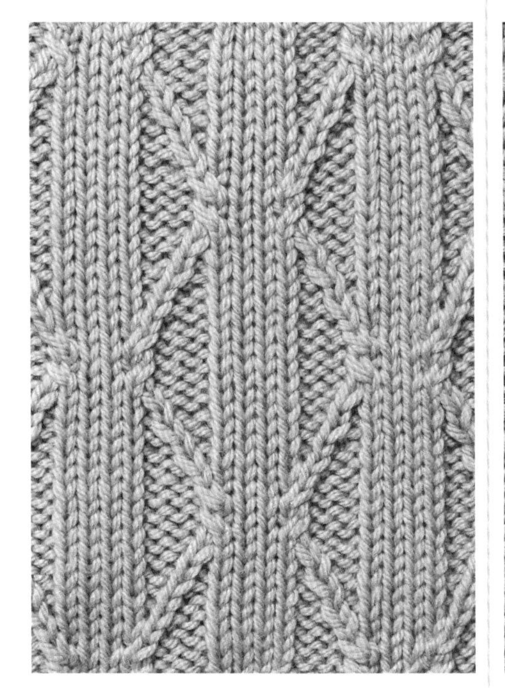

En este diseño, columnas anchas de puntos están ligadas a largas líneas de puntos retorcidos desplazados. Usar sólo los dieciseis puntos de la repetición para un grupo de rombos.

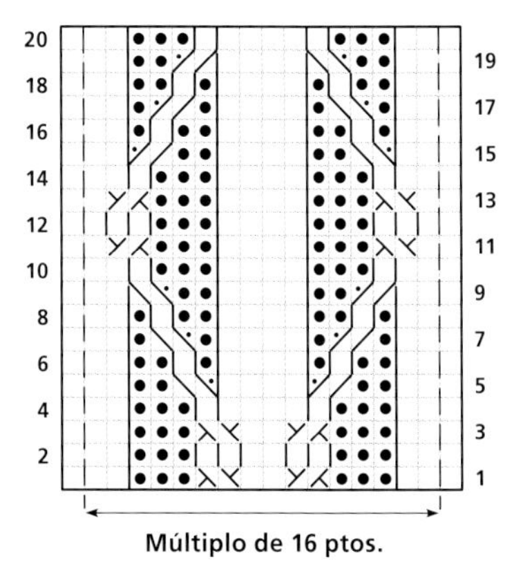

Punto 045

Red intercalada doble NIVEL 1

Pares de puntos retorcidos y desplazados por debajo y por arriba forman este gran enrejado. Se pueden utilizar los doce puntos de la repetición con los puntos de borde como se muestran en el gráfico para lograr un grupo de rombos.

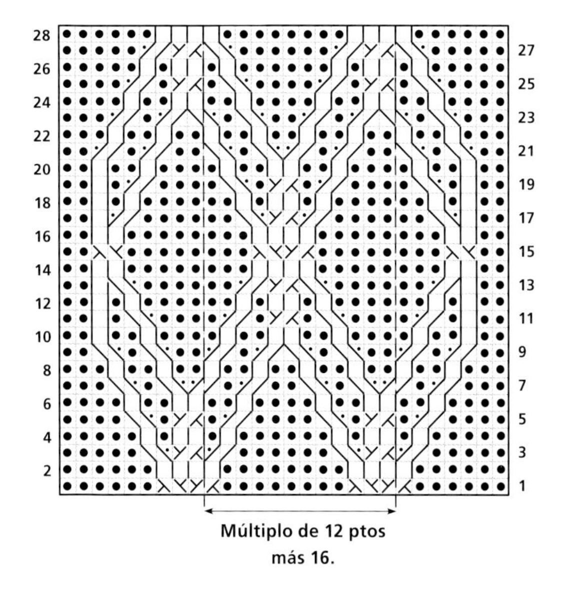

r2lrevés

Punto 046

Nido de abeja simulado NIVEL 1

La construcción de este punto es como la de la Red Pequeña (ver pág. 29), pero el efecto es un tanto diferente. A pesar de que es fácil de realizar resulta un tanto lento de trabajar debido a los puntos envueltos en cada hilera del revés.

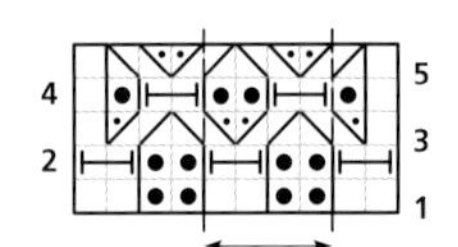

Múltiplo de 4 ptos más 6.

Símbolo específico

(desl 2r, hebra adelante, volver los ptos a la aguja izq, hebra atrás) 3 veces, desl2r.

Procedimiento

1ra hilera (DL): 2d, [2r, 2d] hasta el final.
2da hilera: grupo2, [2d, grupo 2] hasta el final.
3ra hilera: 1d, [r2Irevés, r2Drevés] hasta el último pto, 1d.
4ta hilera: 1r, 1d, grupo 2, [2d, grupo 2], hasta los últimos 2 ptos, 1d, 1r.
5ta hilera: 1d, [r2Drevés, r2Irevés], hasta el último pto, 1d.

Notas

- Al trabajar el grupo, ajustar firmemente el hilado para que los envoltorios acerquen los puntos y luzcan prolijos.
- La 1ra hilera no se repite, las hileras 2 - 5 forman el diseño.

Punto 047

Enrejado y retorcido NIVEL 1

Un simple elástico se expande y entrelaza para lograr un elegante grupo delineado con retorcidos de 2 puntos. El efecto es fácil de alcanzar, ya que los retorcidos se trabajaron en las hileras del derecho.

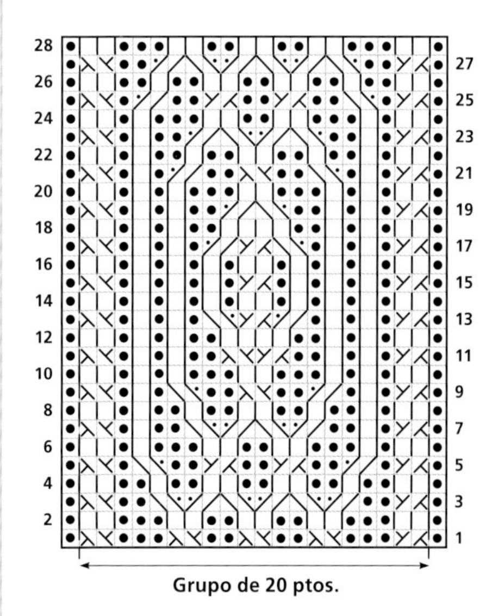

Grupo de 20 ptos.

d en el DL, r en el RL · r en el DL, d en el RL · dhatrás en el DL, rhatrás en el RL · r2D · r2I

Punto 048

Ondas laterales NIVEL 1

Los puntos retorcidos giran en torno de otros puntos retorcidos y vuelven para formar este diseño interesante. Trabajar los veintiún puntos del gráfico para lograr un grupo más ancho.

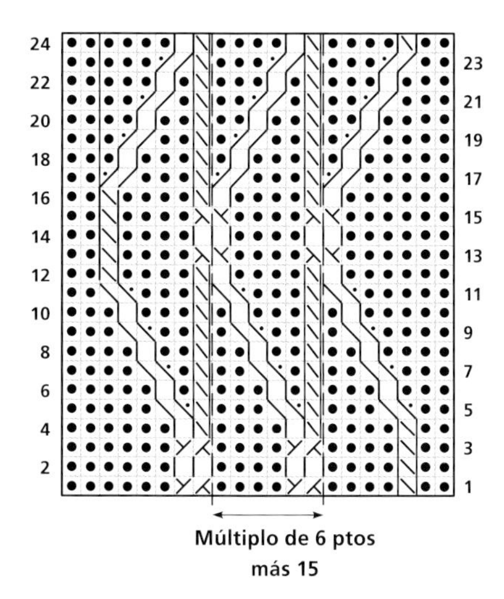

Punto 049

Elástico de 3 ptos. retorcido NIVEL 1

Este patrón otorga casi siempre el efecto de un trenzado, pero es más fácil de trabajar y tiene una superficie más delicada. Aquí, los puntos retorcidos a la izquierda y a la derecha se muestran próximos, y cada grupo se trabaja sobre once puntos, pero se puede colocar otro diseño de puntos entre ellos, o cambiar el ancho de los grupos. Se pueden continuar los grupos sobre cada mitad de la delantera de un sweater.

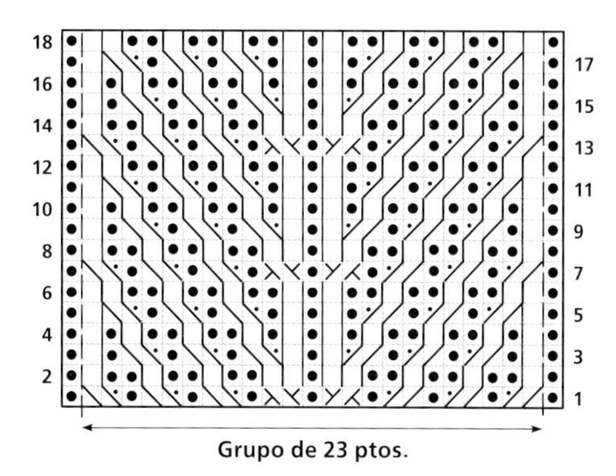

r2Drevés r2Irevés

Punto 050

Elástico de tres puntos retorcidos NIVEL 1

Trabajado con una lana gruesa y un número relativamente pequeño de agujas, este punto se parecerá a un verdadero elástico, pero si se elige un hilado plano y con poca torsión y se lo plancha, el diseño se abre en un tejido rayado interesante.

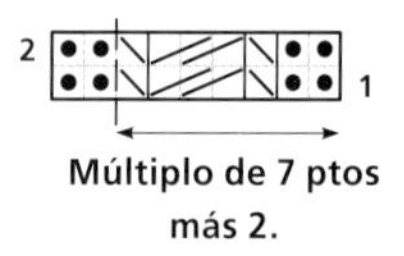

Múltiplo de 7 ptos más 2.

Símbolo específico

r3D: en el DL, dha del 3er pto, dha del 1er pto, dha del 2do pto, desl 3pj, en el RL rha del 2do pto, rha del 3er pto, rha del 1er pto, desl 3pj.

Procedimiento

1ra hilera (DL): 2r, [1dhatrás, r3D, 1dhatrás, 2r] hasta el final.

2da hilera: 2d, [1rhatrás, r3D, 1rhatrás, 2d] hasta el final.

Estas 2 hileras forman el diseño.

Punto 051

Torzadas simuladas NIVEL 1

Se retuercen los puntos externos de los óvalos de punto jersey para lograr el efecto de trenzas achatadas. El diseño del punto está logrado sólo con una línea de un punto retorcido entre los grupos, pero se puede modificar el diseño colocando diferentes líneas entremedio, o trabajando más hileras entre las que tienen puntos retorcidos.

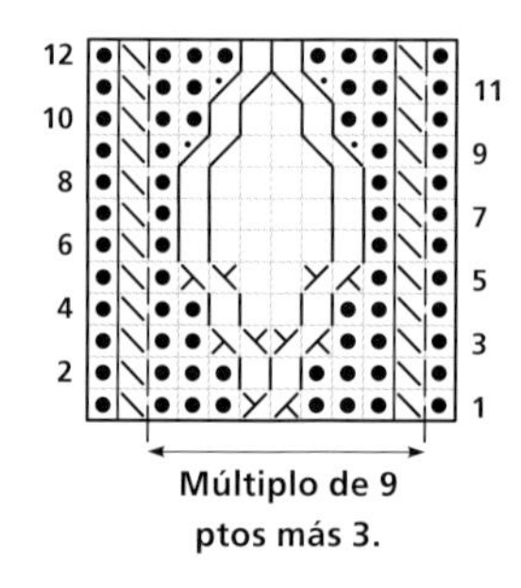

Múltiplo de 9 ptos más 3.

Procedimiento

1ra hil. (DL): 1r, [1dhatrás, 3r, r2D, 3r] hasta los últ. 2 ptos, 1dhatrás, 1r.

2da hil.: 1d, [1rhatrás, 3d, 2r, 3d] hasta los últ. 2 ptos, 1rhatrás, 1d.

3ra hil.: 1r, [1dhatrás, 2r, r2D, r2I, 2r] hasta los últ. 2 ptos, 1dhatrás, 1r.

4ta hil.: 1d, [1rhatrás, 2d, 4r, 2d] hasta los últ. 2 ptos, 1rhatrás, 1 d.

5ta hil.: 1r, [1dhatrás, 1r, r2D, 2d, r2I, 1r] hasta los últ. 2 ptos, 1dhatrás, 1r.

6ta y 8va hil.: 1d, [1rhatrás, 1d, 6r, 1d] hasta los 2 últ. ptos, 1rhatrás, 1d.

9na hil.: 1r, [1dhatrás, 1r, r2Irevés, 2d, r2Drevés, 1r] hasta los últ. 2 ptos, 1dhatrás, 1r.

10ma hil.: igual que la 4ta hil..

11va hil.: 1r, [1dhatrás, 2r, r2Irevés, r2Drevés, 2r] hasta los últ. 2 ptos, 1dhatrás, 1r.

12va hil.: igual que la 2da hil.

Estas 12 hileras forman el diseño.

34–35 Símbolos básicos

d en el DL, r en el RL · r en el DL, d en el RL · dhatrás en el DL, rhatrás en RL · 2pjd · dsi ·  laz · 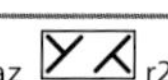 r2D

Punto 052

Tallos inclinados

NIVEL 2

Aquí, los puntos retorcidos agregan definición a un grupo para lograr unas hojas graciosamente arremolinadas.

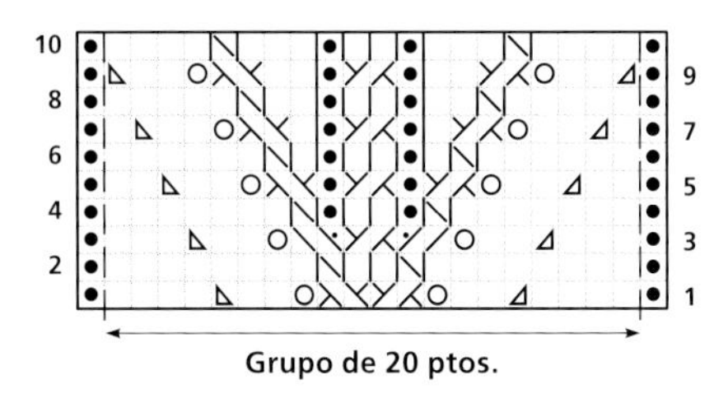

Grupo de 20 ptos.

Punto 053

Diagonales abiertas y cerradas

NIVEL 2

Las diagonales trabajadas abiertamente y los puntos retorcidos fluyen unas adentro de otros muy suavemente, formando así bordes inferiores y superiores ondeados.

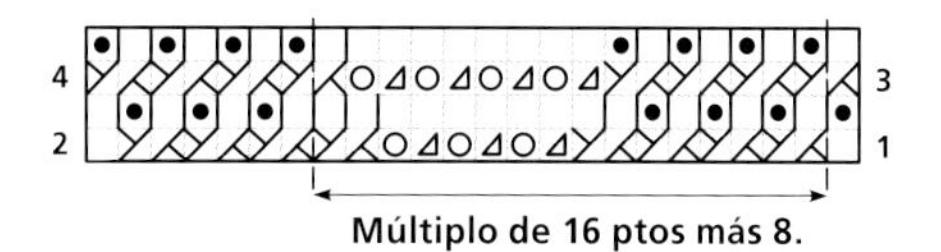

Múltiplo de 16 ptos más 8.

r2I r2Drevés r2Irevés

Punto 054

Flor formal

NIVEL 2

Esta sencilla y subestimada flor puede ser usada independientemente como motivo, como aquí, o también como un atrevido patrón de repetición.

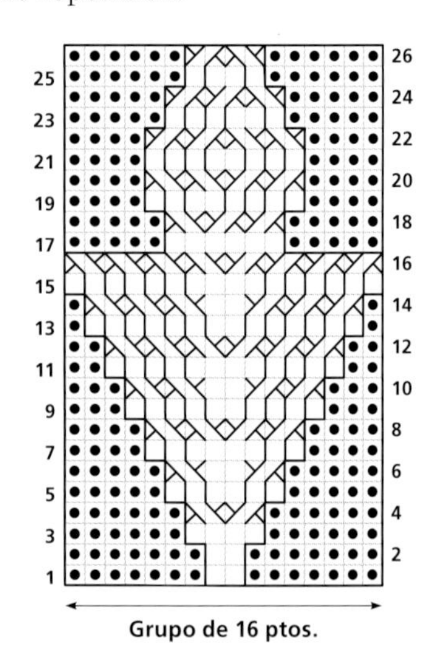

Grupo de 16 ptos.

Nota

Este diseño comienza con una hilera del revés.

Punto 055

Elástico trenzado

NIVEL 2

Pares de puntos retorcidos están ordenados para dar la ilusión de una trenza ancha. Este es un elástico firme y plano que no se contrae.

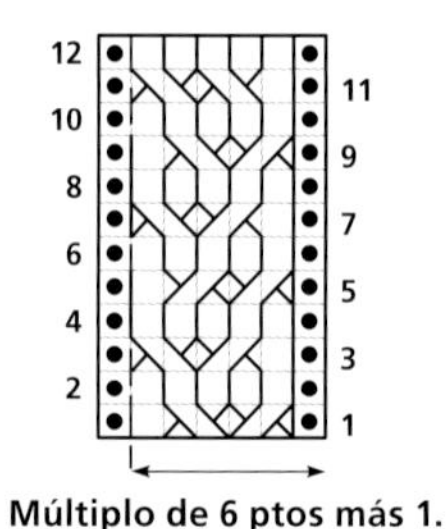

Múltiplo de 6 ptos más 1.

Punto 056

Relámpago

NIVEL 2

Los cordones de punto Santa Clara se contraen suavemente con marcados zig zags de puntos retorcidos y logran un tejido denso y firme.

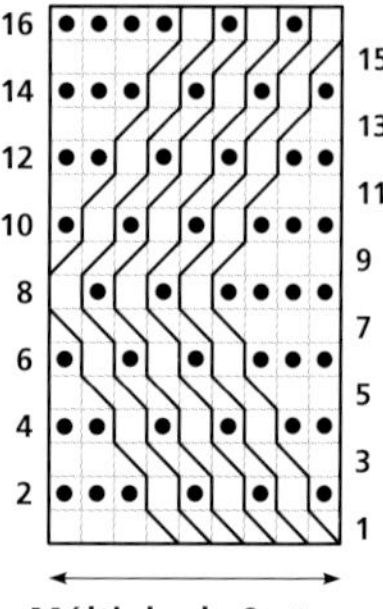

Múltiplo de 9 ptos.

36–37 Símbolos básicos

d en el DL, r en el RL

r en el DL, d en el RL

r2D

r2I

Punto 057

Elástico zigzag y motas

NIVEL 2

Este bonito diseño combina dos elementos simples. El zigzag está realizado trabajando un retorcido de dos puntos en cada hilera y un borde de motas con cinco puntos retorcidos para darle la apariencia de una trenza, pero sin el trabajo de la misma.

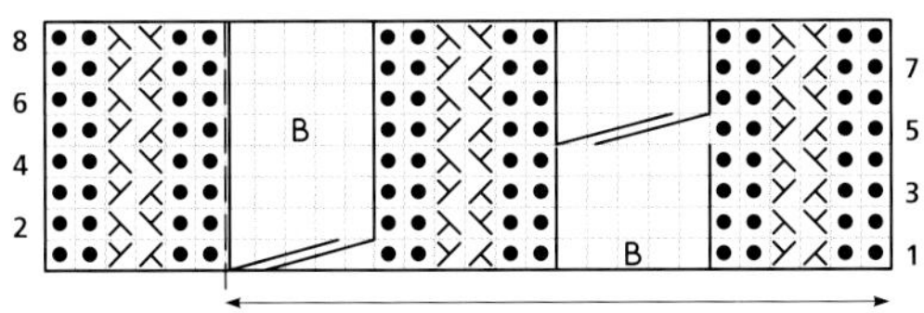

Múltiplo de 22 ptos más 6.

Símbolos específicos

En el RL, insertar la aguja desde atrás entre el 1ro y el 2do pto, tomar la hebra de adelante del 2do pto, llevarla hacia atrás, 1rhadelante en el 2do pto, 1rhadelante en el 1er pto, desl2pj.

1dhadelante en el 5to pto, 1dhadelante en el 1er pto,1 dhadelante en el 2do pto, 1dhadelante en el 3er pto, 1dhadelante en el 4to pto, desl 5 pj.

B (1d, laz, 1d, laz, 1d) todo en un mismo pto, [girar, 5d] dos veces, levantar el 4to, 3ro, 2do y 1er pto y pasarlos sobre el 5to pto y sacar de la aguja.

Punto 058

Hojas emparejadas

NIVEL 2

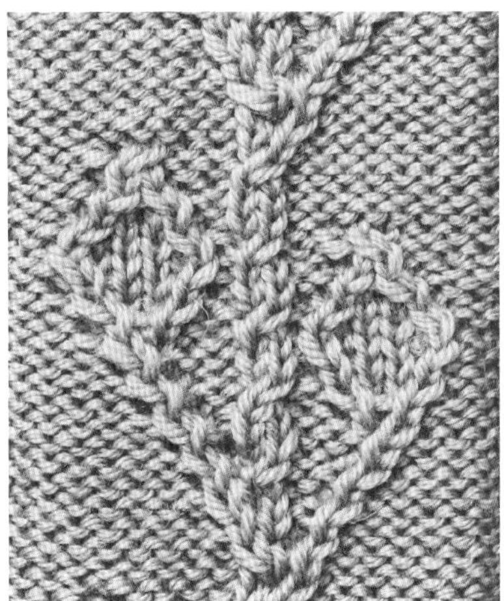

El emparejamiento de estas hojas está ligeramente desplazado para darle ritmo a un diseño muy formal.

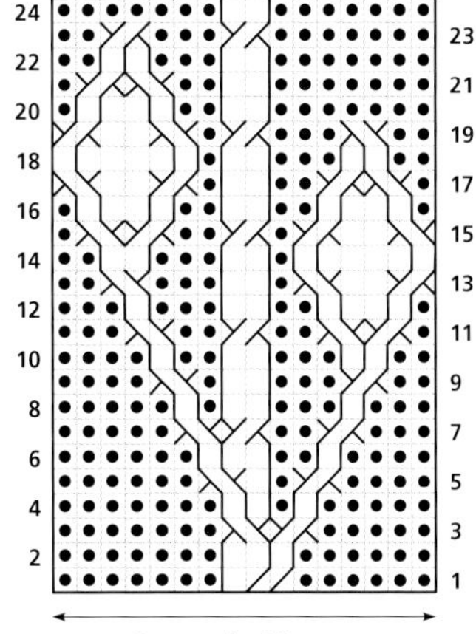

Grupo de 16 ptos.

Punto 059

Ondas texturadas

NIVEL 2

Grupos alternados de punto arroz y punto jersey revés, delineados con puntos retorcidos ondulan de lado a lado. Para lograr una onda en punto arroz, trabajar solamente los doce puntos de la repetición.

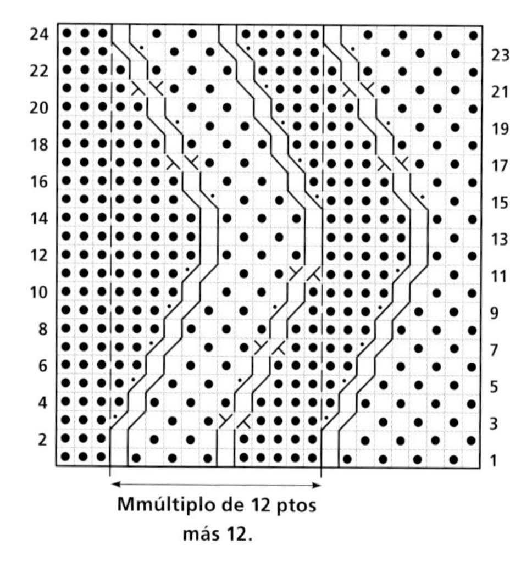

Mmúltiplo de 12 ptos más 12.

Punto 060

Mini red simulada

NIVEL 2

Dos puntos retorcidos forman columnas de mini torzadas enmarcadas por una red de puntos retorcidos desplazados y logran un diseño ciento por ciento efectivo.

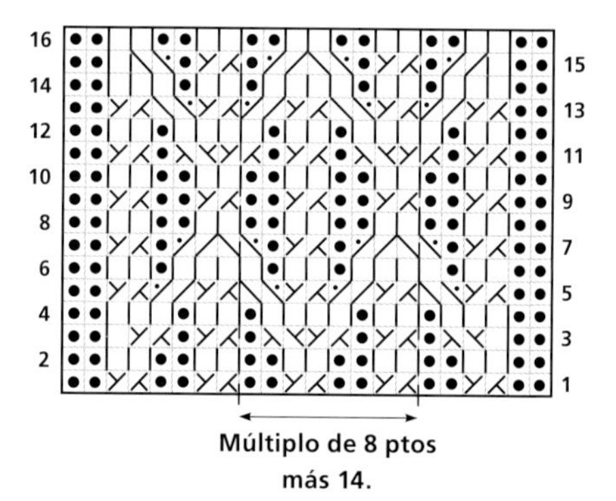

Múltiplo de 8 ptos más 14.

38–39 Símbolos básicos

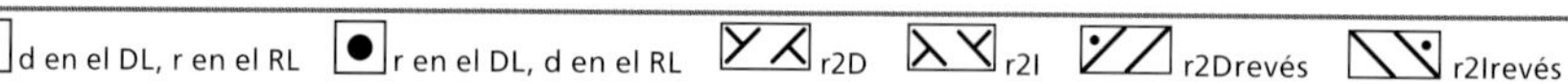
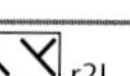

d en el DL, r en el RL · r en el DL, d en el RL · r2D · r2I · r2Drevés · r2Irevés

Punto 061

Red de motas

NIVEL 2

Deslizando los puntos desplazados en las hileras del revés de la labor se logra una suave y bien definida red, acentuada por motas prolijas que son en realidad pliegues de dos puntos.

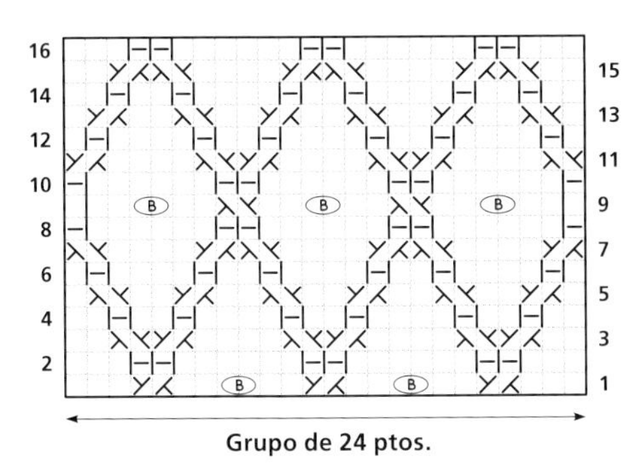

Símbolos específicos

[—] desl1r en el RL

[⋋⋌] Insertar la aguja desde atrás entre el 1ro y el 2do pto, tomando la hebra de adelante del 2do pto, llevarla hacia atrás, 1dhadelante en el 2do pto, 1dhadelante en el 1er pto, desl2pj.

[⋎⋌] 1dhadelante en el 2do pto, 1dhadelante en el 1er pto, desl 2 pj.

[B] [2d, girar, 2r, girar] dos veces, tejer al d cada punto junto con la hebra de atrás del punto correspondiente 4 hileras más abajo.

Punto 062

Ilusión

NIVEL 2

Puntos texturados y rombos formados por los zigzags le dan mucho movimiento a este diseño geométrico.

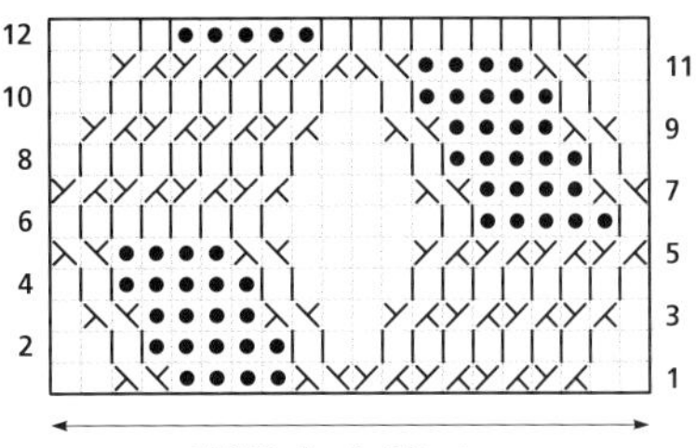

Punto 063

Cardo

NIVEL 2

Remolinos, motas y puntos retorcidos se combinaron para lograr este pequeño y prolijo diseño de cardo. Distribuirlo en un diseño puntual o trabajarlo en hileras o grupos para un efecto texturado.

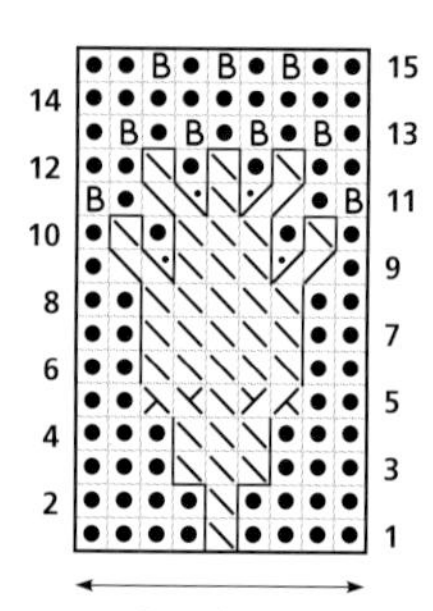

Motivo de 9 ptos.

Símbolo específico

B (1d, laz, 1d, laz, 1d) todo en un mismo pto, girar, [5d, girar] 3 veces, [desl1d] 4 veces, 1d, pasar los desl sobre el pto.

Punto 064

Junco

NIVEL 2

Puntos retorcidos agrupados diagonalmente son usados para dibujar hojas en punta y una flor estilizada.

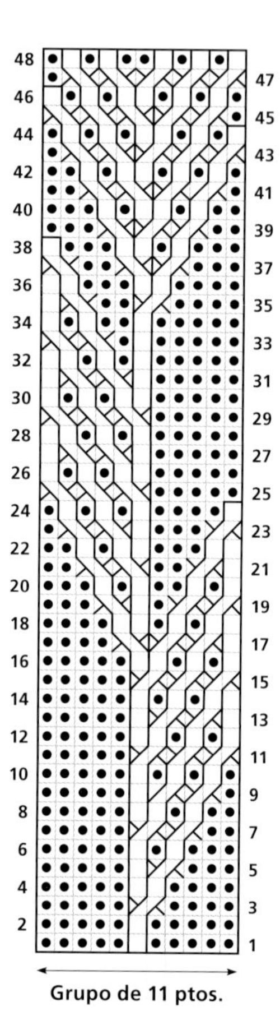

Grupo de 11 ptos.

40–41 Símbolos básicos

d en el DL, r en el RL · r en el DL, d en el RL · dhatrás en el DL, rhatrás en el RL · 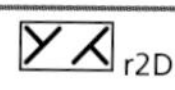 r2D · r2Irevés

Punto 065

Fantasía NIVEL 2

El motivo central de este grupo alterna entre un elástico simple y un retorcido de cuatro puntos. El efecto de torzada a cada lado está logrado repitiendo los retorcidos anchos.

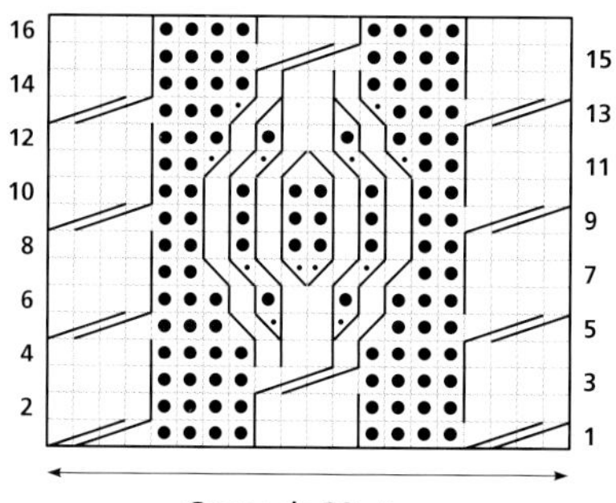

Grupo de 20 ptos.

Símbolo específico

1dhadelante en el 4to pto, 1dhadelante en el 1er pto, 1dhadelante en el 2do pto, 1dhadelante en el 3er pto, desl 4pj.

Punto 066

Ramas dobles

NIVEL 2

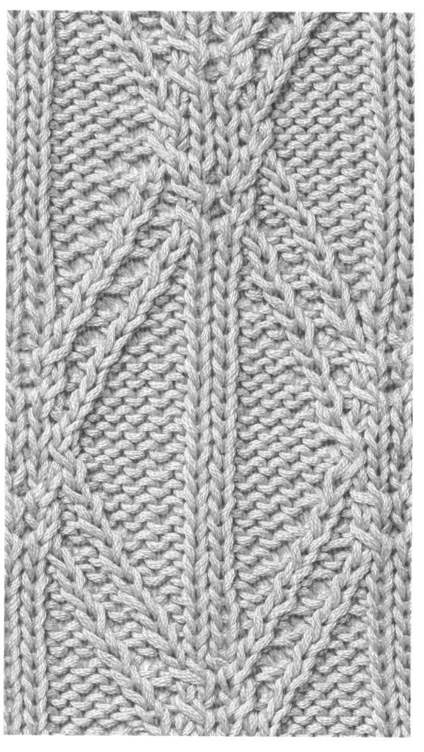

En este diseño, dominan los pares de puntos retorcidos, dando el efecto de una red de rombos conectada por un borde de dos puntos retorcidos.

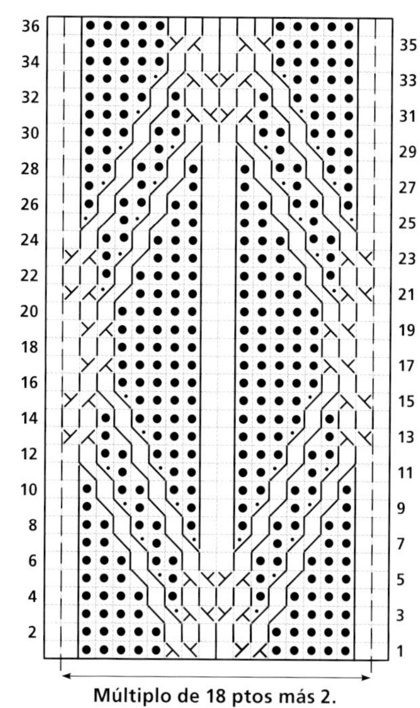

Múltiplo de 18 ptos más 2.

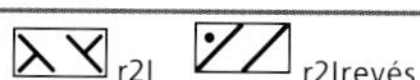

Punto 067

Corazón resaltado NIVEL 3

Se puede usar este motivo de varias maneras. Simplemente coloque el motivo sobre un fondo de jersey revés, alterne con bloques de punto jersey para una colcha o póngalos en línea horizontal o verticalmente para crear un grupo o una repetición para una prenda.

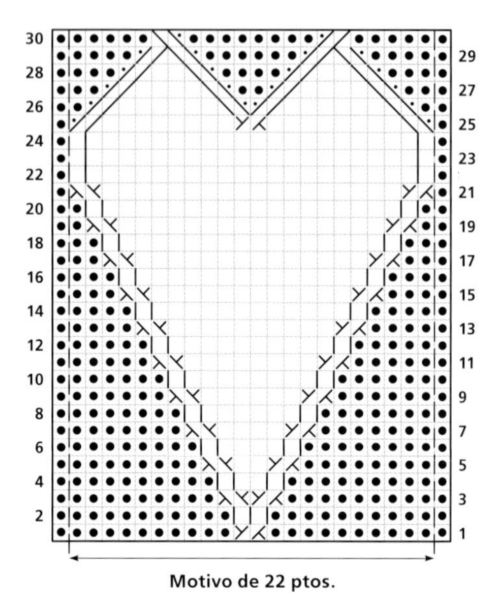

Motivo de 22 ptos.

Símbolos específicos

En el DL, 1rhatrás en el 2do pto, 1dhadelante en el 1er pto, desl 2pj; en el RL, insertar la aguja derecha desde atrás entre el 1ro y 2do pto, tomar la hebra de adelante del 2do pto, llevarla hacia atrás, 1 rhadelante del 2do pto, 1 dhadelante del 1er pto.

En el DL y en el RL, 1dhadelante en el 2do pto, 1 rhadelante del 1er pto, desl 2 pj.

42–43 Símbolos básicos

d en el DL, r en el RL; r en el DL, d en el RL; r2D; r2I; r2Drevés; r2Irevés

Punto 068

Rombos tallados NIVEL ❸

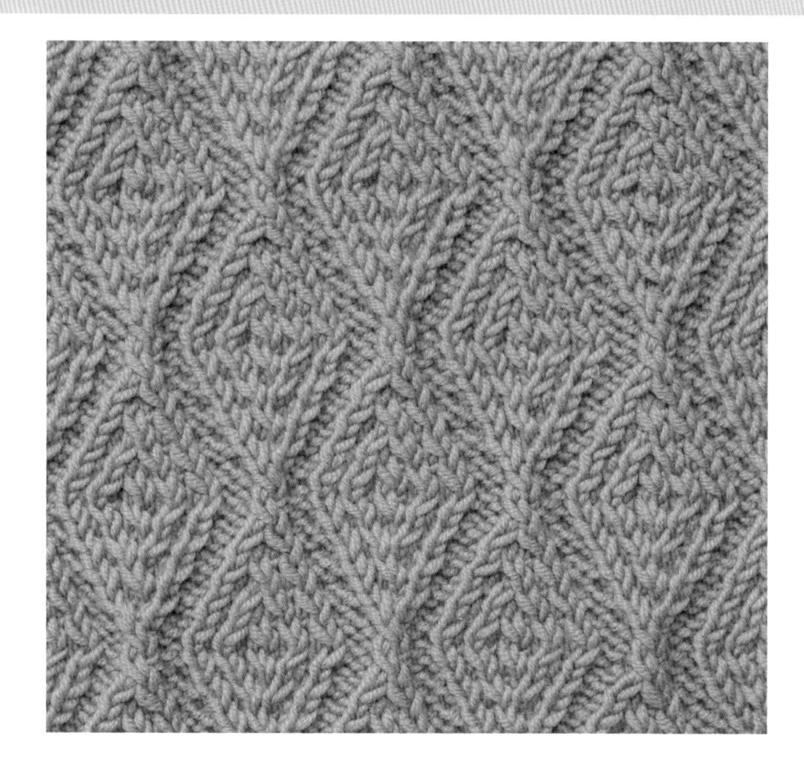

Los puntos retorcidos se abren y cierran en forma de rombo para revelar otro rombo con una torzada en su interior. Los motivos se alternan con punto jersey revés para lograr un diseño novedoso. Si usted quiere lograr un motivo destacado, trabaje sólo los treinta y seis puntos del gráfico.

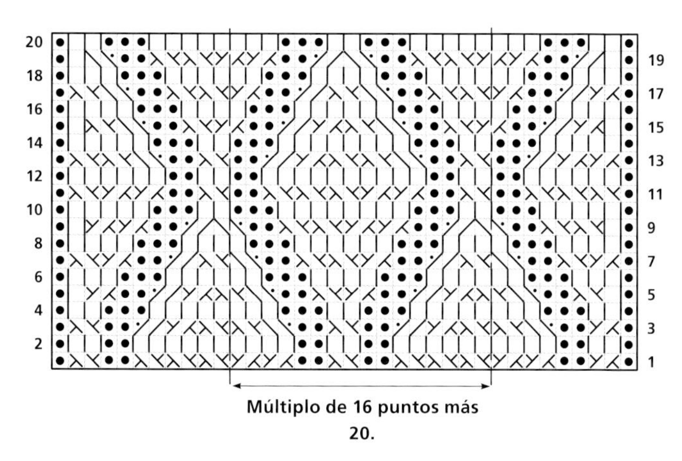

Múltiplo de 16 puntos más 20.

Punto 069

Orquídea

NIVEL ❸

Este pequeño motivo combina los puntos retorcidos con las motas para obtener un hermoso diseño de flor. Puede utilzarse solo o pueden ser colocados verticalmente como grupo o repetirse en un diseño pautado.

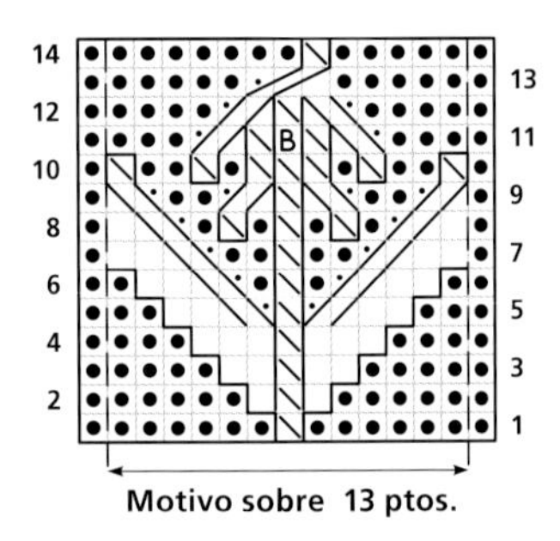

Motivo sobre 13 ptos.

Símbolos específicos

[símbolo] En el DL, y en el RL: 1rhatrás en el 2do pto, 1dhadelante en el 1er pto, desl 2pj.

[símbolo] en el DL, 1dhadelante del 2do pto, 1rhadelante del 1er pto, desl 2pj, en el RL, 1dhadelante del 2do pto, 1rhatrás del 1er pto, desl 2pj.

B (1d, laz, 1d, laz, 1d) todo en un mismo pto, girar, [5d, girar] dos veces, 5 r, girar, [desl 1 d] 4 veces, 1d, pasar los ptos desl sobre el pto.

[símbolo] 1dhadelante del 3er pto, 1rhadelante del 1er pto, desl de la ag izq, luego tejer al rhdelante del 2do pto y desl2pj.

Punto 070

Rombos entrelazados

NIVEL ❸

Todos los puntos retorcidos a la izquierda y a la derecha en una formación de rombos logran un tejido grueso y texturado.

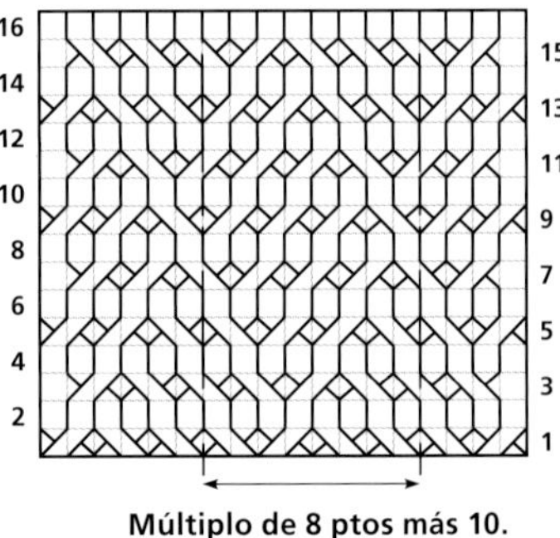

Múltiplo de 8 ptos más 10.

[símbolo] d en el DL, r en el RL [símbolo] r en el DL, d en el RL [símbolo] dhatrás en el DL, rhatrás en el RL [símbolo] r2D [símbolo] r2I [símbolo] r2Irevés

Punto 071

Alium

NIVEL ❸

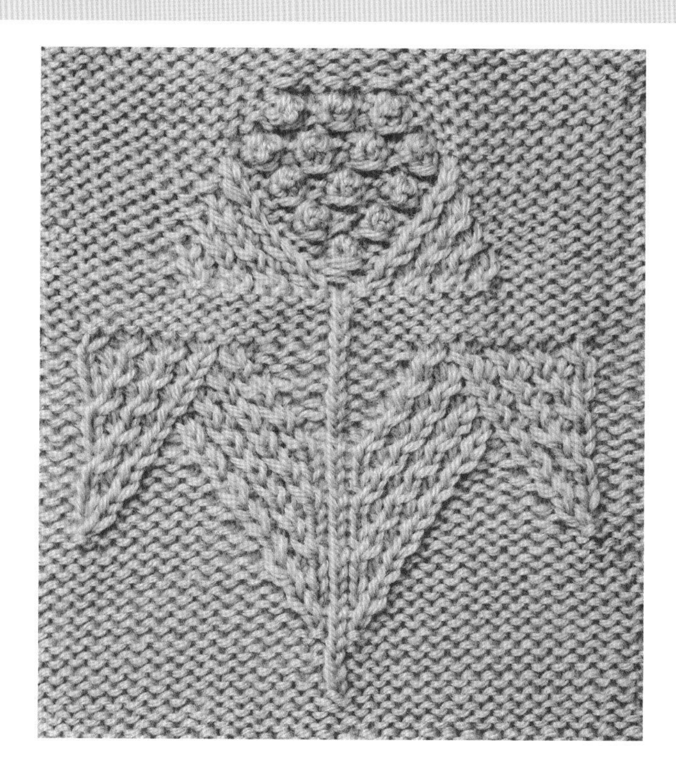

Este arreglo de hojas y flores está trabajado con puntos retorcidos cercanos y un grupo de pequeñas motas que sugiere la flor y le agrega textura.

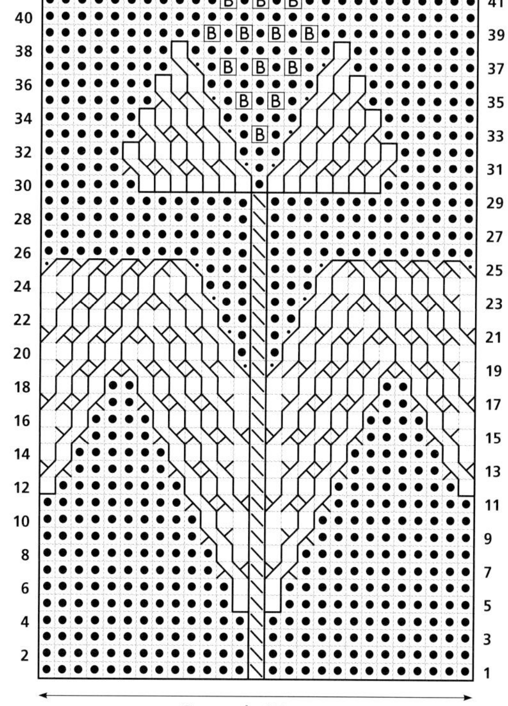

Símbolo específico

B (1d, 1r, 1d) todo en un pto, girar, 3d, girar, pasar el 2do y el 3er pto sobre el 1er pto, dhatrás.

Punto 072

Rombos retorcidos NIVEL ❸

Este diseño presenta puntos retorcidos dobles. Los puntos retorcidos de las líneas del fondo están trabajados por la hebra de atrás, así como los retorcidos de dos puntos. Los puntos con inclinación hacia la izquierda se realizan directamente, pero aquellos con inclinación hacia la derecha, requieren del uso de una aguja para trenzas.

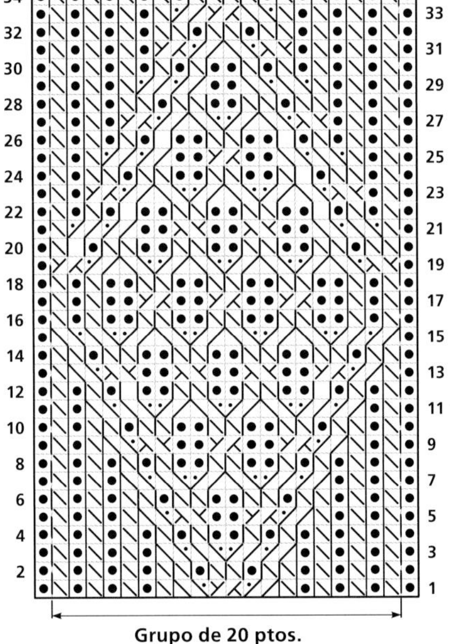

Símbolos específicos

dhatrás del 2do pto, dhatrás del 1er pto, desl 2pj.

rhatrás del 2do pto, dhatrás del 1er pto, desl 2 pj.

desl 1 a la aguja auxiliar, sostenerlo atrás de la labor, 1dhatrás, luego tejer al d el pto de la aguja auxiliar por la hebra de atrás.

desl 1 a la aguja auxiliar, sostenerlo atrás de la labor, 1dhatrás, luego tejer al r el pto de la aguja auxiliar por la hebra de atrás.

Nota

Se requiere una aguja auxiliar.

d en el DL, r en el RL · r en el DL, d en el RL · dhatrás en el DL, rhatrás en el RL

Punto 073

Cajas de ilusión NIVEL ❸

Los cambios de textura delineados por bandas de puntos retorcidos le dan el efecto de estar mirando adentro de las cajas. Si desea crear un diseño en zigzag, trabaje solamente desde el punto número 1 al punto número 11 o del punto número 11 al punto número 20 del gráfico.

Símbolos específicos

En el DL, insertar la aguja der desde atrás entre el 1er y 2do pto, tomar la hebra de adelante del 2do pto, llevarla a través del pto hacia atrás y tejer el 2do pto al d por la hebra de adelante, tejer al d el 1er pto por la hebra de adelante, desl 2 pj; en el RL, insertar la aguja desde atrás en el 2do pto, tomar la hebra de adelante del 2do pto, llevarla hacia atrás, rhadelante del 2do punto, rhadelante del 1er pto, desl 2 pj.

En el DL y RL, insertar la aguja desde atrás en el 2do pto, tomar la hebra de adelante del 2do pto y llevarla hacia atrás, rhadelante del 2do pto, dhadelante del 1er pto, desl2pj

En el DL, dhadelante del 2do pto, dhadelante del 1er pto, desl 2pj; en el RL, rhadelante del 2do pto, rhadelante del 1er pto, desl2pj.

En el DL y en el RL, dhadelante del 2do pto, rhadelante del 1er pto, desl2pj.

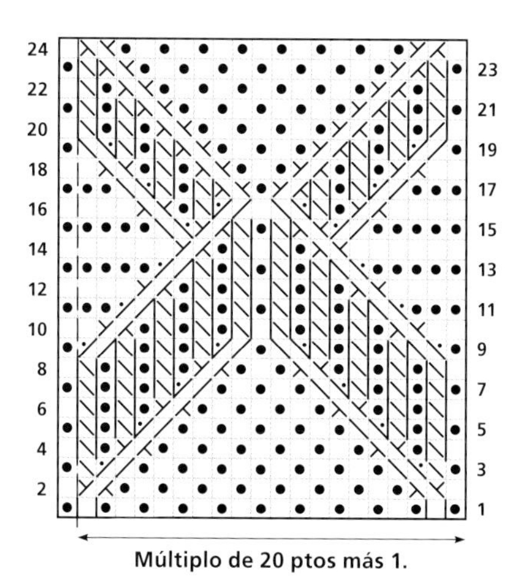

Múltiplo de 20 ptos más 1.

SELECTOR DE PUNTOS Trenzas

Usando una aguja auxiliar para trabajar los grupos de puntos fuera de la secuencia, se producen los cordones y trenzas vistas en los tejidos de estilo Aran. Comience con sencillas repeticiones y luego avance gradualmente antes de intentar un nudo celta o un motivo figurativo.

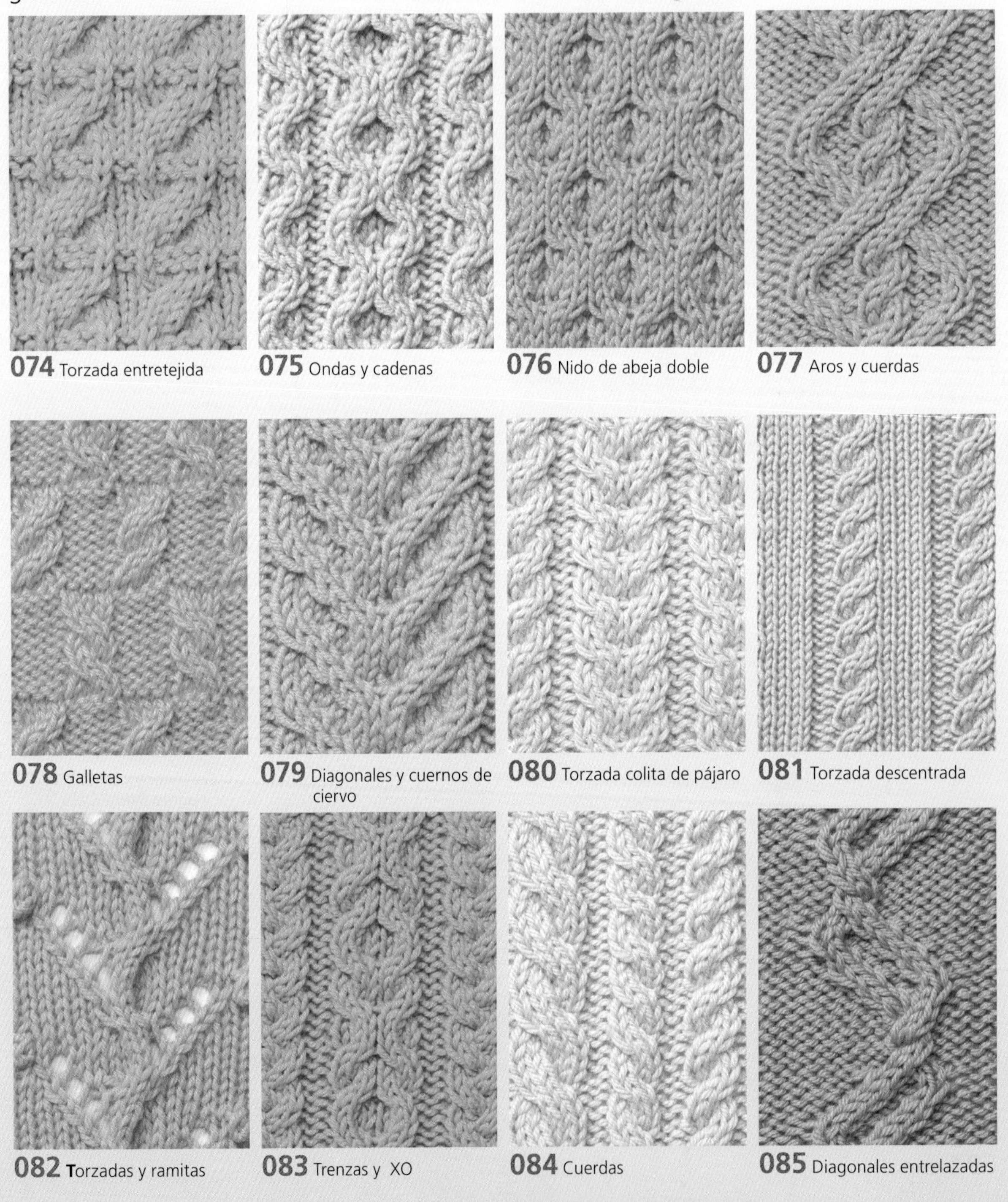

074 Torzada entretejida

075 Ondas y cadenas

076 Nido de abeja doble

077 Aros y cuerdas

078 Galletas

079 Diagonales y cuernos de ciervo

080 Torzada colita de pájaro

081 Torzada descentrada

082 Torzadas y ramitas

083 Trenzas y XO

084 Cuerdas

085 Diagonales entrelazadas

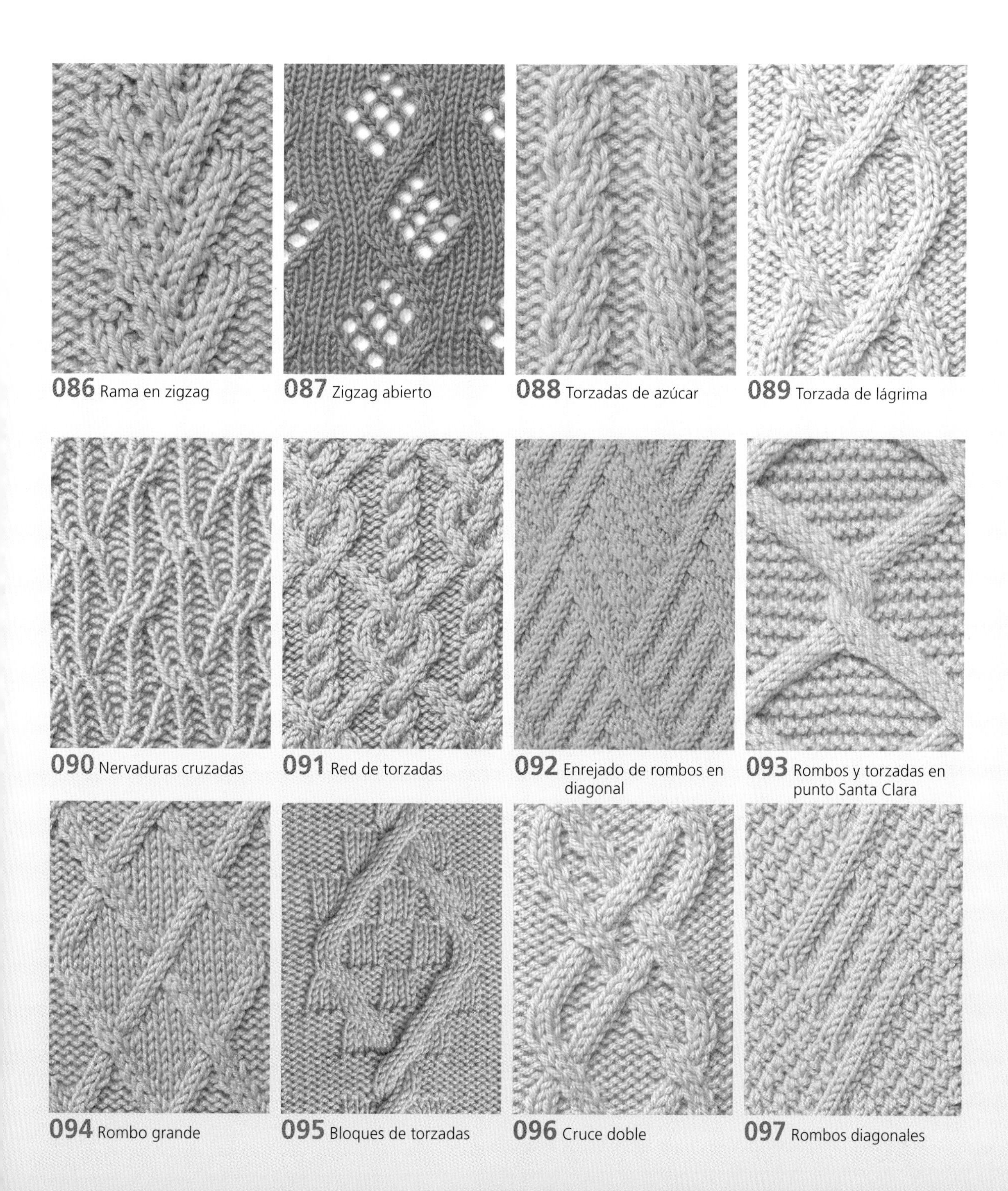

086 Rama en zigzag

087 Zigzag abierto

088 Torzadas de azúcar

089 Torzada de lágrima

090 Nervaduras cruzadas

091 Red de torzadas

092 Enrejado de rombos en diagonal

093 Rombos y torzadas en punto Santa Clara

094 Rombo grande

095 Bloques de torzadas

096 Cruce doble

097 Rombos diagonales

TRENZAS - CONTINUACIÓN

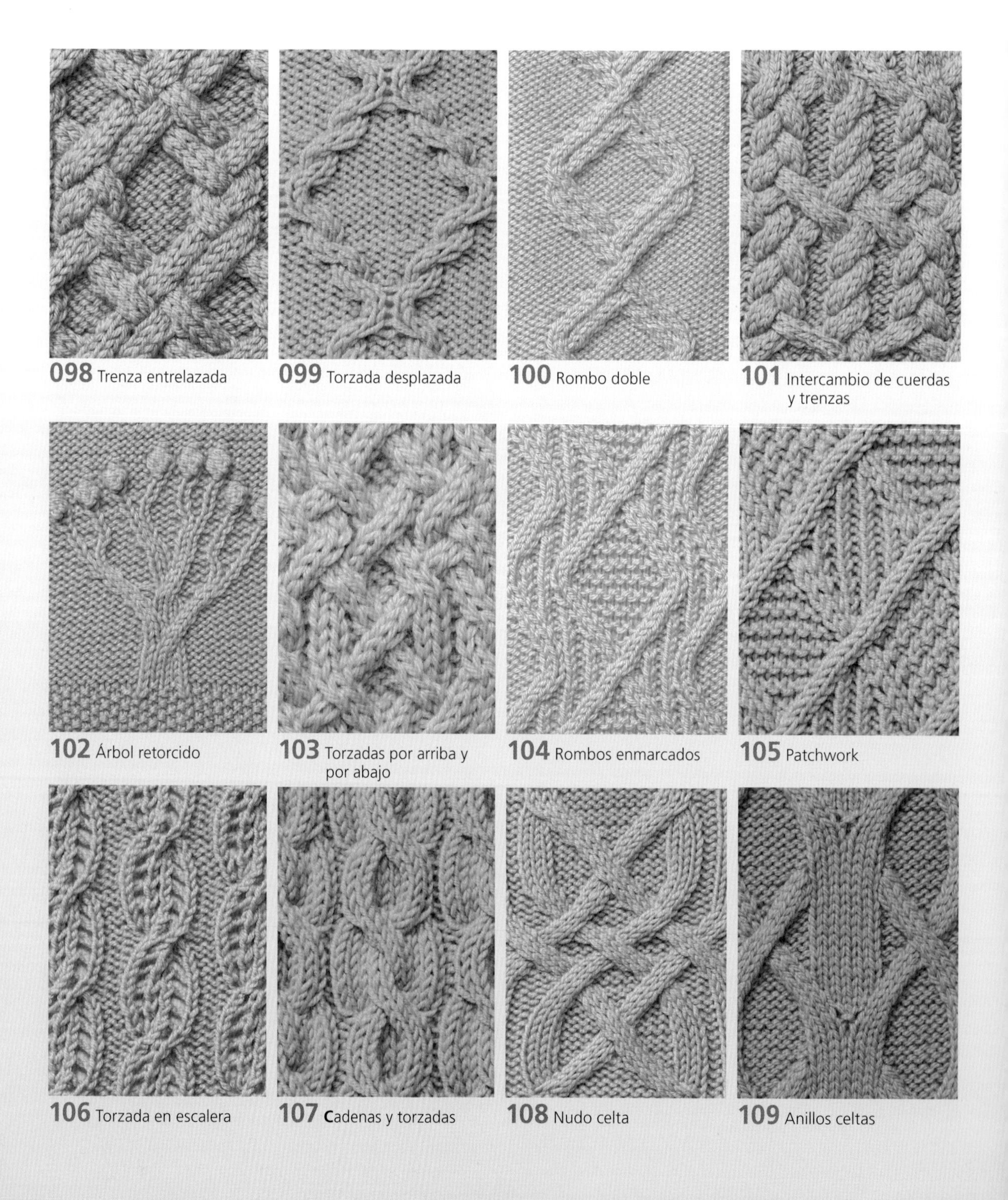

098 Trenza entrelazada

099 Torzada desplazada

100 Rombo doble

101 Intercambio de cuerdas y trenzas

102 Árbol retorcido

103 Torzadas por arriba y por abajo

104 Rombos enmarcados

105 Patchwork

106 Torzada en escalera

107 Cadenas y torzadas

108 Nudo celta

109 Anillos celtas

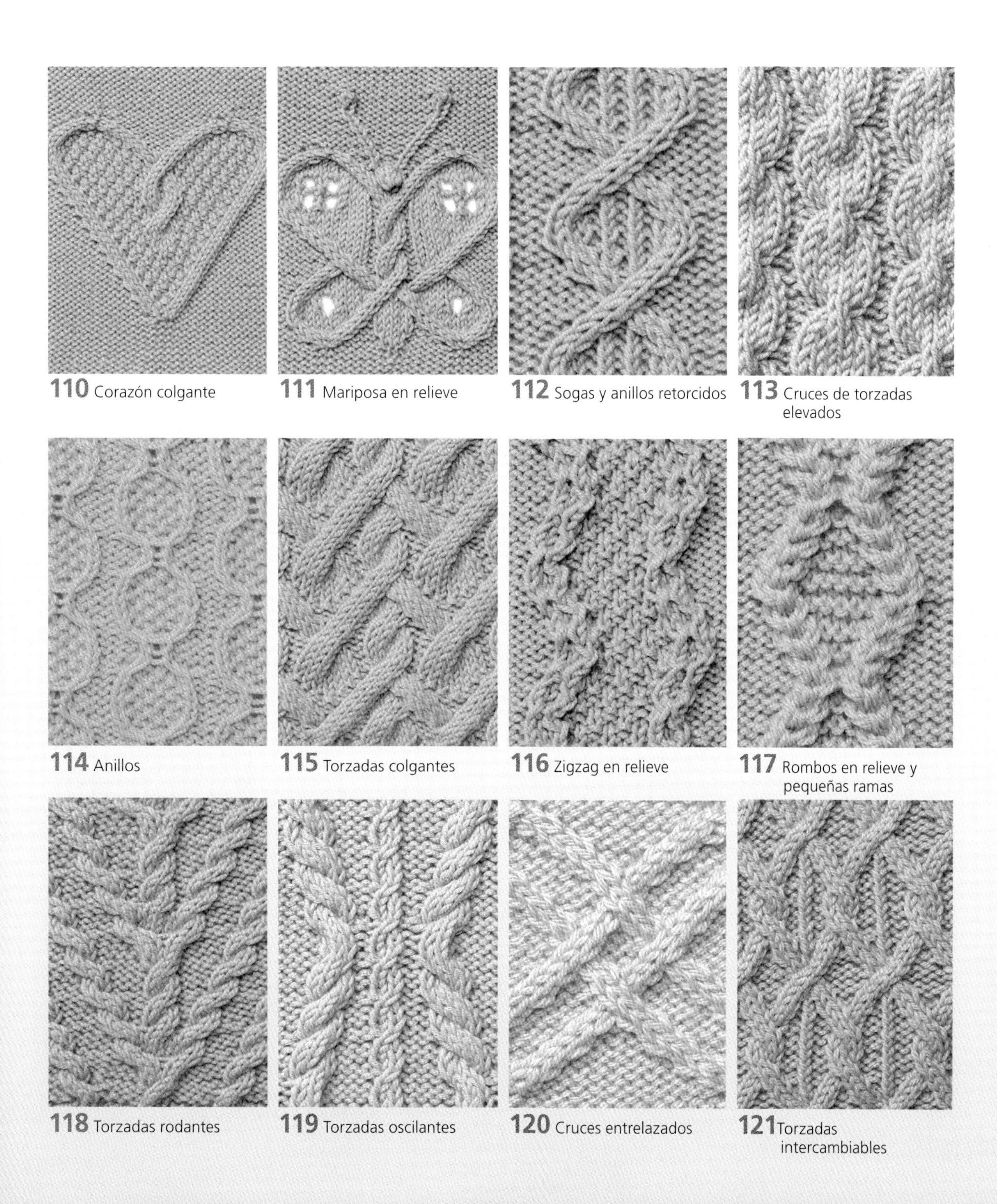

110 Corazón colgante

111 Mariposa en relieve

112 Sogas y anillos retorcidos

113 Cruces de torzadas elevados

114 Anillos

115 Torzadas colgantes

116 Zigzag en relieve

117 Rombos en relieve y pequeñas ramas

118 Torzadas rodantes

119 Torzadas oscilantes

120 Cruces entrelazados

121 Torzadas intercambiables

Punto 074

Torzada entretejida NIVEL 1

Esta torzada entretejida de seis puntos es bien sencilla, pero la banda de puntos quebrados de punto Jersey revés crea una ilusión interesante.

Múltiplo de 8 ptos. más 2

Punto 075

Ondas y cadena NIVEL 1

Esta es una sencilla combinación de torzadas de cuatro puntos. Cruces simples que forman ondas y cruces de un lado a otro que forman la cadena central.

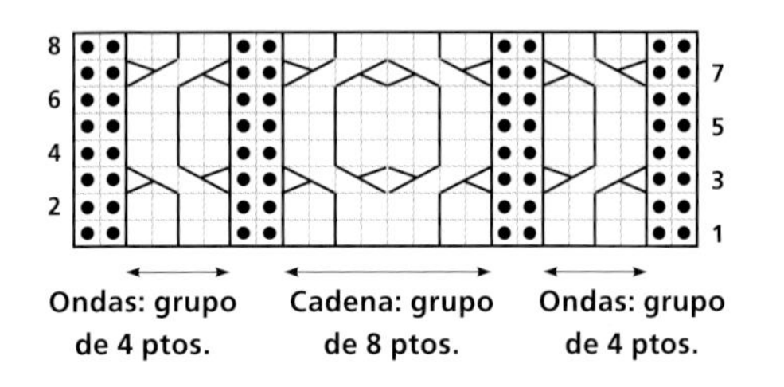

Ondas: grupo de 4 ptos. Cadena: grupo de 8 ptos. Ondas: grupo de 4 ptos.

Punto 076

Nido de abeja doble NIVEL 1

Al igual que el conocido nido de abeja formado íntegramente por cruces de torzadas de cuatro puntos, esta versión tiene además, cruces de dos puntos que producen un efecto de hoyuelos.

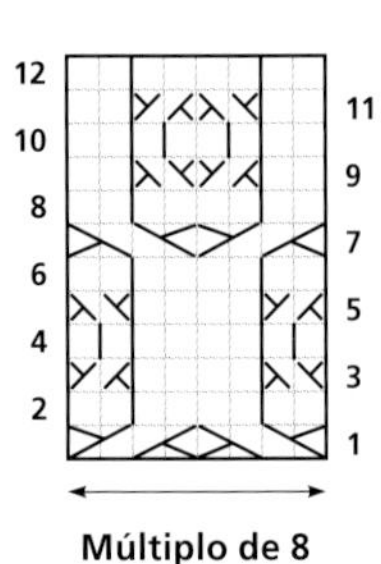

Múltiplo de 8 ptos.

Punto 077

Aros y cuerdas NIVEL 1

Dos torzadas realizadas sobre otras dos son usadas en esta variación interesante del clásico diseño de cuerda.

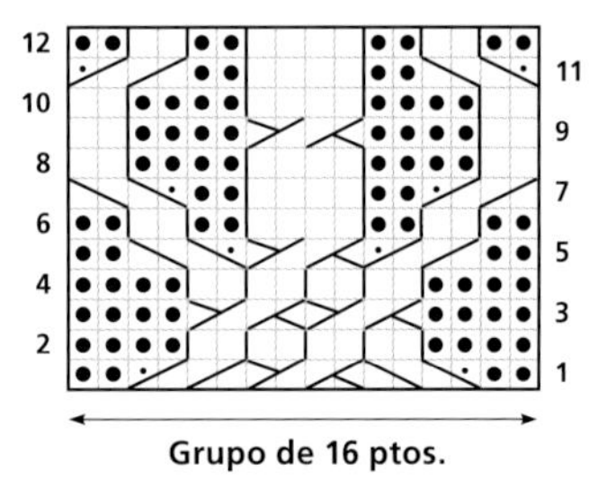

Grupo de 16 ptos.

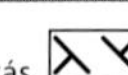

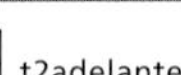

Punto 078

Galletas en damero NIVEL 1

Pequeñas torzadas giradas dos veces sobre sí mismas como galletas son alternadas con bloques de punto Jersey revés para lograr este diseño fácil.

Nota

Trabajar la hilera 1, repetir las hileras 2 - 21 para formar el diseño, terminando la última repetición con la hilera nro 22.

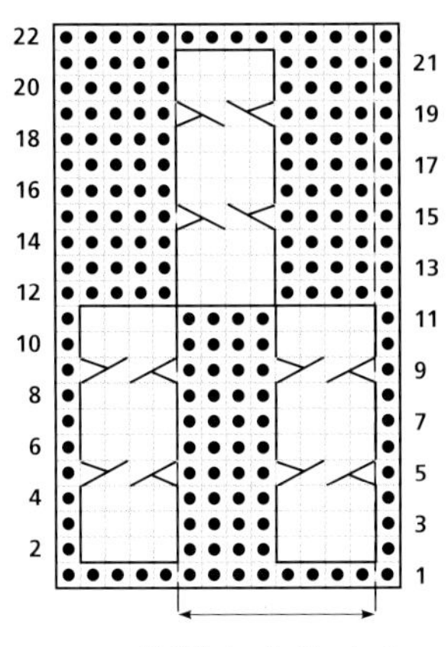

Múltiplo de 8 más 6.

Punto 079

Diagonales y cuerno de ciervo NIVEL 1

A pesar de que consiste sólo de seis hileras, estas torzadas suavemente inclinadas parecen bastante complicadas. Esto es el resultado de repetir el mismo cruce de torzadas en intervalos regulares.

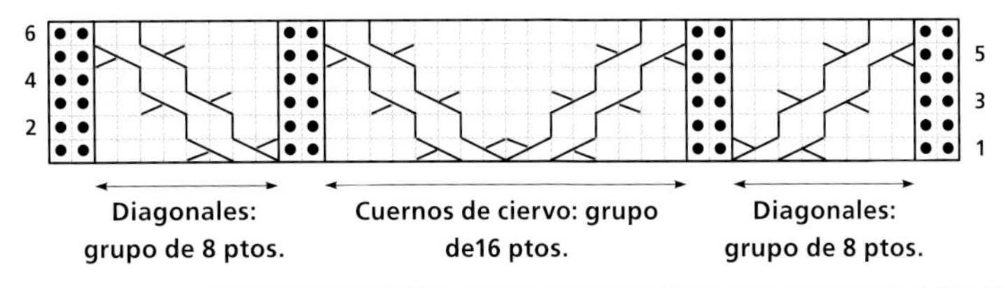

Diagonales: grupo de 8 ptos. | Cuernos de ciervo: grupo de16 ptos. | Diagonales: grupo de 8 ptos.

 t4adelante  t4atrás2d2r  t4adelante2d2r 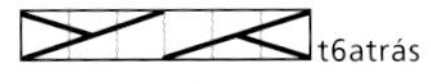 t6atrás

Punto 080

Torzada colita de pájaro NIVEL 1

Colocando dos torzadas de cuatro puntos, una al lado de la otra -una cruzada hacia atrás seguida de una cruzada hacia adelante- se produce una torzada en forma de rama. En esta muestra, es usado como una repetición del diseño.

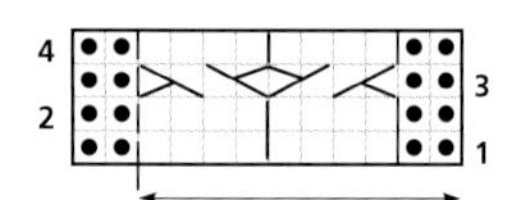

Múltiplo de 10 ptos. más 2.

Procedimiento

1ra hilera (DL): 2r, [8d, 2r], hasta el final.

2da hilera: 2d, [8r, 2d] hasta el final.

3ra hilera: 2r, [t4atrás, t4adelante, 2r] hasta el final.

4ta hilera: igual que la 2da hilera.

Estas 4 hileras forman el diseño.

Punto 081

Torzada descentrada

NIVEL 1

Está realizado sobre la misma cantidad de puntos e hileras que el colita de pájaro, pero una de las torzadas cruzadas se ha eliminado y una de las torzadas que cruzan por detrás fue sustituida por una torzada que cruza por delante. Si esto suena complicado, basta con mirar el gráfico para saber lo fácil que es.

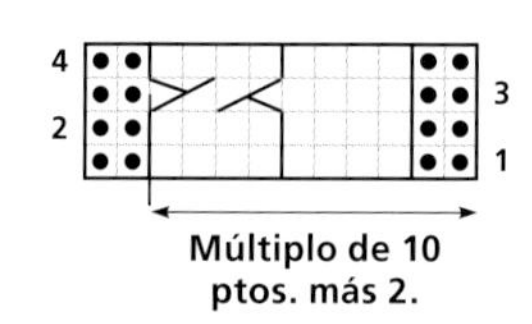

Múltiplo de 10 ptos. más 2.

Procedimiento

1ra hilera (DL): 2r, [8d, 2r] hasta el final.

2da hilera: 2d, [8r, 2d] hasta el final.

3era hilera: 2r, [4d, t4atrás, 2r] hasta el final.

4ta hilera: igual que la 2da hilera.

Estas 4 hileras forman el diseño.

Punto 082

Torzadas y ramitas

NIVEL 1

A pesar de que está incluido en un fondo de punto Jersey, este sencillo patrón está muy bien definido. El tallo se forma con una torzada, pero las ramitas son diagonales se componen con disminuciones y lazadas.

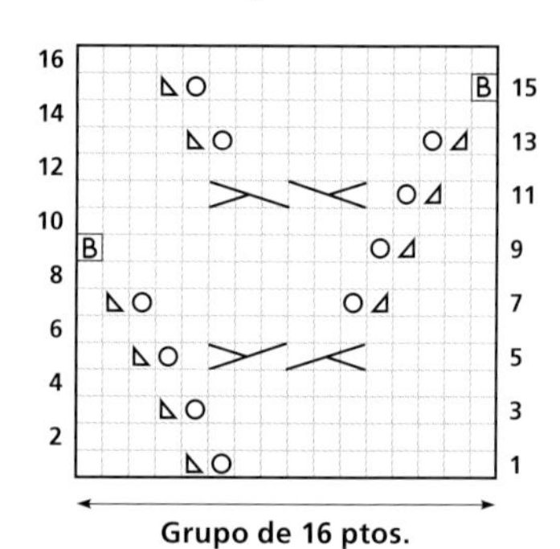

Grupo de 16 ptos.

Símbolo específico

B (1d, 1r, 1d) todo en 1 pto, girar, 3r, girar, desl el 2do pto y el 3ro sobre el 1er pto, tejer al dhatrás.

Nota

Repetir las hileras 5 – 16.

54–55 Símbolos básicos

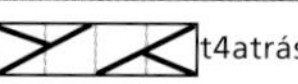

d en el DL, r en el RL | r en el DL, d en el RL | 2pjd | dsi | laz | t4atrás | t4adelante

Punto 083

Trenzas y XO

NIVEL 1

Este es un ejemplo de la variedad que se puede alcanzar con trenzas básicas de cuatro puntos.

La pequeña trenza es solamente un diseño de cuatro hileras, mientras que el diseño curvado de XO requiere 16 hileras.

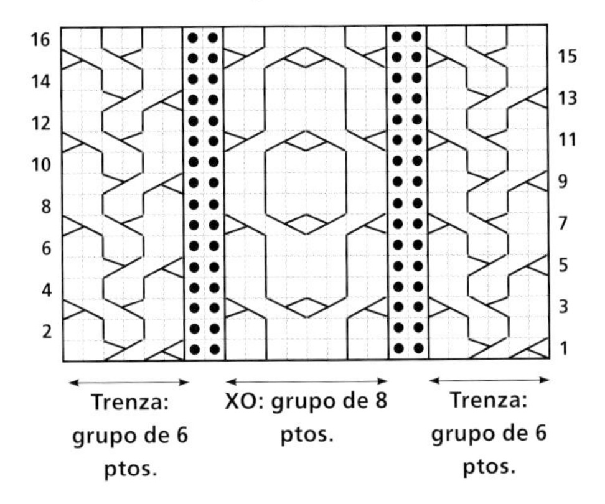

Punto 084

Sogas

NIVEL 1

Repitiendo la misma torzada hacia atrás o hacia adelante en intervalos regulares se forma una soga lo suficientemente importante. Puede ser combinada con otros puntos. Aquí, las sogas más angostas son torzadas de cuatro puntos (cruzando dos puntos sobre otros dos cada cuatro hileras) mientras que las sogas más anchas cruzan tres puntos sobre otros tres cada seis hileras.

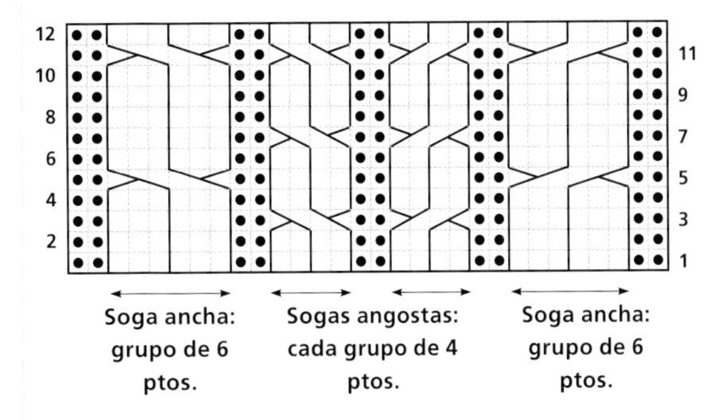

Procedimiento

SOGA ANGOSTA (centro a la derecha)

1ra hilera (DL): d

2da hilera: r

3ra hilera: t4atrás

4ta hilera: r

Estas 4 hileras forman el diseño.

SOGA ANGOSTA (centro a la izquierda)

Igual que la centro derecha, pero trabajar la t4adelante en lugar de la t4atrás en la 3ra hilera.

SOGA ANCHA (derecha)

1ra y 3ra hileras (DL): d

2da y 4ta hileras: r

5ta hilera: t6atrás

6ta hilera: r

Estas 6 hileras forman el diseño.

SOGA ANCHA (izquierda)

Igual que la derecha, pero trabajar la t6adelante en lugar de la t6atrás en la 5ta hilera.

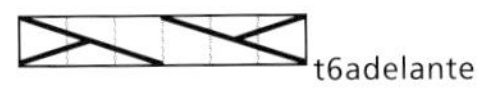

Punto 085

Diagonales entrelazadas NIVEL 2

Todas estas torzadas son sencillos cruces de dos puntos sobre otros dos puntos posicionados para lograr un diseño asimétrico lleno de energía, compuesto por diagonales que se balancean.

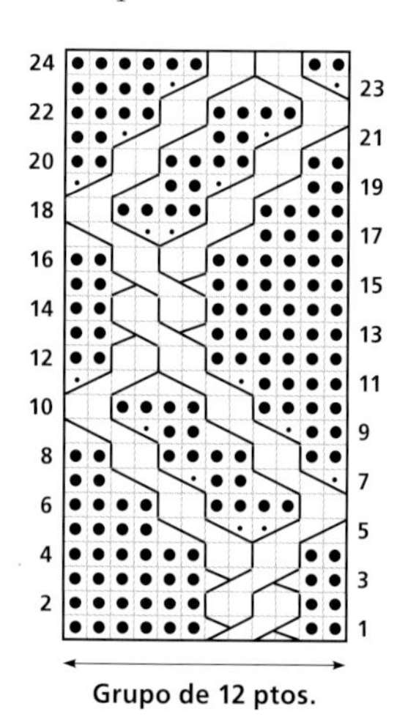

Grupo de 12 ptos.

Punto 086

Rama en zigzag NIVEL 2

Esta formación compacta y de aspecto complejo de ramas alternadas está lograda solamente con una repetición del diseño de ocho hileras.

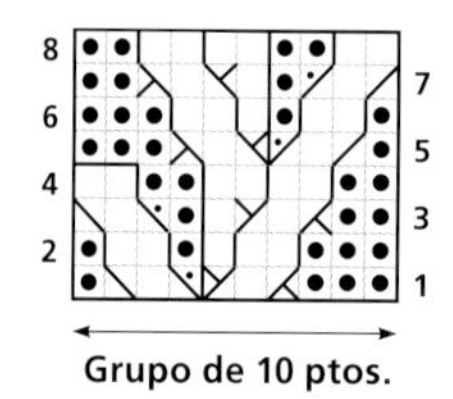

Grupo de 10 ptos.

Punto 087

Zigzag abierto NIVEL 2

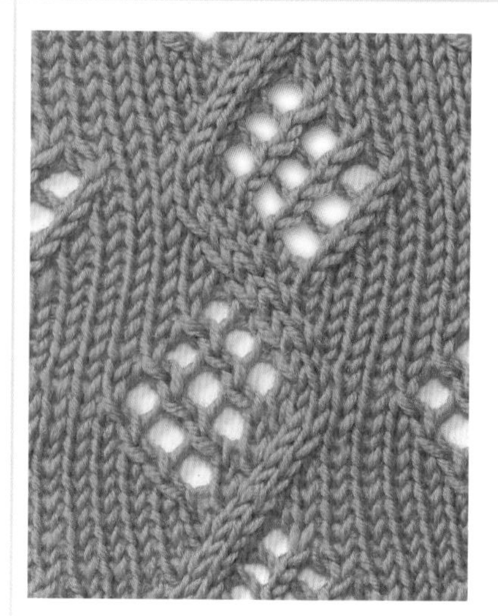

Bloques de textura calada están sostenidos en los ángulos de este zigzag para darle al punto movimiento adicional.

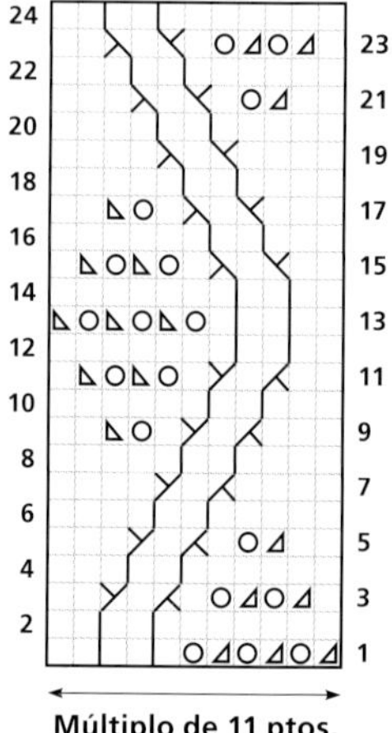

Múltiplo de 11 ptos.

56–57 Símbolos básicos

d en el DL, r en el RL | r en el DL, d en el RL | dhatrás en el DL, rhatrás en el RL |  2pjd | 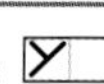 dsi | laz |  t3atrás

Punto 088

Torzadas de azúcar

NIVEL 2

El efecto espiral de estas bonitas torzadas se logra creando cruces de tres puntos sobre dos. A pesar de que los puntos están cruzados cada cuatro hileras, toma doce hileras llevar nuevamente a los puntos cruzados a su punto de partida. Se pueden repetir estas torzadas como se muestran o se pueden usar individualmente.

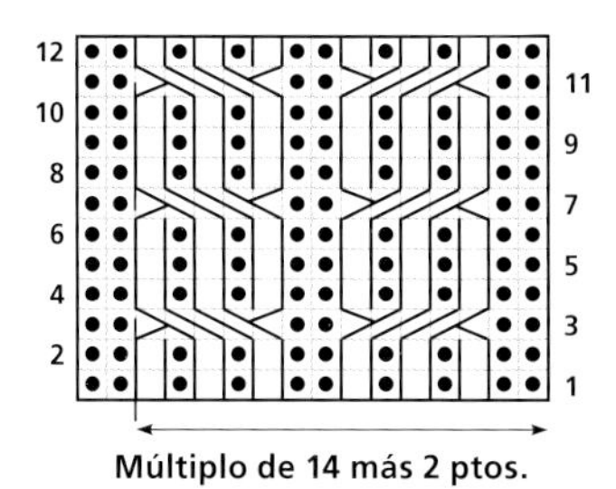

Múltiplo de 14 más 2 ptos.

Símbolos específicos

desl 2 a la ag aux, sostenerlos atrás, 1d, 1r, 1d, luego 1r, 1d de la ag aux.

desl 3 de la ag aux, sostenerlos adelante, 1d, 1r, luego 1d, 1r, 1d de la ag aux.

Punto 089

Torzada de lágrima

NIVEL 2

Las torzadas colocadas sobre un fondo de punto Jersey revés siempre se ven nítidas y bien definidas. Están suavizadas a propósito por una torzada central cruzada que forma un motivo colgante.

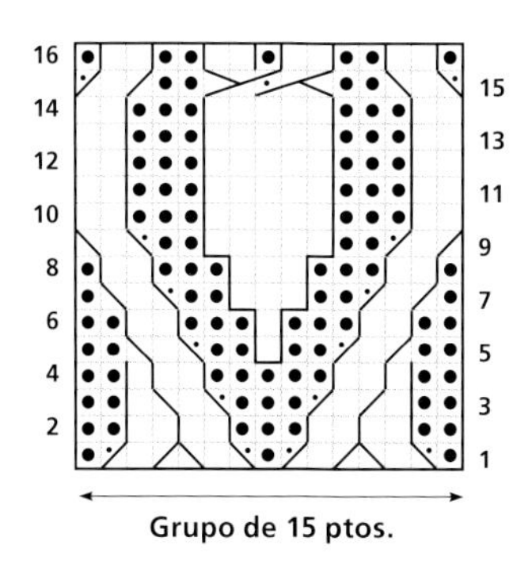

Grupo de 15 ptos.

Símbolo específico

Desl 3 a la ag aux, sostenerlos atrás, 2d, desl el pto más próximo de la ag aux a la ag izquierda y tejerlo al r, tejer los 2 ptos restantes de la ag aux al d.

Punto 090

Nervaduras cruzadas

NIVEL 2

Cruces de cinco puntos forman esta torzada de retorcidos que oscilan de aquí para allá de una manera rítmica. El revés de la labor es igualmente atractiva.

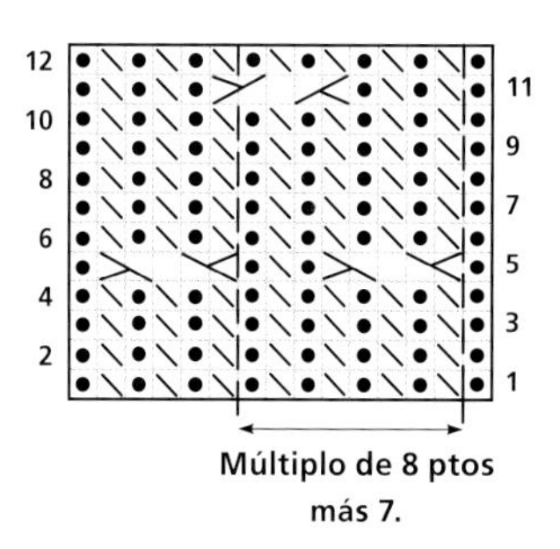

Múltiplo de 8 ptos más 7.

Símbolos específicos

desl 3 a la ag aux, sostenerlos adelante, 1dhatrás, 1r, luego 1dhatrás, 1r, 1dhatrás de la ag aux.

desl 2 a la ag aux, sostenerlos atrás, 1dhatrás, 1r, 1dhatrás, luego 1r, 1dhatrás de la ag aux.

Punto 091

Red de torzadas NIVEL 2

Este es un interesante diseño que produce un motivo muy audaz. Simplemente trabaje todos los puntos del gráfico para un grupo.

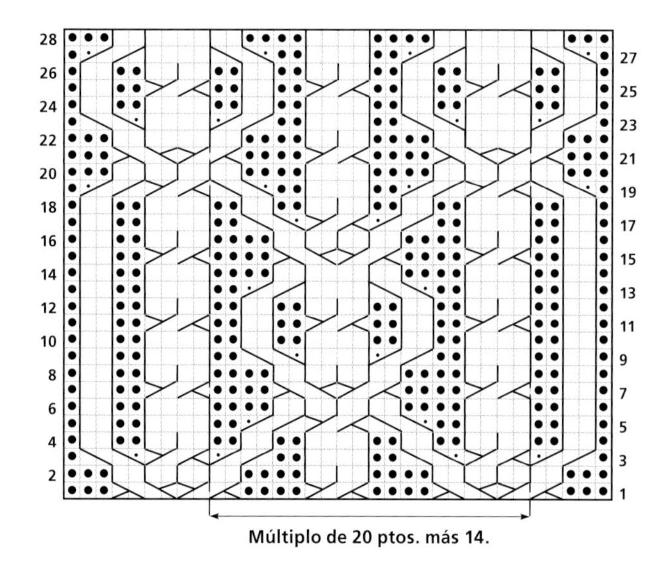

Múltiplo de 20 ptos. más 14.

58–59 Símbolos básicos

d en el DL, r en el RL · r en el DL, d en el RL · t3atrás ·  t3adelante · 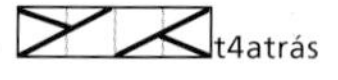 t4atrás

Punto 092

Enrejado de rombos en diagonal NIVEL 2

Este excitante y audaz diseño está logrado con solamente dos pequeñas torzadas. Es más fácil de lo que parece porque cada hilera del revés de la labor está tejida con puntos al revés.

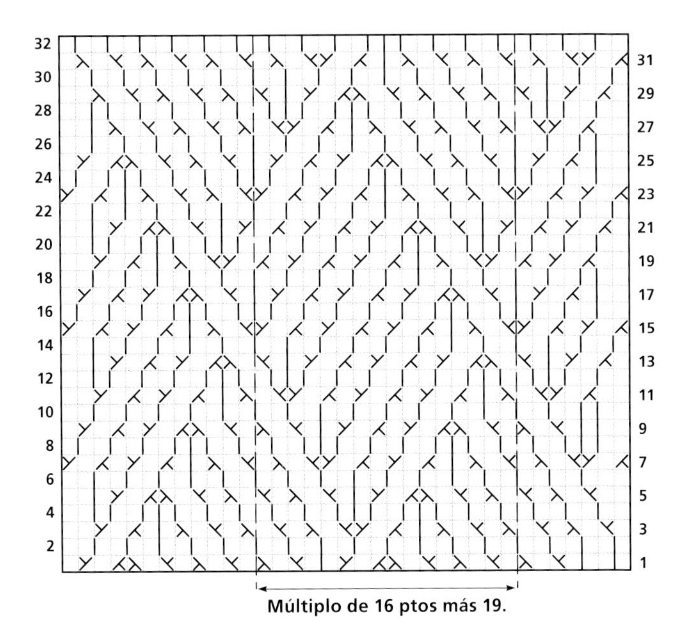

Múltiplo de 16 ptos más 19.

t4atrás2d2r t4adelante t4adelante2d2r

Punto 093

Rombos y torzadas en punto Santa Clara

NIVEL 

Este ricamente texturado grupo de torzadas parece intrincado, pero de hecho es fácil de trabajar porque cada hilera del revés de la labor está hecha con puntos al revés.

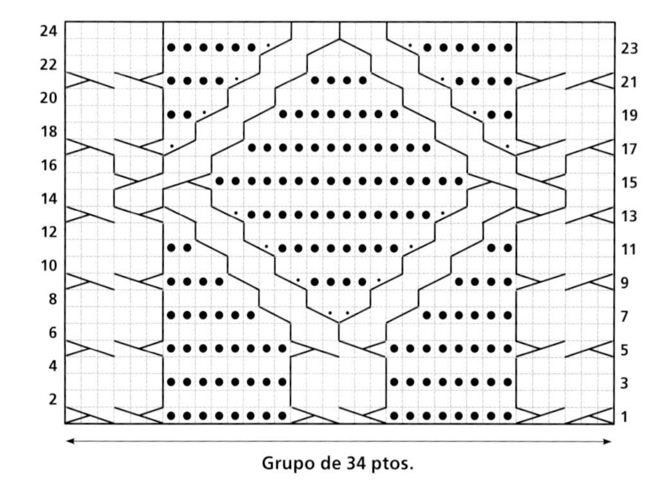

60–61 Símbolos básicos

d en el DL, r en el RL · r en el DL, d en el RL · t3atrás · t3atrás2d1r · t3adelante · t6atrás · t6adelante

Punto 094

Rombo grande NIVEL 2

La torzada central se abre para lograr un rombo con un fondo de punto Jersey atravesado por puntos desplazados desde la torzada hacia cada lado. El efecto es a la vez refinado y audaz.

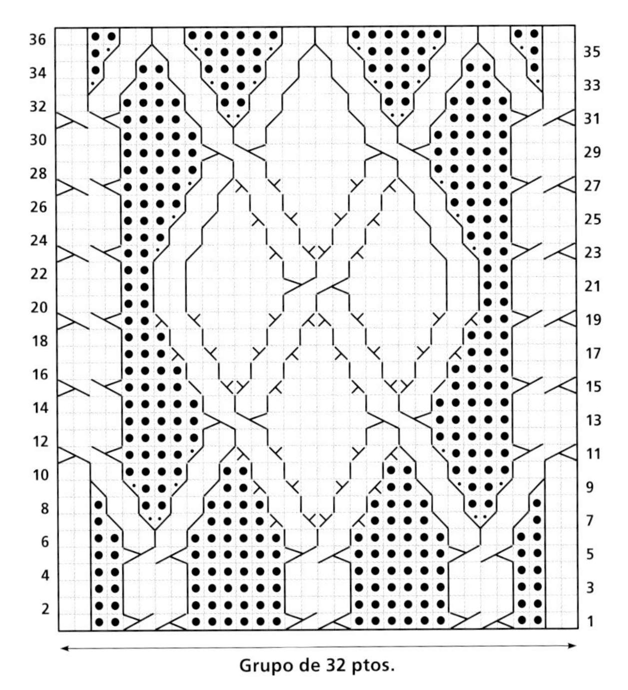

t3adelante1r2d · t4atrás · t4adelante · t5atrás3d2r · t5adelante2r3d

Punto 095

Bloques de torzadas

NIVEL 2

Bloques de punto Jersey resaltan este rombo de torzadas y se extienden en el fondo del punto Jersey revés.

Símbolo específico

[símbolo] desl 6 a la ag aux, sostener atrás, 3d, desl los 3 ptos más próximos de la ag aux a la ag izq, 3r, tejer al d los 3 ptos restantes de la ag aux.

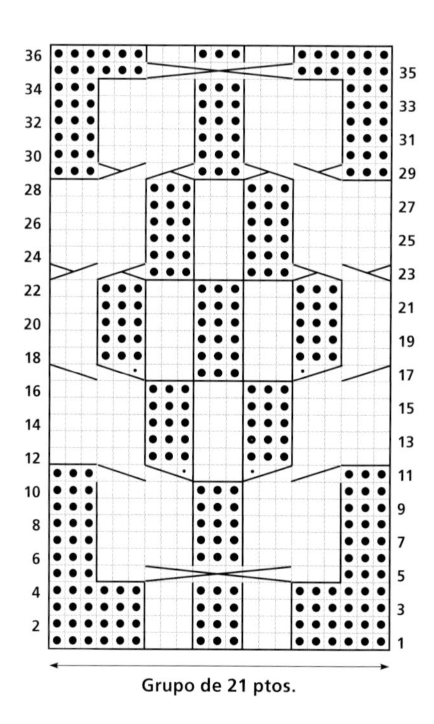

Punto 096

Cruce doble

NIVEL 2

Dos tipos de torzadas son usadas aquí para hacer entrelazados delicados, pero ambas son sencillas y siguen una progresión lógica.

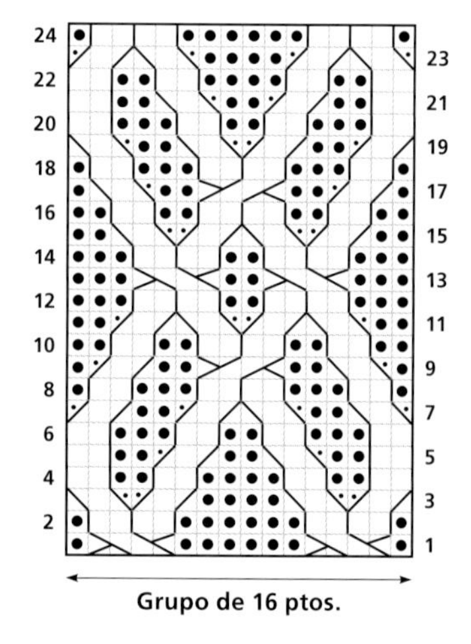

d en el DL, r en el RL · r en el DL, d en el RL · t3atrás · t3atrás, 2d, 1r · t3adelante1r2d · t6atrás 3d, 3r · t6adelante · t6adelante, 3r, 3d

Punto 097

Rombos diagonales

NIVEL 2

Estas torzadas de tres puntos colocadas muy próximas unas de otras hacen que el fondo de arroz doble resulte en un sencillo pero rico diseño texturado.

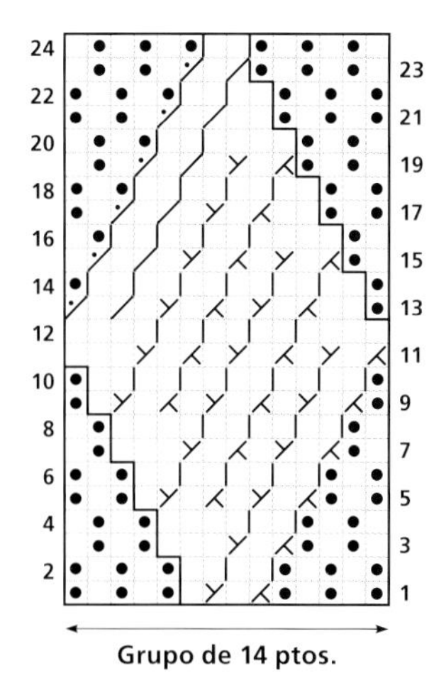

Grupo de 14 ptos.

Punto 098

Trenza entrelazada

NIVEL 2

Aquí se presenta un hermoso grupo de torzadas que intercala ocho líneas para lograr una trenza generosa.

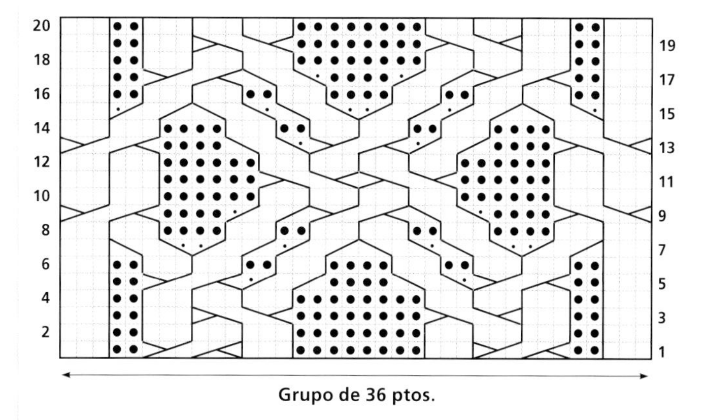

Grupo de 36 ptos.

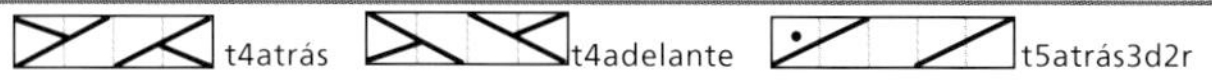
t4atrás
t4adelante

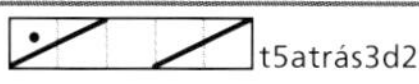
t5atrás3d2r

t5adelante2r3d

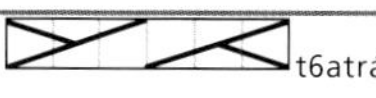
t6atrás

Punto 099

Torzada desplazada NIVEL 2

Estas sogas curvas, al estar torsionadas sobre seis puntos, están hechas para balancearse. El resultado es un diseño de rombo muy elegante.

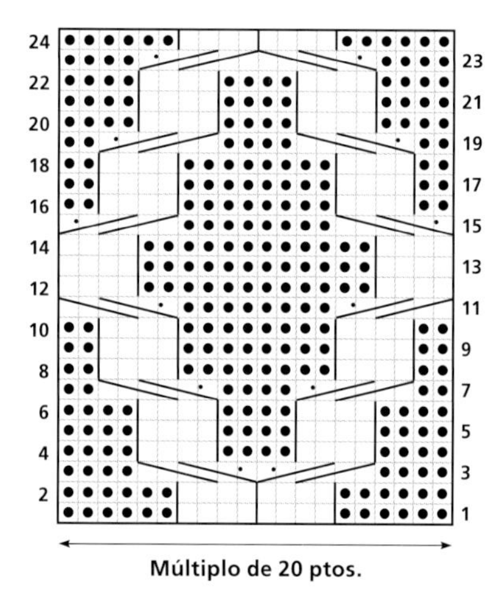

Múltiplo de 20 ptos.

Símbolos específicos

desl 4 a la ag aux, sostener atrás, 2d, luego 2d, 2r de la ag aux.

desl 2 a la ag aux, sostener adelante, 2r, 2d, luego 2d de la ag aux.

Punto 100

Rombo doble NIVEL 2

Juegos paralelos de torzadas le dan a este diseño estabilidad estructural y un agradable modelo visual con puntos que pasan por encima y por debajo.

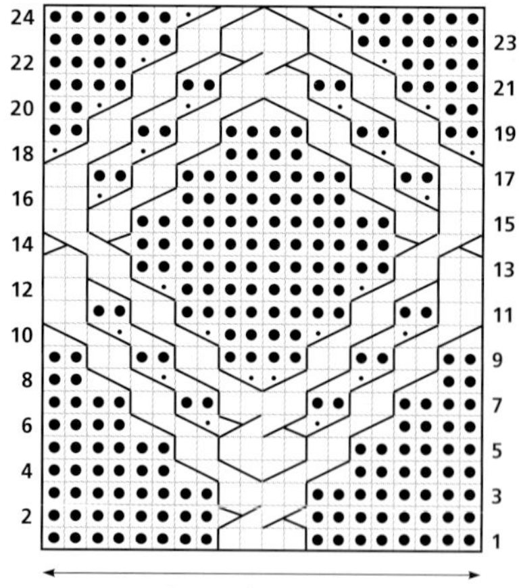

Grupo de 20 ptos.

Punto 101

Intercambio de cuerdas y trenzas NIVEL 2

Este sustancioso grupo de torzadas está logrado con dos elementos sencillos: una cuerda en el centro conectada a trenzas de cada lado. A pesar de que la repetición de la hilera es muy corta, el efecto es complejo.

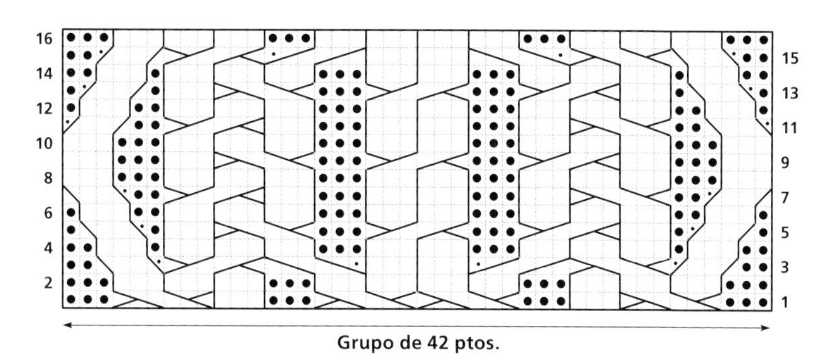

Símbolos específicos

desl 1 a la ag aux, sostener atrás, 3d, luego 1r de la ag aux.

desl 3 a la ag aux, sostener adelante, 1r, luego: 3d de la ag aux.

t4adelante2d2r t6atrás t6atrás 3d, 3r t6adelante

Punto 102

Árbol retorcido

NIVEL ❷

Las torzadas se ramifican desde el centro del tronco para lograr un árbol que termina en motas nudosas.

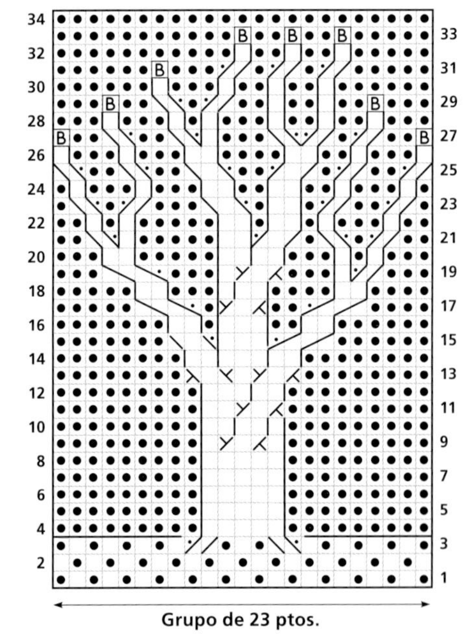

Símbolo específico

B (1d, laz, 1d, laz, 1d) todo en 1 pto, girar, 5r, girar, [desl 1d] 4 veces, 1d, pasar el desl sobre el pto.

66–67 Símbolos básicos

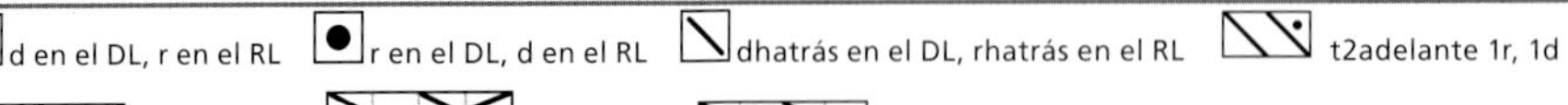

Punto 103

Torzadas por arriba y por abajo

NIVEL 2

Al trabajar las repeticiones de este diseño, se podrán ver largas diagonales por arriba y por debajo así como también los cruces del centro. A pesar de que el efecto logrado es complejo, el grupo está logrado sólo con cuatro torzadas simples.

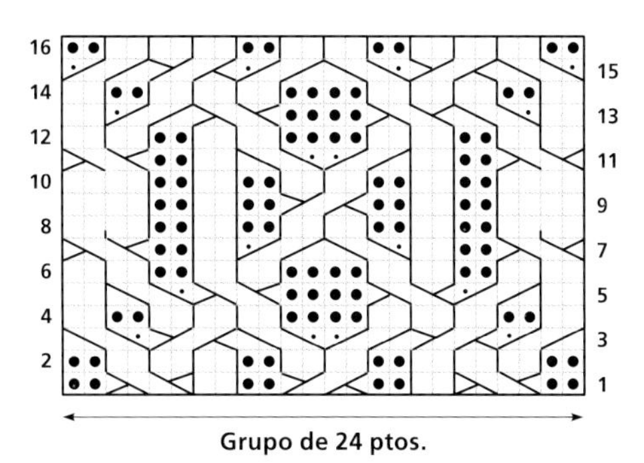

Grupo de 24 ptos.

Punto 104

Rombos enmarcados

NIVEL 2

En este diseño, rombos sencillos están delineados con zigzags y poseen puntos en Santa Clara y puntos retorcidos agregados para una textura más rica.

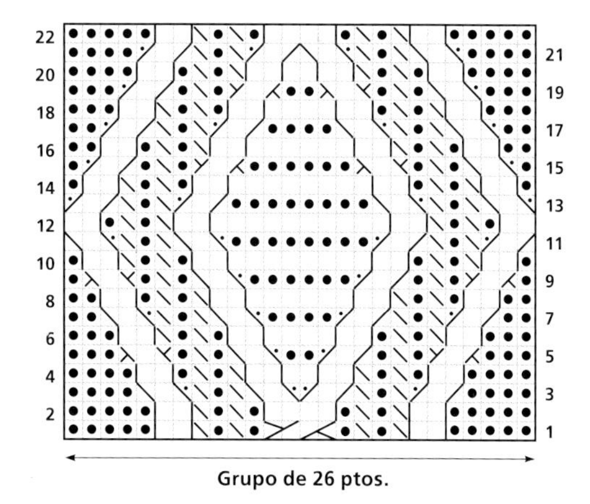

Grupo de 26 ptos.

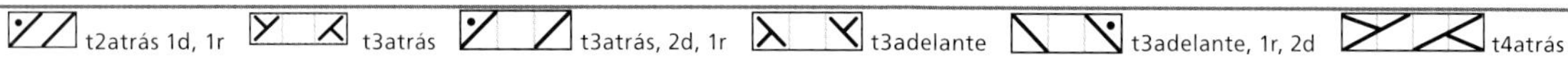

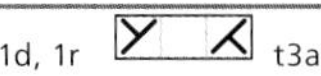

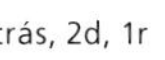
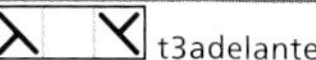
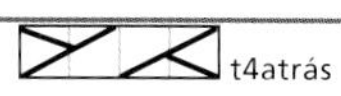

Punto 105

Patchwork NIVEL 2

Alternando la textura de los puntos que llenan la parte interna de los rombos de este grupo se logra un variado efecto patchwork en lugar de una repetición regular.

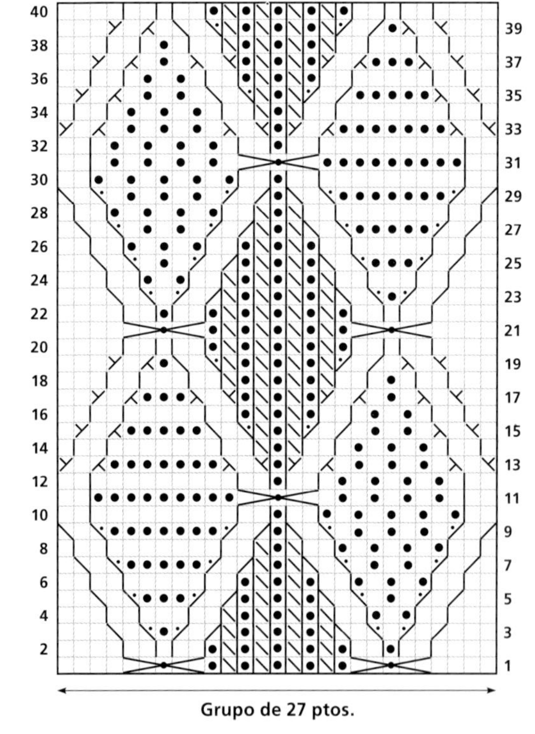

Símbolo específico

desl3 a la ag aux, sostener atrás, 2d, desl el pto más próximo de la ag aux a la ag izq y tejerlo al r, luego 2d de la ag aux

d en el DL, r en el RL; r en el DL, d en el RL; dhatrás en el DL, rhatrás en el RL; 2pjd; dsi;  laz

Punto 106

Torzada en escalera NIVEL ❷

Escaleras caladas ayudan a definir este punto y le dan al tejido una característica liviana y aireada que es inusual en un punto de torzadas.

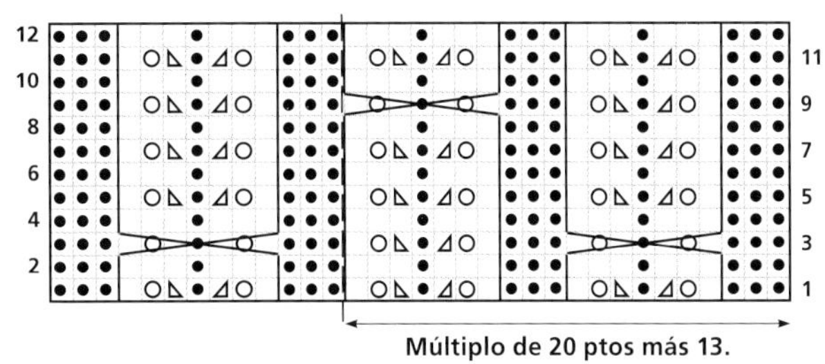

Múltiplo de 20 ptos más 13.

Símbolo específico

desl4 a la ag aux, sostener atrás, 1d, laz, 2pjd, desl el pto más próximo de la ag aux a la ag izq y tejerlo al r, luego ddi, laz, 1d de la ag aux.

Punto 107

Cadenas y torzadas NIVEL ❷

Cruzando tres puntos sobre otros tres se logra en este diseño de torzadas redondez y definición.

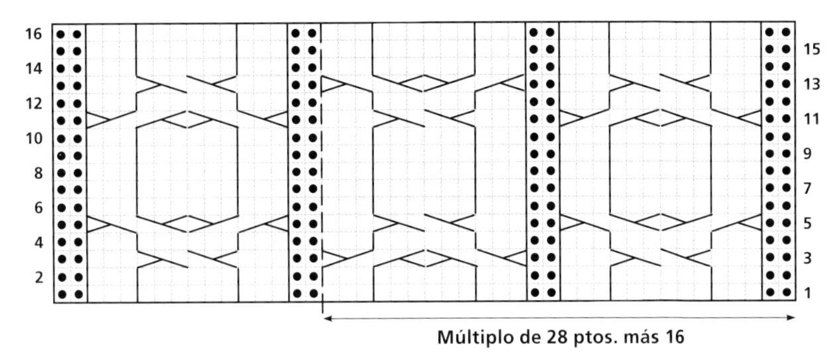

Múltiplo de 28 ptos. más 16

t3atrás; t3atrás, 2d, 1r; t3adelante; t3adelante, 1r, 2d; t6atrás; t6adelante

Punto 108

Nudo celta NIVEL ❸

Aquí, los aumentos y disminuciones escondidos crean la ilusión de una línea contínua para lograr este diseño de nudo celta.

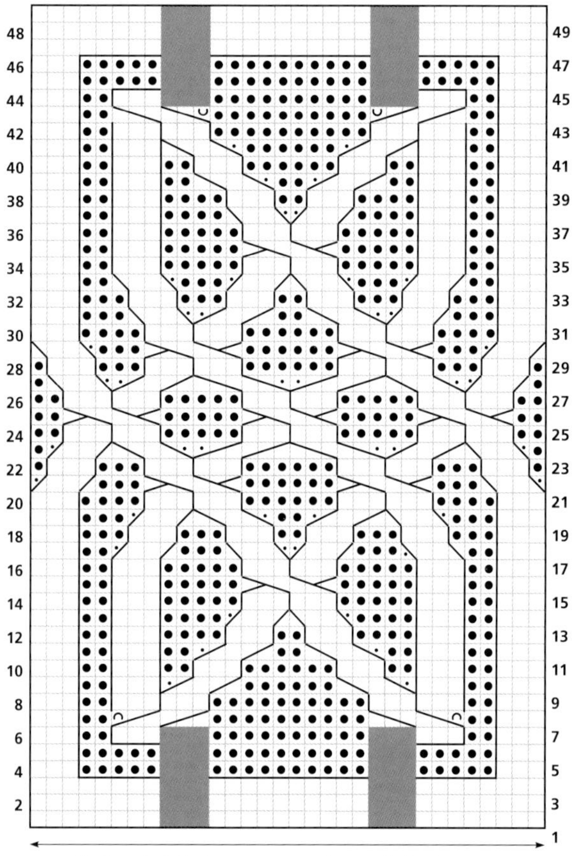

Motivo de 26 ptos con un conteo variable de ptos.

Símbolos específicos

desl1 al la ag aux, sostener atrás, 3d, luego tejer 1r de la ag aux.

desl3 a la ag aux, sostener adelante, 1r, luego tejer al d los 3 de la ag aux.

insertar la ag aux en los 3 ptos de la hilera anterior, sostenerla atrás, 3d, luego tejer al d los 3 ptos de la ag aux.

tejer al d los siguientes 3 ptos de la hilera anterior, luego tejer al d los siguientes 3 ptos de la ag izq

desl3 a la ag aux, sostener atrás, [tejer el siguiente pto junto con el pto siguiente de la ag aux] 3 veces.

desl3 a la ag aux, sostenerlos adelante [tejer el siguiente pto de la ag aux junto con el próximo pto de la ag izq] 3 veces.

70–71 Símbolos básicos

d en el DL, r en el RL · r en el DL, d en el RL · 3pjd · no pto · t5atrás3d2r · t6adelante, 3r, 3d · 1aumD · 1aumI

Punto 109

Anillos celtas NIVEL ❸

Este diseño de guardas está basado en una piedra grabada y usa torzadas curvilíneas que se ramifican desde el centro y se superponen para lograr anillos intercalados.

Símbolos específicos

Desl 1 pto a la ag aux, sostener atrás, 3d, luego 1d de la ag aux.

desl 3 a la ag aux, sostener adelante, 1d, luego 3d de la ag aux.

desl 1 a la ag aux, sostener atrás, 3d, luego tejer 1r de la ag aux.

desl 3 a la ag aux, sostener adelante, 1r, luego tejer los 3d de la ag aux.

desl 1er al d, desl 2do pto al d, 1d, pasar los ptos deslizados sobre el pto tejido.

trabajar 1aumD y 1aumI en la misma hebra entre ptos.

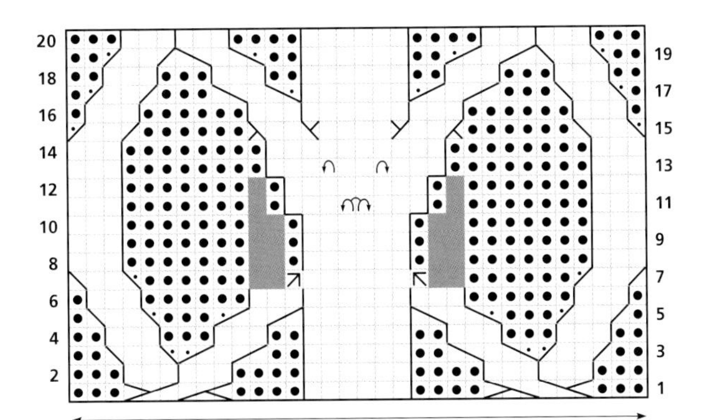

Grupo de 32 ptos, con un conteo variable de ptos.

Punto 110

Corazón colgante NIVEL ❸

Además de varios aumentos en el comienzo y de otras tantas disminuciones en la última hilera, este motivo combina sólo unas pocas técnicas para producir un efecto llamativo.

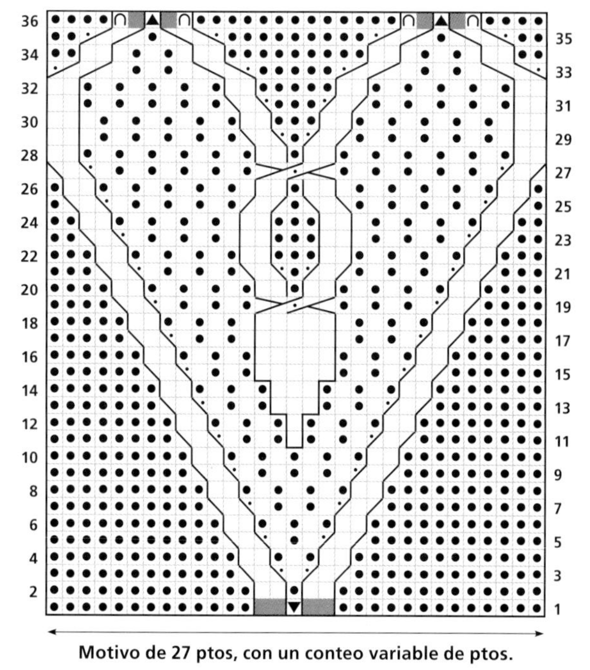

Motivo de 27 ptos, con un conteo variable de ptos.

Símbolos específicos

▼ 1aum, en el pto siguiente hacer 1dhatrás, luego 1dhadelante, insertar la punta de la ag izq detrás de la hebra vertical situada entre los 2 ptos recién formados y tejer 1dhatrás, 1aum.

▲ con la hebra adelante, desl 3 a la ag der, *en la ag derecha desl el 2do pto sobre el 1ro, volver este pto a la nuevamente a la ag izq, desl el 2do pto sobre éste, **desl esto a la ag der nuevamente; repetir desde * hasta ** una vez más, dejando 1 pto sobre la ag izq; con la h adelante, tejer al d este pto.

desl 3 a la ag aux, , sostener atrás, 2d, desl el pto más cercano de la ag aux a la ag izq, tejer al r este pto, luego tejer al d los 2 ptos restantes de la ag aux.

∩ 1aum en el RL.

72–73 Símbolos básicos

d en el DL, r en el RL | ● r en el DL, d en el RL | 2pjd | dsi | 2pjr | ddi | laz | no pto

t4atrás | t4atrás2d2r | t4adelante | t4adelante2d2r | 1aumD | 1aumI

Punto 111

Mariposa en relieve NIVEL ❸

Una mariposa puede ser creada combinando torzadas y algunas pocas técnicas. Todos los puntos están trabajados directamente; es solamente la mezcla de los mismos que hace que este diseño se vea complicado.

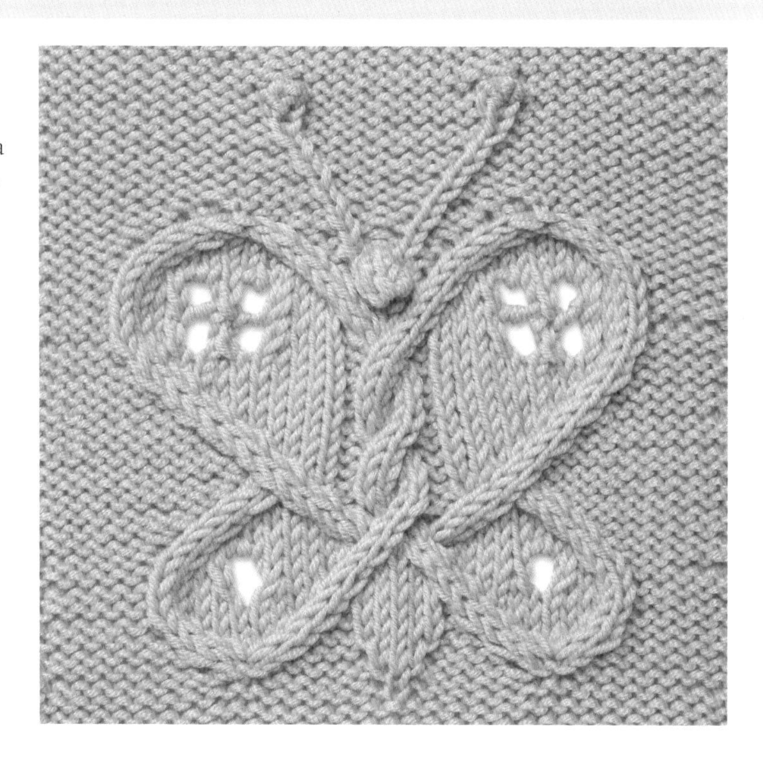

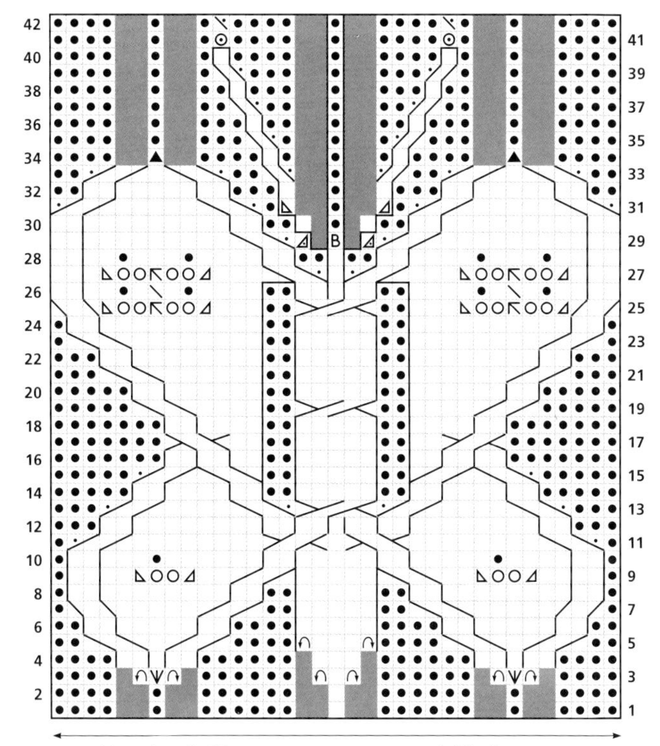

Mmotivo de 23 ptos, con un conteo variable de puntos.

Símbolos específicos

B (1d, laz, 1d, laz, 1d) todo en un pto, girar, 5r, girar, 5d, girar, 2pjr, 1r, 2pjr, girar, ddb.

◎ (1d, laz, 1d) todo en 1 pto, girar, 3d, girar, ddi.

1dhatrás en el RL

1rhatrás en el RL

(tejer 1dhatrás, 1d) todo en 1 pto, insertar la ag izq en la hebra entre los ptos que se formaron y tejer 1dhatrás de la hebra para hacer 3 ptos a partir de 1.

▲ con la h adelante desl 3 a la ag der, *en la ag der desl 2do sobre el 1er pto, desl este pto nuevamente a la ag izq, desl 2do pto sobre él; **desl este pto a la ag der, repetir desde * hasta ** una vez más, dejando 1 pto en la ag izq, con la h adelante, tejer este pto al d.

desl 3 a la ag aux, sostener atrás, 2d, desl el pto más próximo de la ag aux a la ag izq, tejer este pto por la h de atrás, luego tejer al d los 2 ptos restantes de la ag aux.

t2adelante 1r, 1d | t2atrás 1d, 1r | t3atrás | t3atrás, 2d, 1r | t3adelante | t3adelante, 1r, 2d

Punto 112

Cuerdas y anillos retorcidos NIVEL ❸

Cruzando tres puntos retorcidos sobre dos puntos se logra un cordón ligeramente curvo, mientras que los mismos puntos retorcidos son usados para llenar la torzada casi circular.

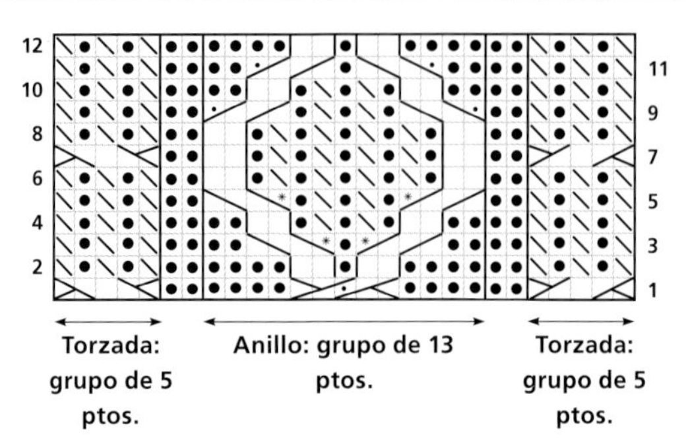

Símbolos específicos

desl 2 ptos a la ag aux, sostener atrás, 1dhatrás, 1r, 1dhatrás, luego 1r, 1dhatrás de la ag aux.

desl 3 a la ag aux, sostener adelante, 1dhatrás, 1r, luego 1dhatrás, 1r, 1dhatrás, de la ag aux.

desl 3 a la ag aux, sostener atrás, 2d, desl el pto más próximo de la ag aux a la ag izq, tejer al r éste pto, luego tejer al d los 2 ptos restantes en la ag aux.

desl 2 a la ag aux, sostener atrás, 2d, luego 1r, 1dhatrás de la ag aux.

desl 2 a la ag aux, sostener adelante, 1dhatrás, 1r, luego 2d de la ag aux.

Punto 113

Cruces de torzadas elevadas NIVEL ❸

Este método de usar dos agujas auxiliares para cruzar seis puntos produce el efecto de una cadena tridimensional muy flexible.

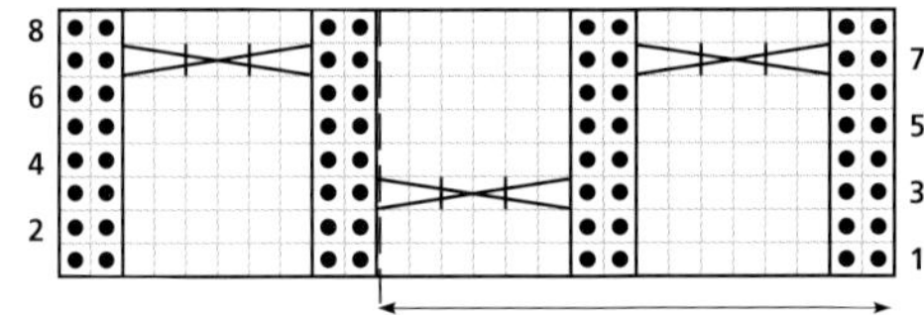

Múltiplo de 16 ptos. más 10

Símbolo específico

desl 2 a la 1ra ag aux, sostener atrás, desl 2 a la 2da ag aux, sostener adelante, 2d, luego 2d de la 2da ag aux, luego 2d de la 1era ag aux.

Nota

Son necesarias dos agujas auxiliares.

74–75 Símbolos básicos

d en el DL, r en el RL | r en el DL, d en el RL | 1dhatrás en el DL, 1rhatrás en el RL | 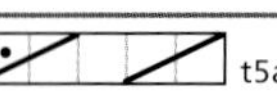 t5atrás3d2r

Punto 114

Anillos NIVEL ❸

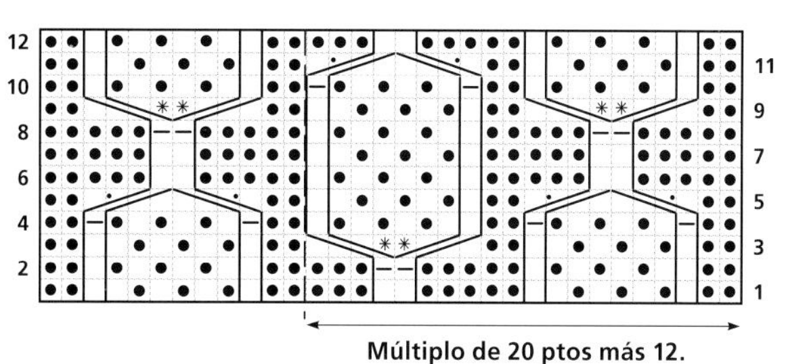

Una torzada circular es lograda deslizando el punto de la hilera previa que se va llevando sobre el derecho de la labor. El centro del anillo está texturado con punto arroz.

Símbolos específicos

con la h adelante, desl 1r en el RL.

desl 3 a la ag aux, sostener atrás, 1d, luego 1r, 1d, 1r de la ag aux.

desl 1 a la ag aux, sostener adelante, 1d, 1r, 1d, luego 1d de la ag aux.

desl 3 a la ag aux, sostener atrás, 1d, luego 3r de la ag aux.

desl 1 a la ag aux, sostener adelante, 3r, luego 1d de la ag aux.

Punto 115

Torzadas colgantes NIVEL ❸

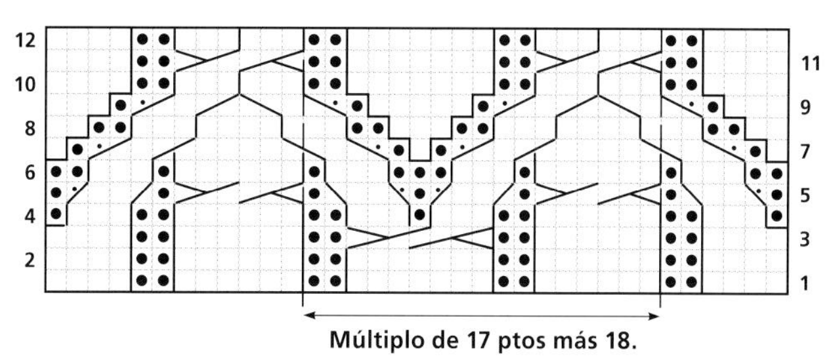

Dos o tres repeticiones de este diseño, más los puntos del borde, logran un patrón atrevido. Si usted desea trabajar este diseño en espejo, cruce las torzadas de seis y siete puntos de la manera opuesta.

Símbolos específicos

desl 1 a la ag aux, sostener atrás, 3d, luego 1r de la ag aux.

desl 3 a la ag aux, sostener adelante, 1r, luego 3d de la ag aux.

desl 4 a la ag aux, sostener atrás, 3d, desl el último pto de la ag aux a la ag izq, sostener la ag aux adelante, 1r, luego tejer los 3 ptos restantes de la ag aux al d.

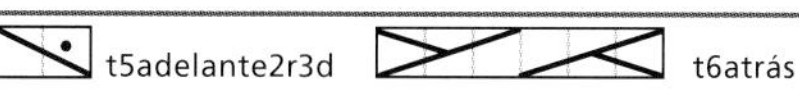

Punto 116

Zigzag en relieve

NIVEL ❸

Torzadas embellecidas con puntos nido de abeja retorcidos separados por un grupo de punto arroz doble se suman a un rico e inusual diseño texturado.

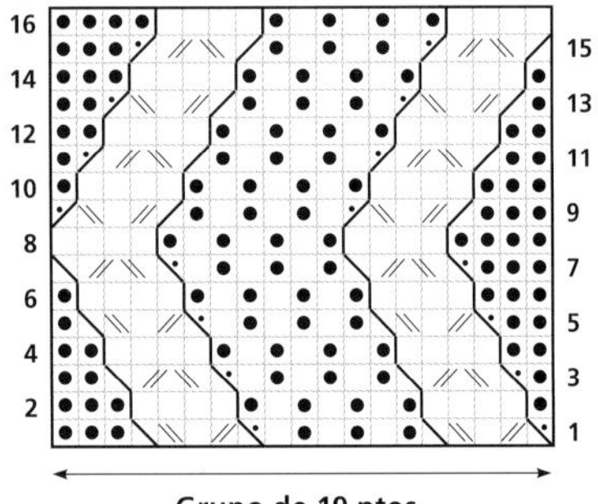

Grupo de 19 ptos.

Símbolos específicos

desl 4 a la ag aux, sostener adelante, 1r, luego r2D, r2I de la ag aux.

desl 4 a la ag aux, sostener adelante, 1r, luego r2I, r2D de la ag aux.

desl 1 a la ag aux, sostener atrás, r2D, r2I, luego 1r de la ag aux.

desl 1 a la ag aux, sostener atrás, r2I, r2D, luego 1r de la ag aux.

Punto 117

Rombos y pequeñas ramas en relieve

NIVEL ❸

La textura de ambos grupos depende de un único punto que se desplaza. Para el rombo en relieve, dos grupos de puntos retorcidos son trabajados como parte de la torzada, mientras que los puntos se trenzan en pequeñas ramas.

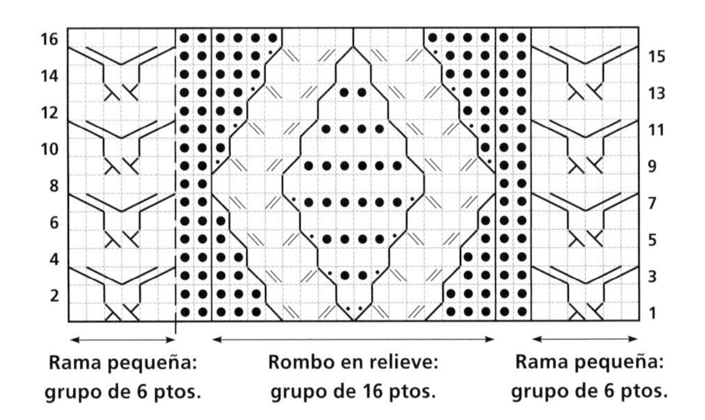

Rama pequeña: grupo de 6 ptos. Rombo en relieve: grupo de 16 ptos. Rama pequeña: grupo de 6 ptos.

Símbolos específicos

desl 2 a la ag aux, sostener atrás, 1d, luego 2d de la ag aux.

desl 1 a la ag aux, sostener adelante, 2d, luego 1d de la ag aux.

desl 1 a la ag aux, sostener atrás, r2D, r2I, luego 1r de la ag aux.

desl 4 a la ag aux, sostener adelante, 1r, luego r2D, r2I, de la ag aux.

d en el DL, r en el RL | r en el DL, d en el RL | t2atrás | t2adelante | t4atrás

Punto 118

Torzadas rodantes

NIVEL ❸

A pesar de que los puntos retorcidos lucen como sogas de cuatro puntos, van tomando del fondo dos puntos a la vez, de esta manera se logra un decorativo chevron.

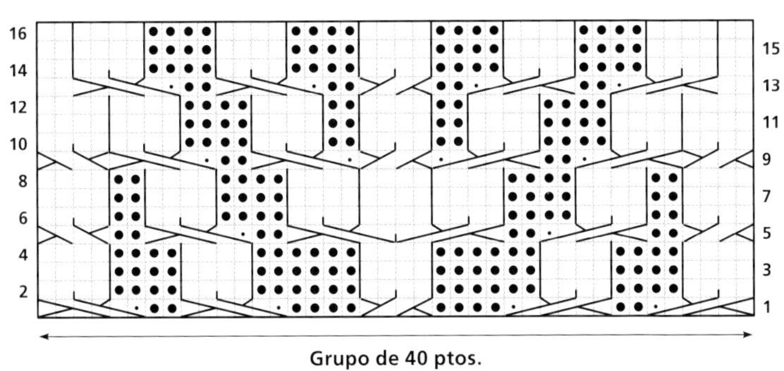

Símbolos específicos

desl 4 a la ag aux, sostener atrás, 2d, luego 4d de la ag aux.

desl 4 a la ag aux, sostener atrás, 2d, luego 2d, 2r de la ag aux.

desl 2 a la ag aux, sostener adelante, 4d, luego 2d de la ag aux.

desl 2 a la ag aux, sostener adelante, 2r, 2d, luego 2d de la ag aux.

Punto 119

Torzadas oscilantes NIVEL 3

Tomando un punto extra del fondo cada vez que se realiza un cruce, la trenza se va formando de lado a lado. Son necesarias dos agujas auxiliares para trabajar las pequeñas torzadas que forman el borde y dividen el grupo.

Símbolos específicos

desl 2 a la ag aux, sostener atrás, 1d, desl el pto más próximo de la ag aux a la ag izq, sostener la ag aux adelante, 1r, luego 1d de la ag aux.

desl 1 a la 1er ag aux, sostener adelante, desl el siguiente pto a la 2da ag aux, sostener atrás, 1d, 1r de la 2da ag aux, luego 1d de la 1er ag aux.

desl 4 a la ag aux, sostener atrás, 3d, luego 3d, 1r de la ag aux.

desl 3 a la ag aux, sostener adelante, 1r, 3d, luego 3d de la ag aux.

Nota

Son necesarias dos agujas auxiliares.

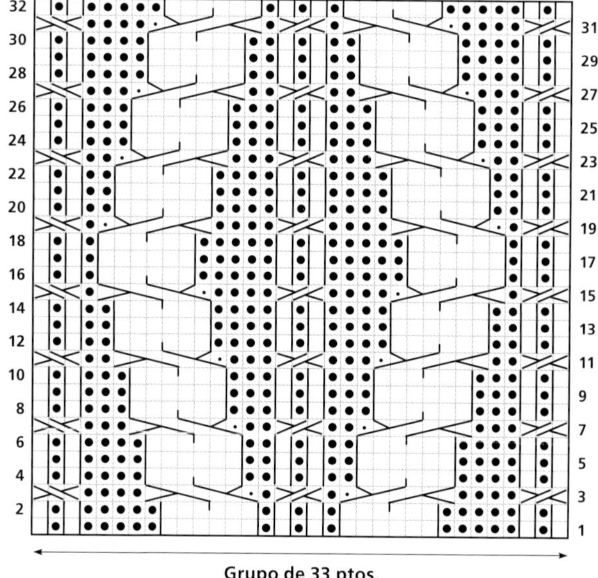

Grupo de 33 ptos.

d en el DL, r en el RL
r en el DL, d en el RL
t3atrás, 2d, 1r
t3adelante, 1r, 2d
1dhatrás en el DL, 1rhatrás en el RL

Punto 120

Cruces entrelazadas NIVEL ❸

La sencilla geometría de este motivo es muy agradable. Los cruces de torzadas son algo básicas, sólo los multiples aumentos y disminuciones tienen características poco comunes.

Motivo de 16 ptos, con un número variable de ptos.

Símbolos específicos

[V] (1dhatrás, 1d) todo en 1 pto, insertar la ag izq por detrás del hilo vertical entre los 2 ptos recién formados, 1dhatrás del hilo para hacer 3 ptos a partir de 1.

[▲] con la hebra adelante, desl 3 a la ag der, * en la ag der desl el 1er sobre el 2do pto, desl éste pto nuevamente a la ag, desl el 2do pto sobre él, ** desl éste pto nuevamente a la ag der, repetir desde * hasta ** una vez más, dejando 1 pto sobre la ag izq, con la hebra atrás tejer éste pto al d.

Nota

Este diseño comienza en una hilera del revés de la labor.

Punto 121

Torz. intercambiables ❸

Torzadas se dividen y entrelazan para formar un enrejado sobre puntos retorcidos definidos verticalmente. Para transformar este diseño en un patrón más amplio, trabajar tres repeticiones del grupo más los puntos de borde.

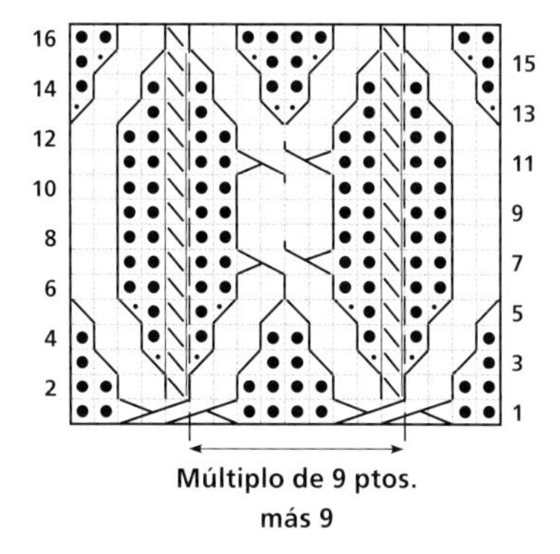

Múltiplo de 9 ptos. más 9

Símbolo específico

desl 3 a la ag aux, sostener atrás, 2d, desl el pto más próximo de la ag aux a la ag izq, sostener la ag aux adelante, 1dhatrás, luego 2d de la ag aux.

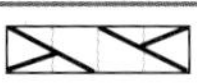

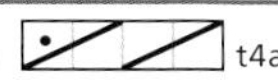

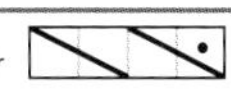

t4atrás | t4adelante | no pto | 1 aum | t4atrás2d2r | t4adelante2d2r

SELECTOR DE PUNTOS Calados

El efecto que se puede lograr con los calados varía desde audaces líneas resaltadas hasta etéreos puntos calados sobre toda la superficie, pero el principio es siempre el mismo: aumentos de lazadas balanceados con algunas disminuciones. Los diseños calados combinan muy bien con texturas de puntos en relieve.

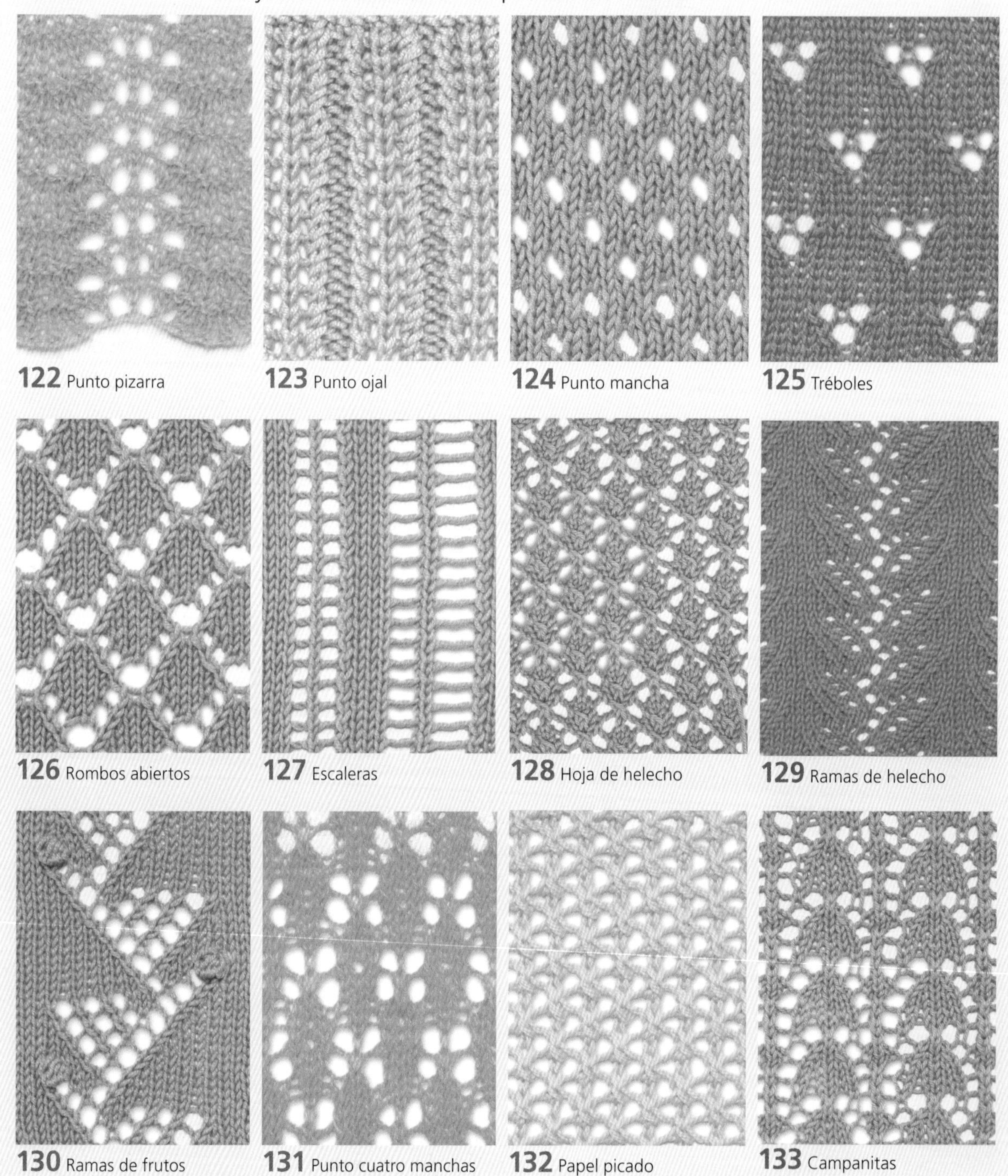

122 Punto pizarra
123 Punto ojal
124 Punto mancha
125 Tréboles
126 Rombos abiertos
127 Escaleras
128 Hoja de helecho
129 Ramas de helecho
130 Ramas de frutos
131 Punto cuatro manchas
132 Papel picado
133 Campanitas

134 Punto Pimpollo de rosa

135 Punto Pequeño Abanico

136 Calado en Zigzag

137 Calado Chevron

138 Escaleras y Margaritas

139 Punto Azafrán

140 Corazón enjoyado

141 Ojito de Pájaro

142 Punto Cachemira

143 Vides entrelazadas

144 Flor de Luna

CALADOS – CONTINUACIÓN

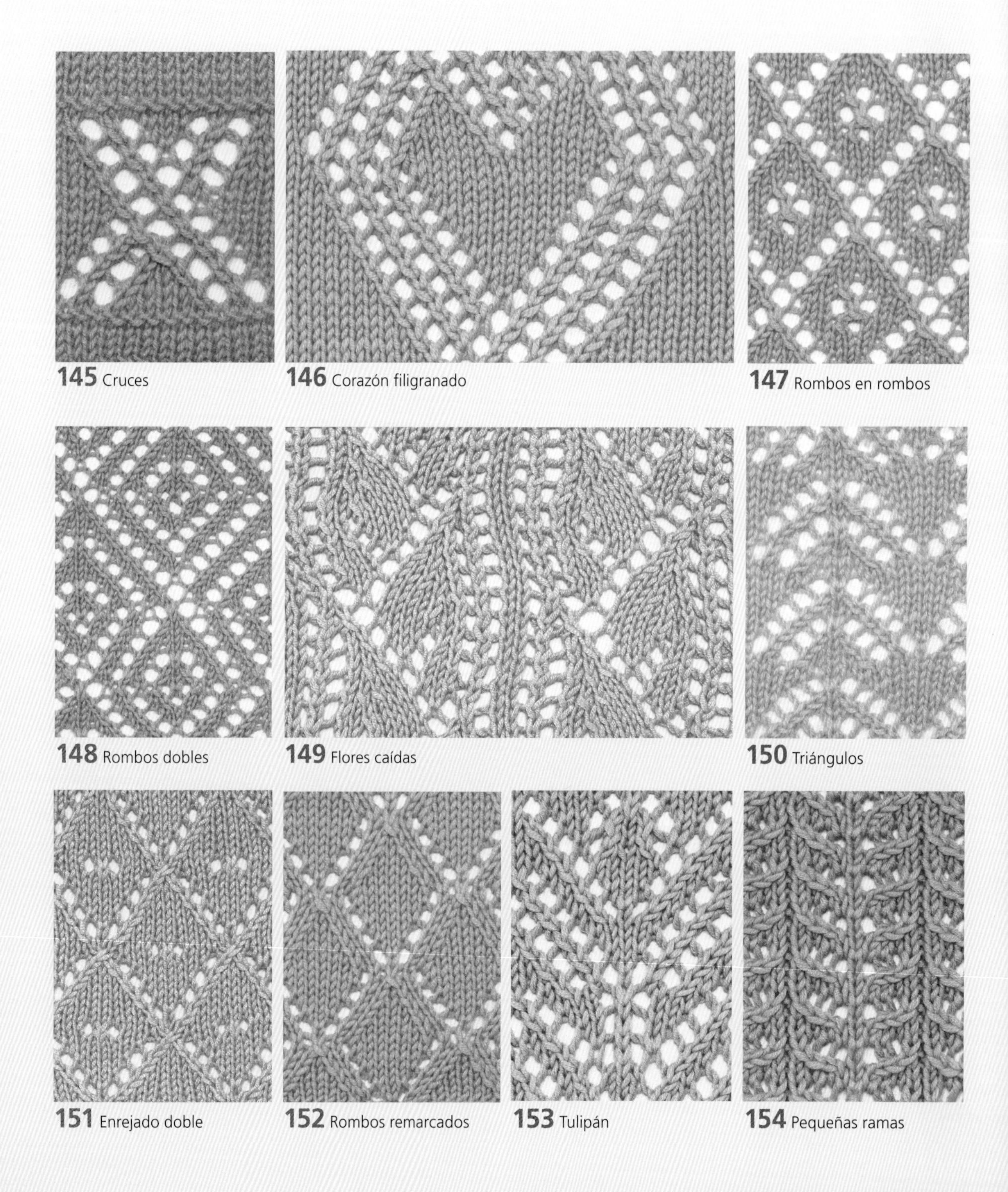

145 Cruces

146 Corazón filigranado

147 Rombos en rombos

148 Rombos dobles

149 Flores caídas

150 Triángulos

151 Enrejado doble

152 Rombos remarcados

153 Tulipán

154 Pequeñas ramas

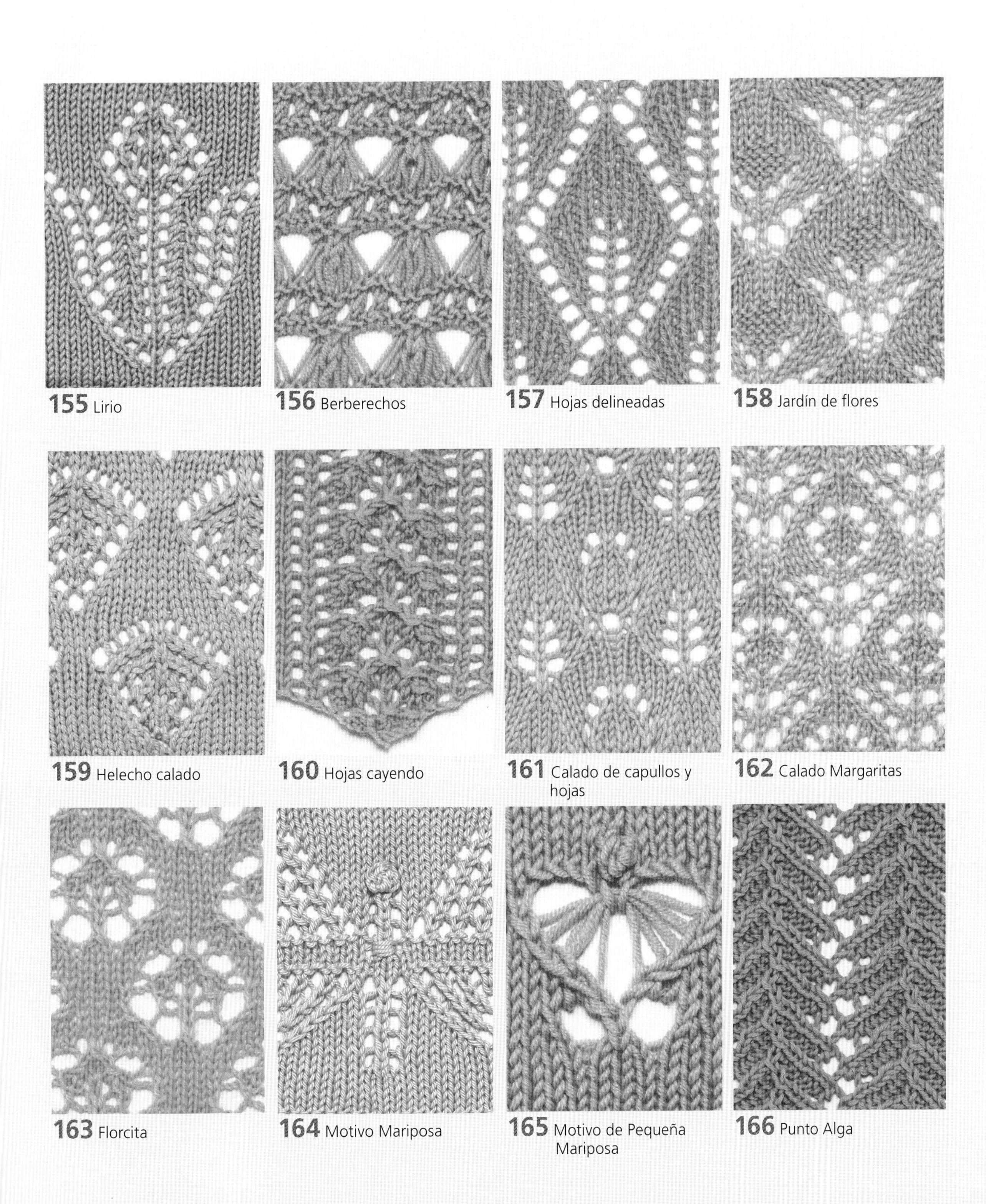

155 Lirio

156 Berberechos

157 Hojas delineadas

158 Jardín de flores

159 Helecho calado

160 Hojas cayendo

161 Calado de capullos y hojas

162 Calado Margaritas

163 Florcita

164 Motivo Mariposa

165 Motivo de Pequeña Mariposa

166 Punto Alga

Punto 122

Punto pizarra NIVEL 1

Grupos de disminuciones y aumentos de lazadas se alternan para darle una gracia ondulante a este diseño que es la versión más pequeña del tradicional punto pizarra.

Procedimiento

1ra hilera (DL): 1d, *[2pjd] 2 veces, [laz, 1d], 3 veces, laz, [dsi] 2 veces, repetir desde * hasta el último pto, 1d.

2da hilera: r

3ra hilera: d

4ta hilera: d

Estas 4 hileras forman el diseño.

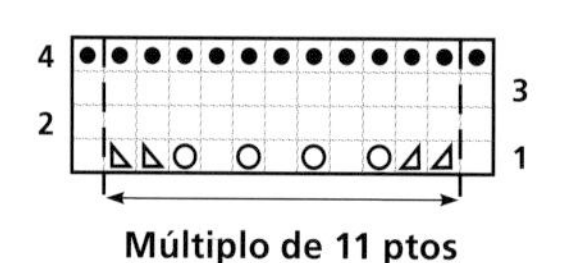

Múltiplo de 11 ptos más 2.

Punto 123

Punto ojal NIVEL 1

Disminuciones y aumentos de lazadas pares están apiladas cercanamente y se alternan con puntos revés para lograr un tejido abierto.

Procedimiento

1ra hilera (DL): [1r, 2pjd, laz, 1d, dsi] hasta el último pto, 1r.

2da hilera: [1d, 5r] hasta el último pto, 1d.

Estas 2 hileras forman el diseño.

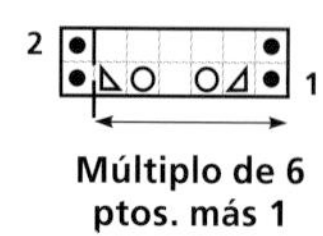

Múltiplo de 6 ptos. más 1

Punto 124

Punto mancha NIVEL 1

Este es el tipo de calado más sencillo - sólo hileras de agujeritos que forman un diseño salpicado – pero lo que hace ésta variación diferente es que los agujeritos son realizados alternadamente en las hileras del derecho y del revés de la labor.

Procedimiento

1ra hilera (DL): d

2da hilera: r

3ra hilera: 2d, [laz, 2pjd, 2d] hasta los últimos 3 ptos, laz, 2pjd, 1d.

4ta hilera: r

5ta hilera: d

6ta hilera: 3r, [2pjr, laz, 2r] hasta los últimos 2 ptos, 2r.

Estas 6 hileras forman el **diseño.**

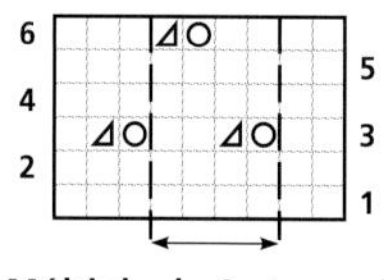

Múltiplo de 4 ptos. más 5

Símbolo específico

2pjd el DL, 2pjr en el RL

Punto 125

Tréboles NIVEL 1

El encanto de este pequeño diseño es su total simplicidad.

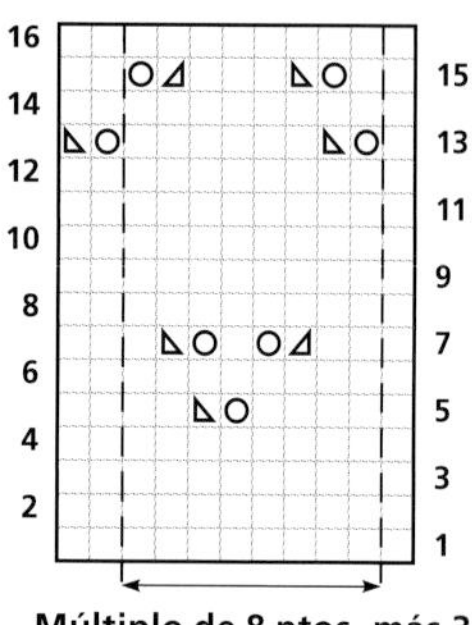

Múltiplo de 8 ptos. más 3

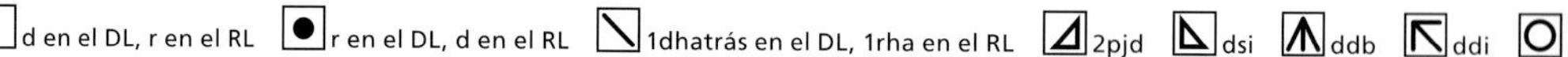

d en el DL, r en el RL

r en el DL, d en el RL

1dhatrás en el DL, 1rha en el RL

2pjd

dsi

ddb

ddi

Punto 126

Rombos abiertos NIVEL 1

En la base de estos rombos abiertos hay lazadas dobles que acentúan el diseño y causan las líneas de disminuciones que se curvan suavemente.

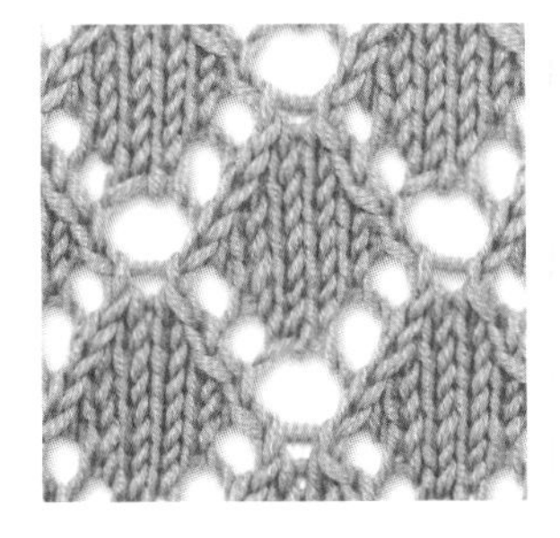

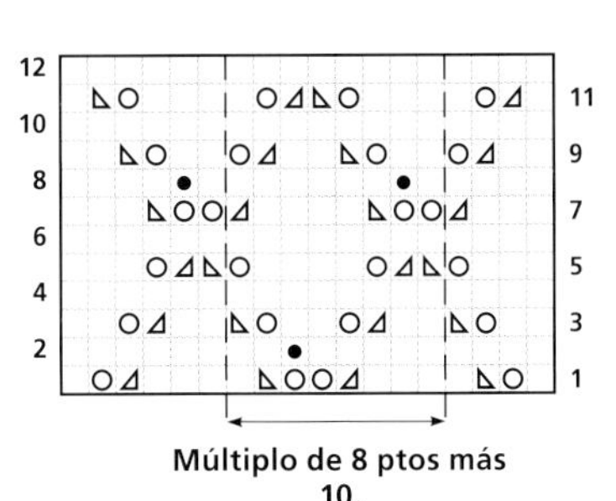

Múltiplo de 8 ptos más 10.

Punto 127

Escaleras NIVEL 1

Las escaleras caladas tienen una simplicidad atractiva y pueden ser usadas para enmarcar grupos de otros puntos o bien cada grupo de escaleras puede ser usado como repetición.

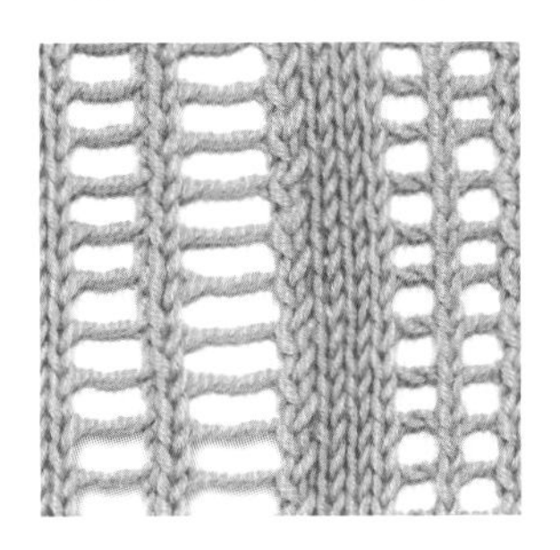

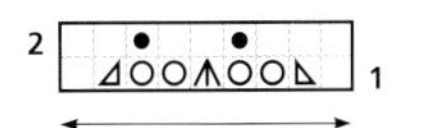

Escalera ancha: grupo de 9 ptos.

Procedimiento

1ra hilera (DL): 1d, dsi, laz 2 veces, ddb, laz 2 veces, 2pjd, 1d.

2da hilera: 2r, 1d, 2r, 1d, 3r.

Estas 2 hileras forman el diseño.

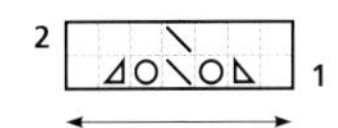

Escalera angosta: grupo de 7 ptos.

Procedimiento

1ra hilera (DL): 1d, dsi, laz, 1dhatrás, laz, 2pjd, 1d.

2da hilera: 3r, 1rhatrás, 3r.

Estas 2 hileras forman el diseño.

Punto 128

Hoja de helecho NIVEL 1

Pequeñas hojitas se mezclan para lograr un diseño muy regular. Excepto en los bordes laterales, todas las disminuciones son dobles.

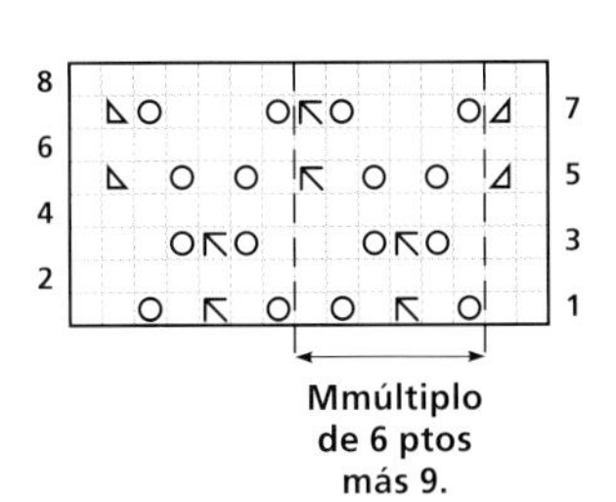

Mmúltiplo de 6 ptos más 9.

Punto 129

Rama de helecho NIVEL 1

Las graciosas líneas curvas de este diseño hacen que parezca más complejo de lo que realmente es.
El efecto se crea por la posición de las lazadas en relación con las disminuciones.

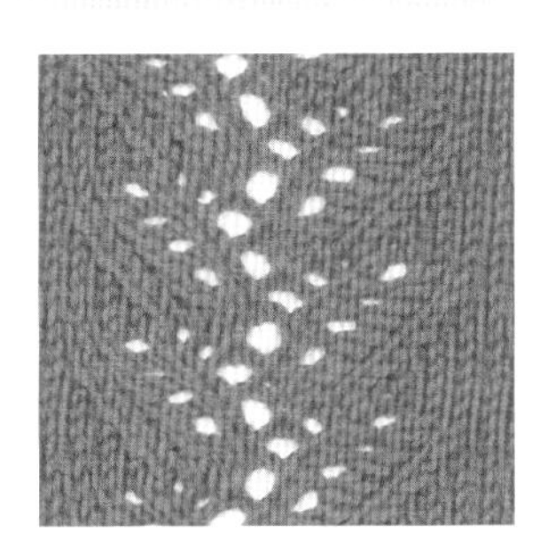

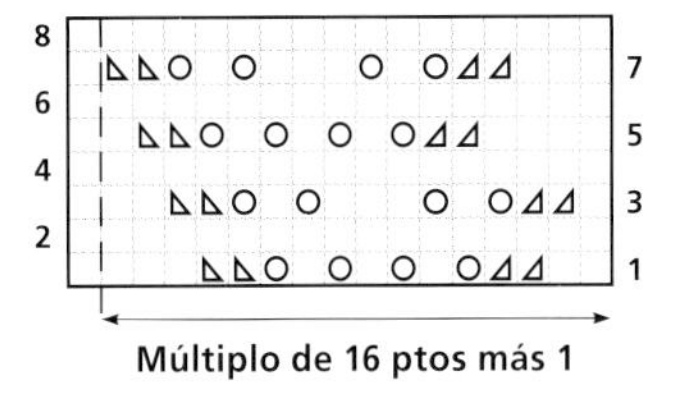

Múltiplo de 16 ptos más 1

Punto 130

Ramas y frutos

NIVEL 1

Motas únicas acentúan la naturaleza asimétrica de este diseño en zigzag.

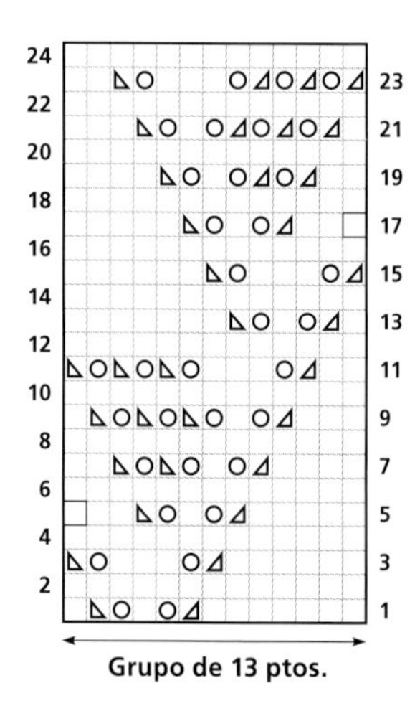

Símbolo específico

B (1d, 1r, 1d, 1r, 1d) todo en 1 pto, girar, 5r, girar, desl 2do, 3ro, 4to y 5to pto sobre el 1ro, tejerlo al d por la hebra de atrás.

Punto 131

Cuatro manchas

NIVEL 1

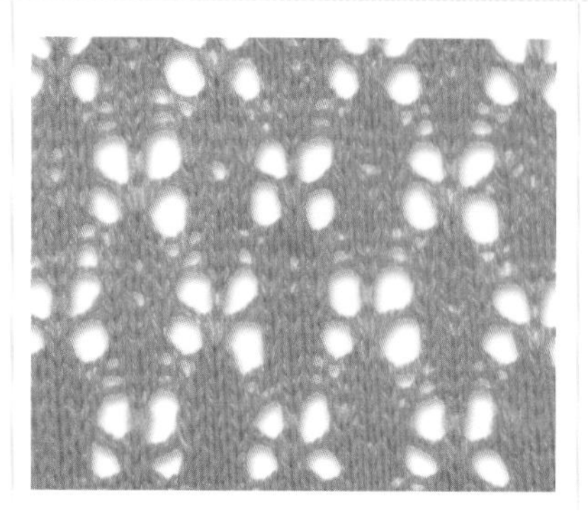

Estos grupos de manchas se parecen a una pequeña flor de cuatro pétalos. Muestran la sutil diferencia de tamaño de los agujeritos trabajados con una disminución doble y aquellos trabajados con lazadas y disminuciones en pares a cada lado de los agujeros.

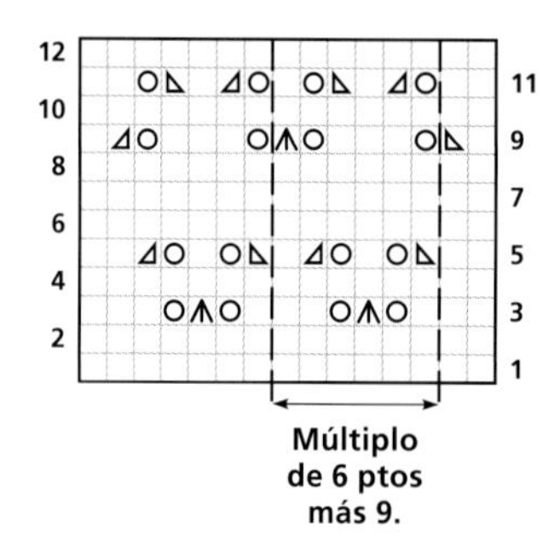

Procedimiento

1ra hilera (DL): d

2da hilera y todas las hileras del RL: r

3ra hilera: 3d, [laz, ddb, laz, 3d] hasta el final.

5ta hilera: 2d, [dsi, laz, 1d, laz, 2pjd, 1d] hasta el último pto, 1d.

7ma hilera: d

9na hilera: 1d, dsi, laz, [3d, laz, ddb, laz] hasta los últimos 6 ptos, 3d, laz, 2pjd, 1d.

11ra hilera: 2d, laz, 2pjd, [1d, dsi, laz, 1d, laz, 2pjd] hasta los últimos 5 ptos, 1d, dsi, laz, 2d.

12da hilera: r

Estas 12 hileras forman el diseño.

Punto 132

Papel picado

NIVEL 1

Este antiguo punto es fácil de trabajar y produce una mezcla interesante de malla abierta y textura en relieve.

Procedimiento

1ra hilera (DL): 1d, [laz, 1d, laz, ddi] hasta el último pto, 1d.

2da hilera: r

3ra hilera: 1d, [ddi, laz, 1d, laz] hasta el último pto, 1d.

4ta hilera: r

Estas 4 hileras forman el diseño.

86–87 Símbolos básicos

d en el DL, r en el RL · 2pjd ·  dsi · ddb ·  ddi ·  laz

Punto 133

Campanitas

NIVEL 1

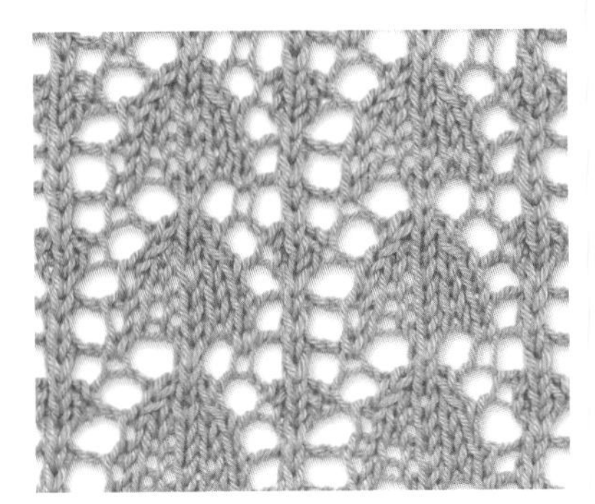

El efecto de pequeñas flores tipo campanitas enmarcadas con calados hechos con disminuciones dobles, le da al punto una apariencia de suavidad.

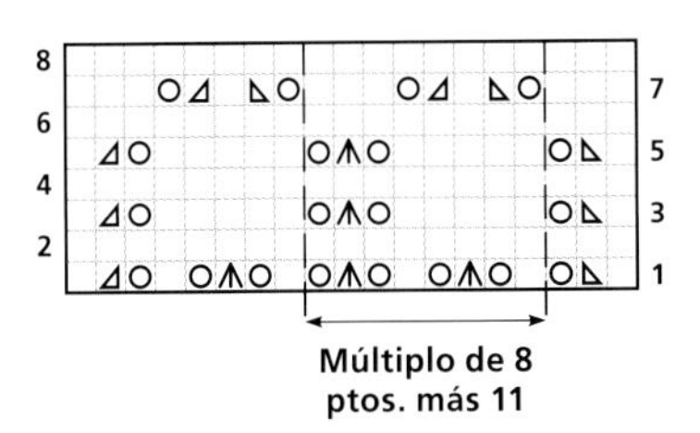

Múltiplo de 8 ptos. más 11

Procedimiento

1ra hilera (DL): 1d, dsi, laz, [1d, laz, ddb, laz] hasta los últimos 4 ptos, 1d, laz, 2pjd, 1d.

2da hilera y todas las del revés: r

3ra hilera: 1d, dsi, laz [5d, laz, ddb, laz] hasta los últimos 8 ptos, 5d, laz, 2pjd, 1d.

5ta hilera: como la 3ra hilera.

7ma hilera: 3d, [laz, dsi, 1d, 2pjd, laz, 3d] hasta el final.

8va hilera: r

Estas 8 hileras forman el diseño.

Punto 134

Pimpollo de rosa calado

NIVEL 1

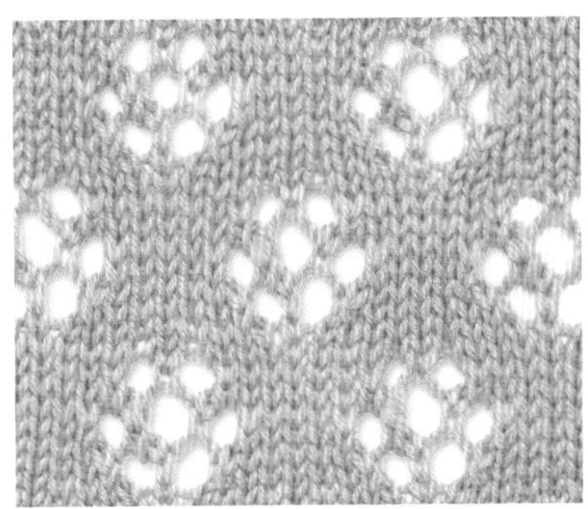

Este diseño de manchas está logrado con grupos de lazadas y disminuciones acomodadas de tal manera que se logran pequeñas siluetas de flor al estilo de un calado Shetland.

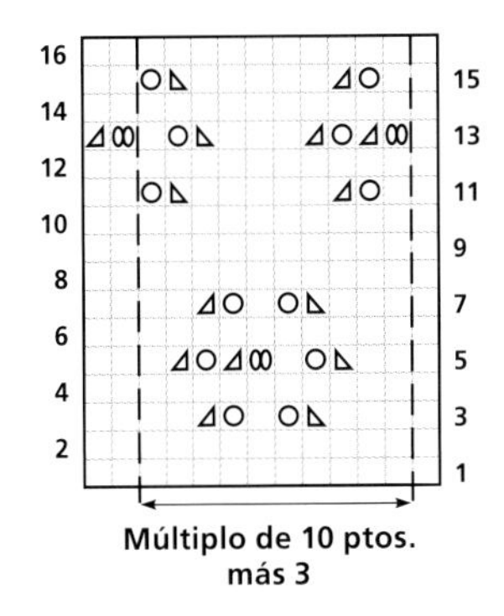

Múltiplo de 10 ptos. más 3

Símbolo específico

laz doble, dejando caer una hebra en la hilera siguiente.

Procedimiento

1ra hilera (DL): d

2da, 4ta, 8va, 10ma y 12da hileras: r

3ra hilera: 4d, [dsi, laz, 1d, laz, 2pjd, 5d] hasta los últimos 9 ptos, dsi, laz, 1d, laz, 2pjd, 4d.

5ta hilera: 3d, [dsi, laz, 1d, laz doble, 2pjd, laz, 2pjd, 3d] hasta el final.

6ta hilera: r, dejando caer 1 hebra de cada laz doble.

7ma hilera: como la 3ra hilera.

9na hilera: d

11ra hilera: 2d, laz, 2pjd, [5d, dsi, laz, 1d, laz, 2pjd] hasta los últimos 9 ptos, 5d, dsi, laz, 2d.

13ra hilera: 1d, laz doble, 2pjd, laz, 2pjd, [3d, dsi, laz, 1d, laz doble, 2pjd, laz, 2pjd] hasta los últimos 8 ptos, 3d, dsi, laz, 1d, laz doble, 2pjd.

14ta hilera: como la 6ta hilera.

15ta hilera: como la 11ra hilera.

16ta hilera: r

Estas 16 hileras forman el diseño.

Punto 135

Pequeños abanicos

NIVEL 2

Aquí los aumentos y disminuciones están organizados en grupos. Dos de los cuatro aumentos que forman las hileras curvas de agujeritos no están compensados en la misma hilera, pero sí lo están en la próxima hilera del derecho de la labor, así el número de puntos varía.

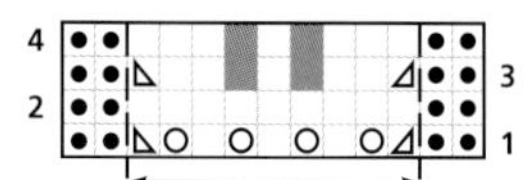

Múltiplo de 9 ptos más 2, con un número variable de puntos.

Procedimiento

1ra hilera (DL): * 2r, 2pjd, [laz, 1d] 3 veces, laz, dsi, repetir desde * hasta los últimos 2 ptos, 2r.

2da hilera: [2d, 9r] hasta los últimos 2 ptos, 2d.

3ra hilera: [2r, 2pjd, 5d, dsi] hasta los últimos 2 ptos, 2r.

4ta hilera: [2d, 7r] hasta los últimos 2 ptos, 2d.

Estas 4 hileras forman el diseño.

Punto 136

Calado en zigzag

NIVEL 2

Columnas de disminuciones y lazadas logran un diseño de zigzags sobre un fondo de punto jersey. Una vez que se puede disminuir en las hileras del revés de la labor, éste es un diseño muy fácil de trabajar.

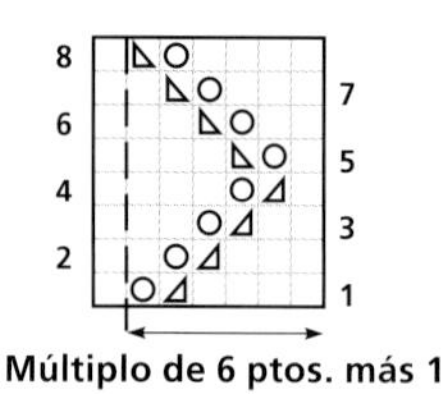

Múltiplo de 6 ptos. más 1

Símbolos específicos

◿ 2pjd en las hileras del DL, 2pjr en las hileras del RL

◺ dsi en el DL, ddr en el RL

Procedimiento

1ra hilera (DL): [4d, 2pjd, laz], hasta el último pto, 1d.

2da hilera: 2r, [laz, 2pjr, 4r] hasta los últimos 5 ptos, laz, 2pjr, 3r.

3ra hilera: 2d, [2pjd, laz, 4d] hasta los últimos 5 ptos, 2pjd, laz, 3d.

4ta hilera: [4r, laz, 2pjr], hasta el último pto, 1r.

5ta hil.: 1d, [laz, dsi, 4d] hasta final.

6ta hilera: 3r, [ddr, laz, 4r] hasta los últimos 4 ptos, ddr, laz, 2r.

7ma hilera: 3d, [laz, dsi, laz, 4r] hasta los últimos 4 ptos, laz, dsi, 2d.

8va hil.: 1r, [ddr, laz, 4r] hasta el final.

Estas 8 hileras forman el diseño.

Punto 137

Calado chevron

NIVEL 2

A pesar de que este diseño con sus graciosas líneas curvas parezca complicado, es muy fácil de realizar porque la cantidad de puntos es constante y cada hilera del revés de la labor se teje con puntos al revés.

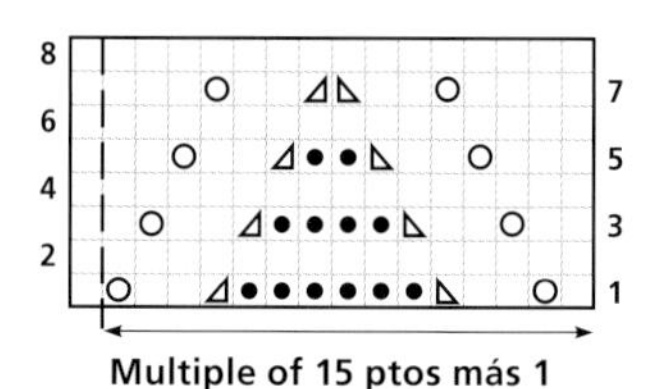

Multiple of 15 ptos más 1

Procedimiento

1ra hilera (DL): [1d, laz, 2d, dsi, 6r, 2pjd, 2d, laz] hasta el último pto, 1d.

2da hilera y todas las hileras del revés: r

3ra hilera: [2d, laz, 2d, dsi,4r, 2pjd, 2d, laz 1d] hasta el último pto, 1d.

5ta hilera: [3d, laz, 2d, dsi, 2r, 2pjd, 2d, laz, 2d] hasta el último pto, 1d.

7ma hilera: [4d, laz, 2d, dsi, 2pjd, 2d, laz, 3d] hasta el último pto, 1d.

8va hilera: r

Estas 8 hileras forman el diseño.

88–89 Símbolos básicos

☐ d en el DL, r en el RL ● r en el DL, d en el RL ◹ dhatrás en el DL, rhatrás en el RL  2pjd  dsi  ddb  ddi

Punto 138

Escaleras y margaritas NIVEL 2

En este panel de puntos, la posición de las lazadas y sus correspondientes disminuciones produce la apariencia de flores, hojas y escaleras que las enmarcan.

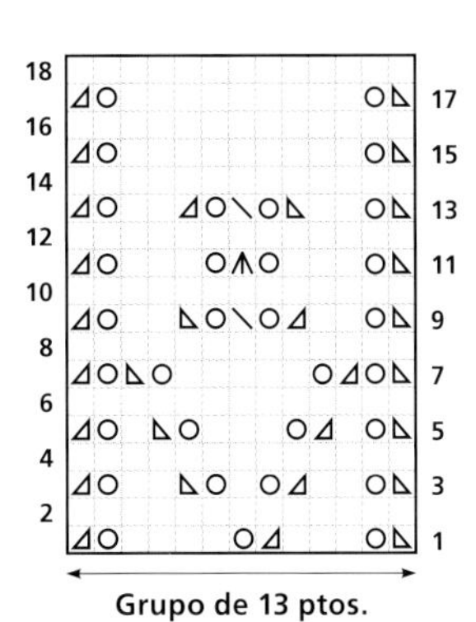

Grupo de 13 ptos.

Punto 139

Punto azafrán

NIVEL 2

Grupos de diagonales dibujan hojas estilizadas y flores que forman este sencillo panel calado.

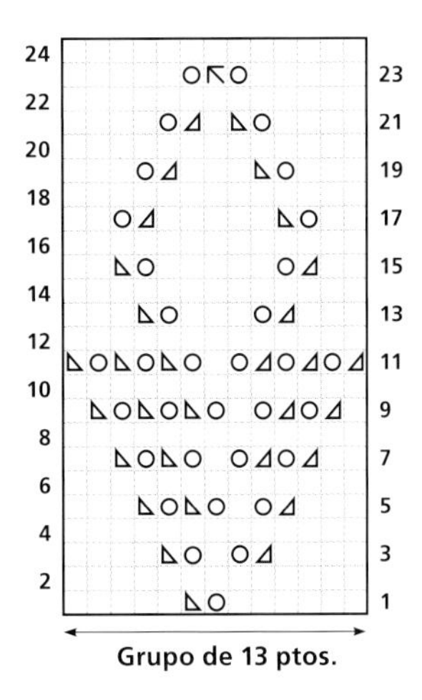

Grupo de 13 ptos.

Punto 140

Corazón enjoyado

NIVEL 2

Este sencillo corazón, logrado en un fondo de jersey revés, está decorado con un motivo interno de rombo.

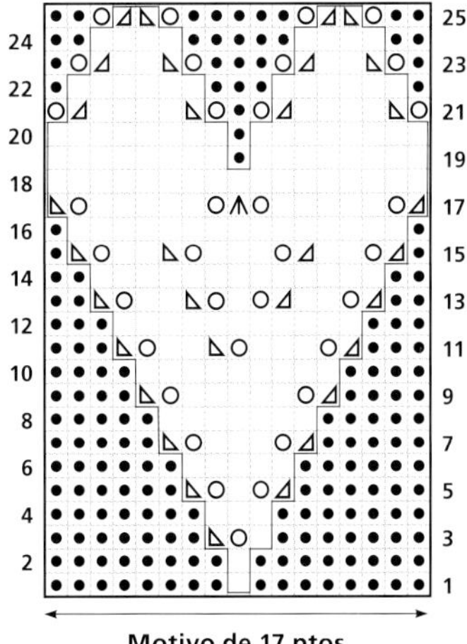

Motivo de 17 ptos.

O laz ■ no pto

Punto 141

Ojito de pájaro NIVEL 2

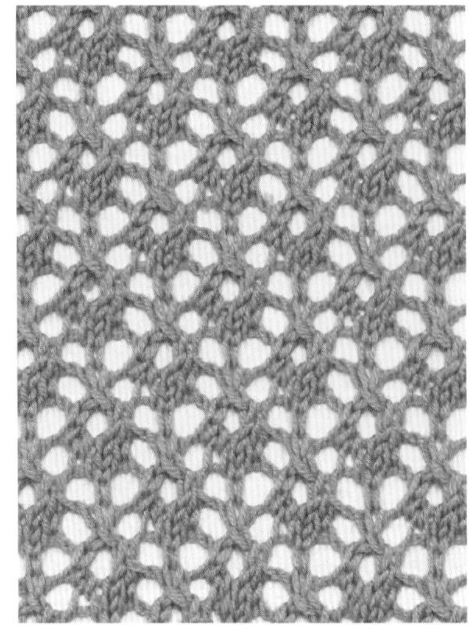

Este sería un simple diseño de hojas sino fuera por el pequeño ojal central en cada repetición que le da a éste punto su nombre.

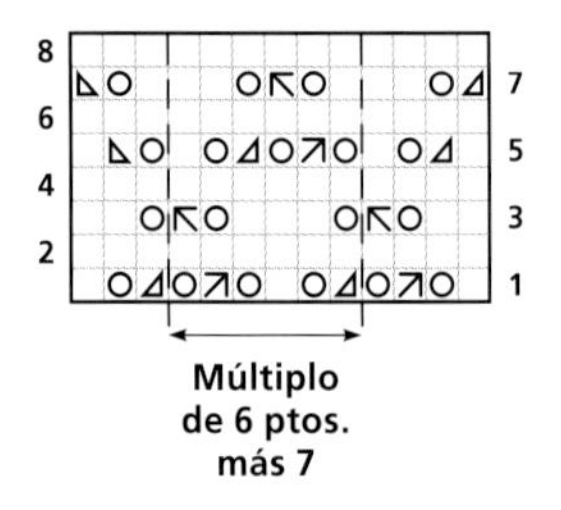

Punto 142

Punto Cachemira NIVEL 2

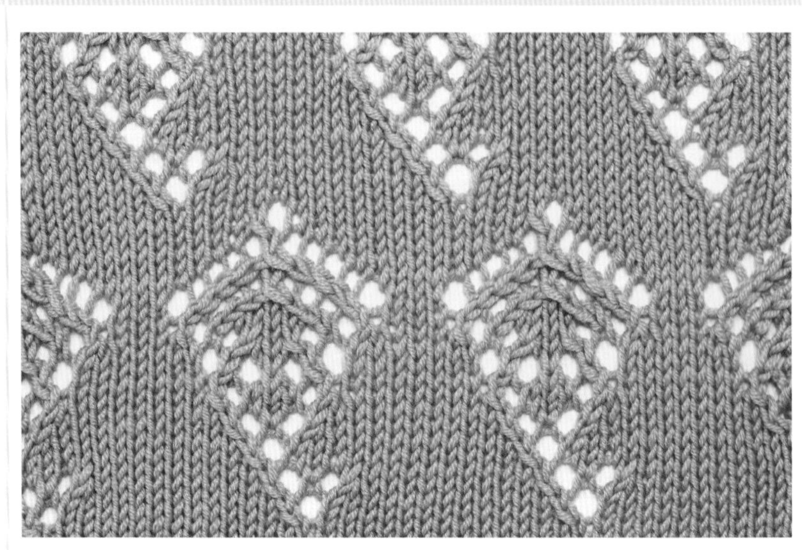

Este diseño de media gota al estilo de cachemira es una de las muchas variantes en los puntos de helecho de Shetland. Los cachemiras pueden estar aislados y ser usados como motivos o bien desde la hilera uno hasta la veintidós, pueden ser usado como un borde.

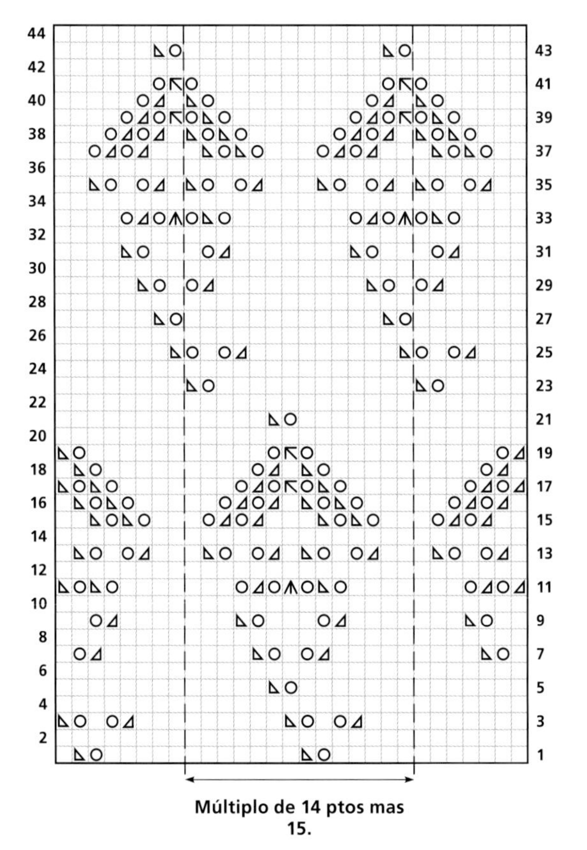

90–91 Símbolos básicos

Punto 143

Vides entrelazadas NIVEL ❷

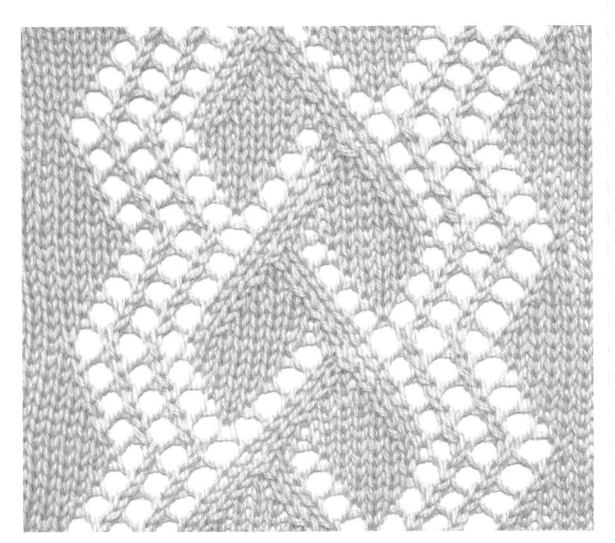

Con sus diagonales resaltantes, este antiguo diseño sugiere hojas y brotes sobre un enrejado aireado. Aquí está usado como un grupo, a pesar de que puede ser repetido para un resultado más elaborado.

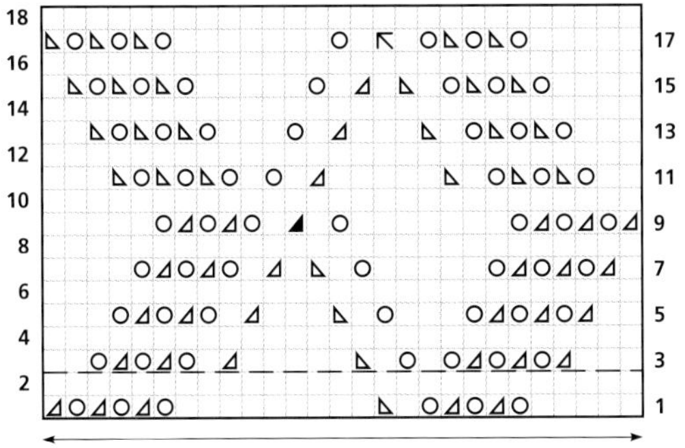

Grupo de 27 ptos.

Símbolo específico

◢ Dsi, desl el pto recién hecho a la ag izq, desl el próximo pto sobre él, desl nuevamente el pto a la ag der.

Nota

Las hileras 3 – 18 forman el diseño.

Punto 144

Flor de luna NIVEL ❷

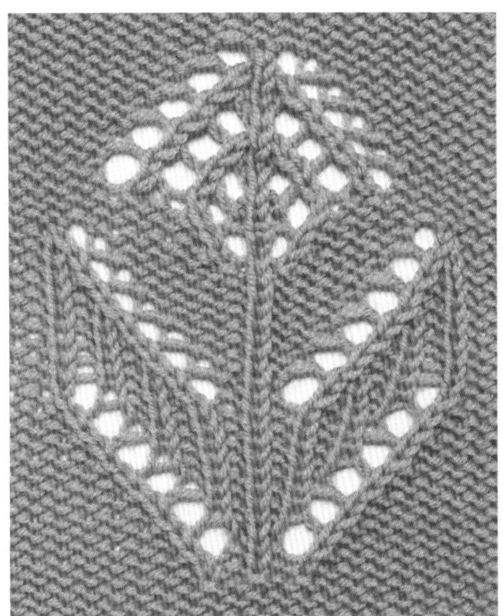

Esta flor imaginaria está nítidamente dibujada, con sencillos puntos destacados que sugieren nervaduras en las hojas.

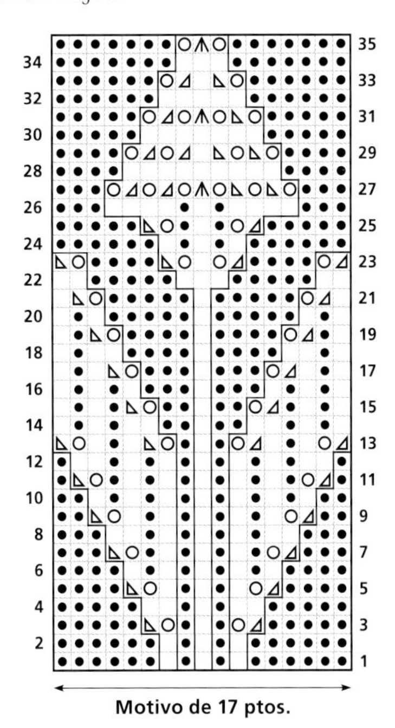

Motivo de 17 ptos.

⬉ ddi ⬈ 3pjd O laz

Punto 145
Cruces
NIVEL 2

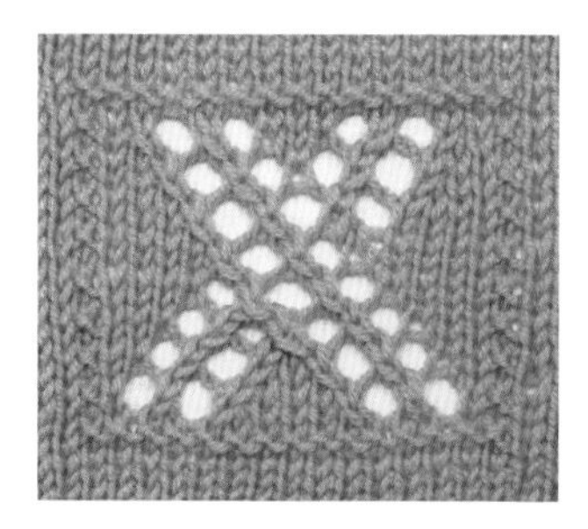

La característica direccional de las disminuciones paralelas define el motivo en forma de X. Puede ser usado para complementar puntos texturados u otros puntos calados.

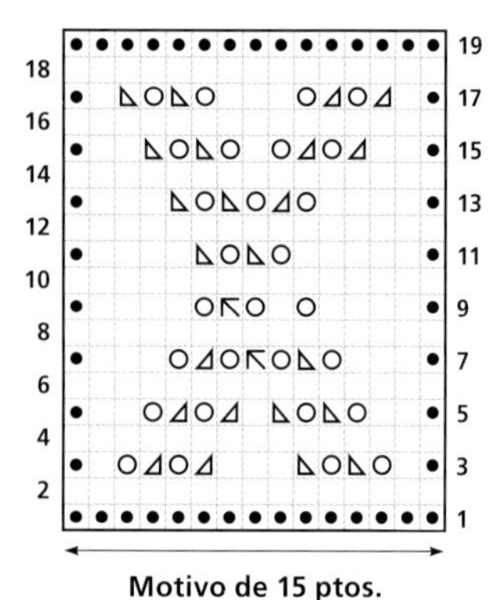

Motivo de 15 ptos.

Punto 146
Corazón filigranado
NIVEL 2

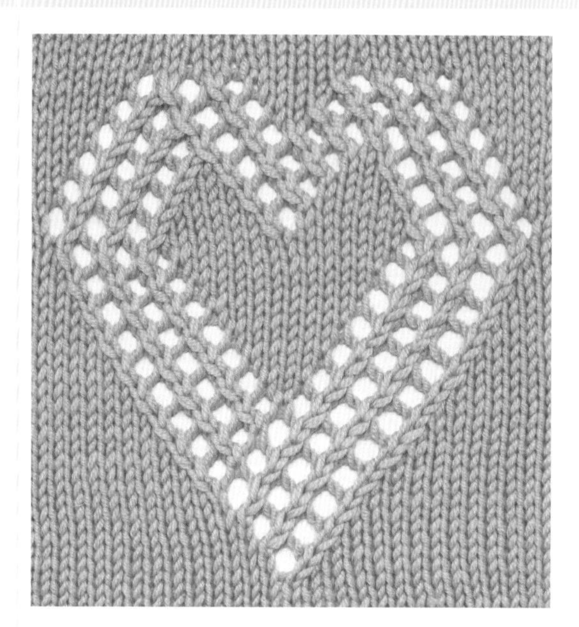

Puede ser trabajado solamente un hermoso motivo de corazón en el frente de un pullover ó repetirlo, tal vez delineado con puntos resaltados.

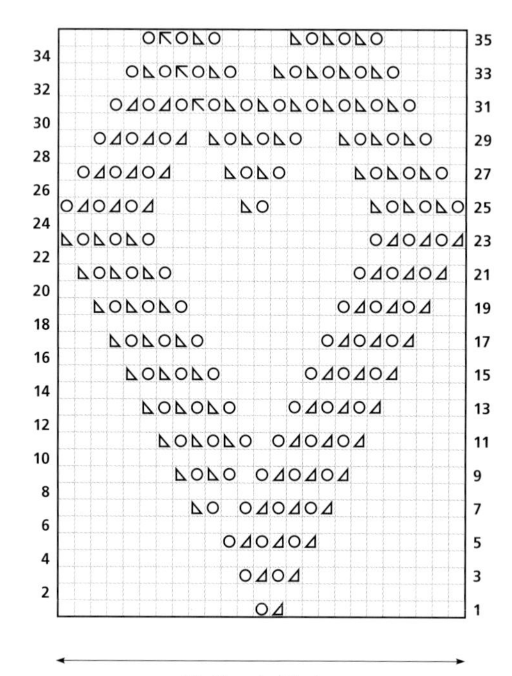

Motivo de 25 ptos.

d en el DL, r en el RL · r en el DL, d en el RL · 2pjd ·  dsi ·  ddb ·  ddi ·  laz

Punto 147

Rombos en rombos

NIVEL 2

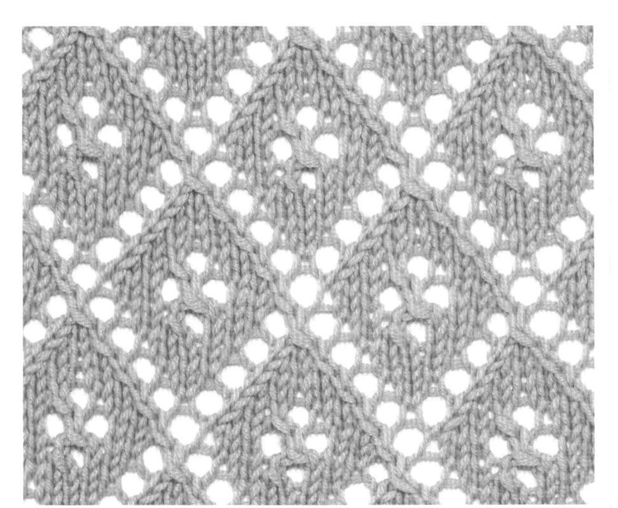

Este calado tiene una progresión fácil de seguir, que produce un diseño que parece más complejo de lo que realmente es.

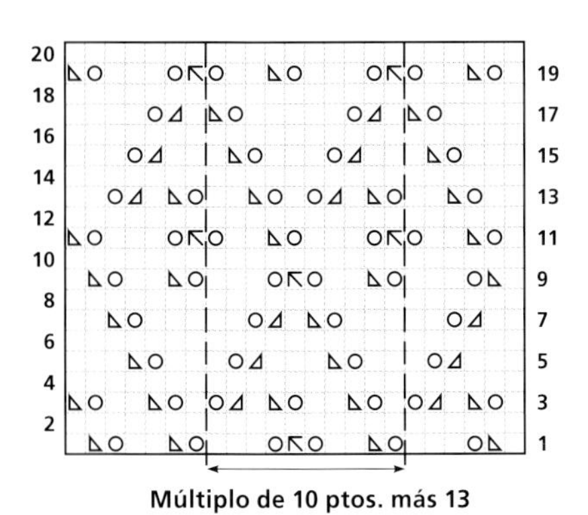

Múltiplo de 10 ptos. más 13

Punto 148

Red de rombos dobles

NIVEL 2

Este completo diseño de rombos adentro de otros rombos, colocados próximamente, parece complicado pero es en realidad fácil de trabajar ya que cada hilera del revés de la labor está tejida con puntos al revés.

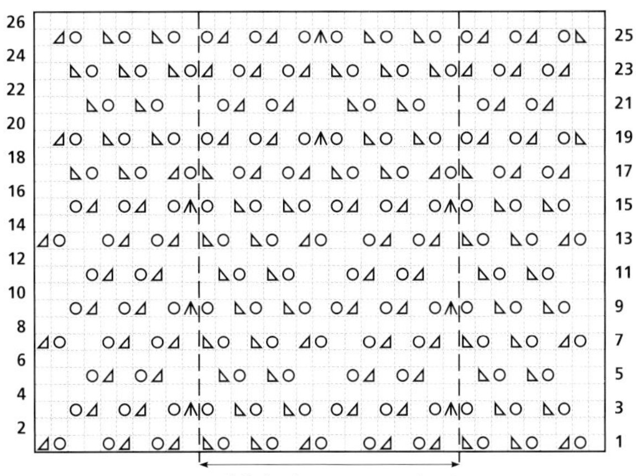

Múltiplo de 16 ptos. más 19

Punto 149

Flores de Santa Lucía NIVEL 2

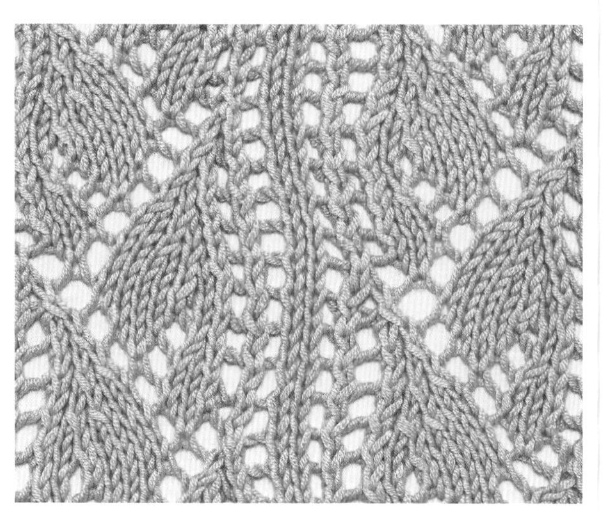

Este hermoso punto puede ser repetido como se muestra para lograr un calado completo o puede ser elegido sólo el centro de quince puntos como un grupo. El diseño está basado en un motivo antiguo que tiene un número variable de recuento de puntos. La versión más amplia es fácil de tejer porque el recuento de puntos es el mismo en todas las hileras.

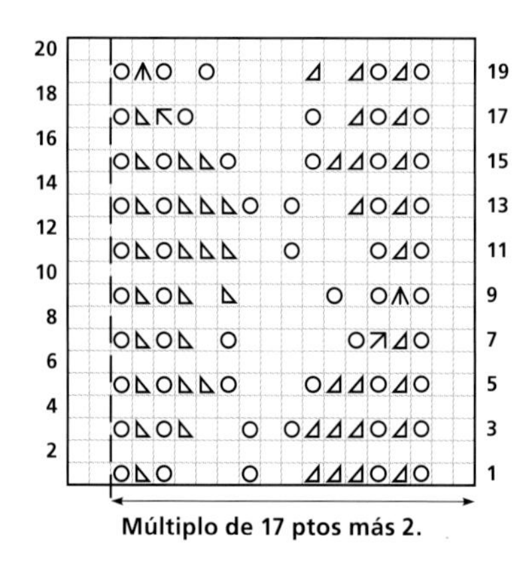

Múltiplo de 17 ptos más 2.

Punto 150

Triángulos NIVEL 2

Triángulos en punto calado se alternan con triángulos en punto Jersey en este diseño sencillo pero efectivo. Trabaje solamente desde la primera hilera hasta la décima para un precioso diseño de borde.

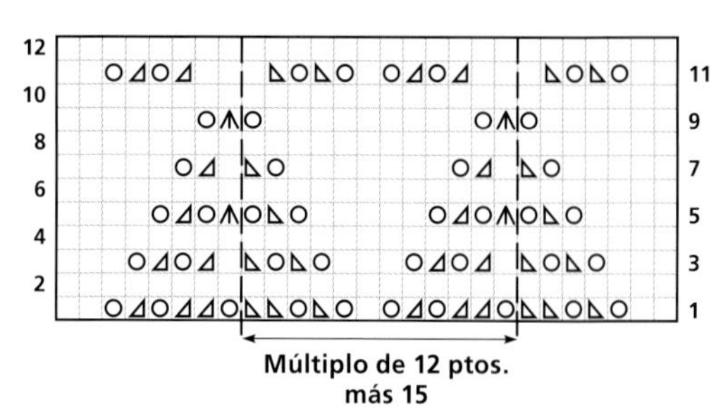

Múltiplo de 12 ptos. más 15

Note

Las hileras 3–12 forman el diseño.

d en el DL, r en el RL 2pjd dsi  ddb  3pjd  ddi  laz  t2atrás

Punto 151

Enrejado doble NIVEL 2

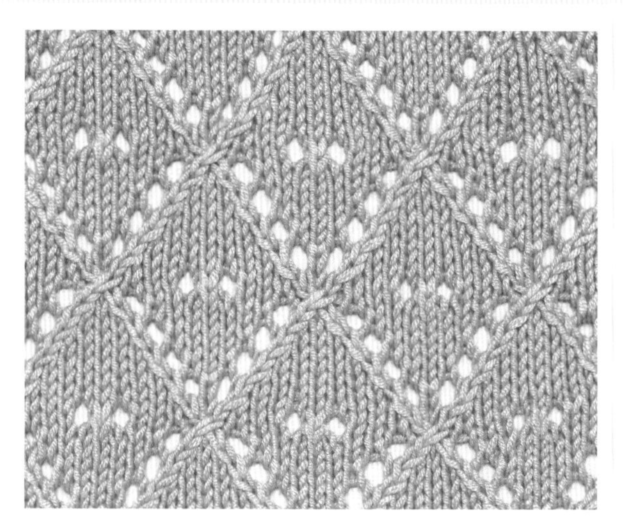

Este patrón sofisticado de enrejado usa una torzada de tres puntos para desplazar las líneas logradas por los pares de disminuciones de forma prolija hasta la próxima línea de rombos. Se pueden omitir los agujeritos internos de los rombos, basta con ignorar las lazadas y los símbolos de las disminuciones dobles, y en cambio, tejer al derecho los tres puntos que se corresponden.

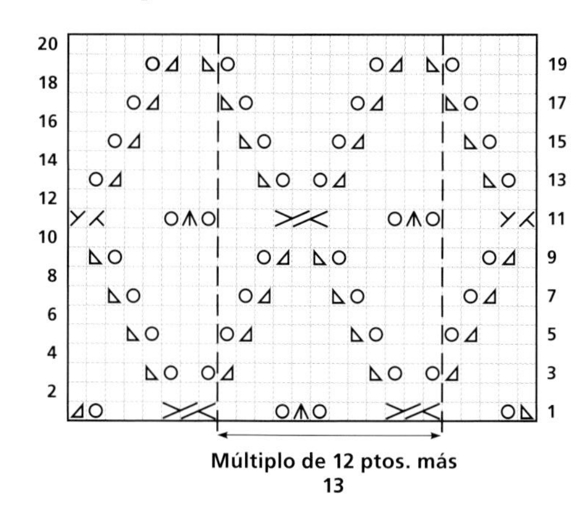

Múltiplo de 12 ptos. más 13

Símbolo específico

desl 2 a la ag aux, sostener atrás, 1d, desl el pto más cercano de la ag aux a la ag izq y sostener la ag aux adelante, 1d, tejer al d el pto restante de la ag aux.

Nota

Se requiere una aguja auxiliar.

Punto 152

Rombos destacados NIVEL 2

El efecto sutil de este diseño está logrado trabajando pares de disminuciones separadas por un punto de sus correspondientes lazadas de aumentos. Se puede agregar textura llenando los rombos con un sencillo punto arroz (derecho y revés) en lugar del punto jersey.

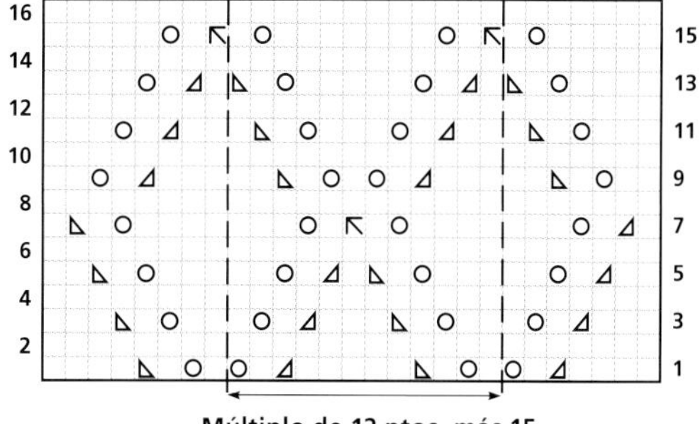

Múltiplo de 12 ptos. más 15

Punto 153

Punto tulipán NIVEL 2

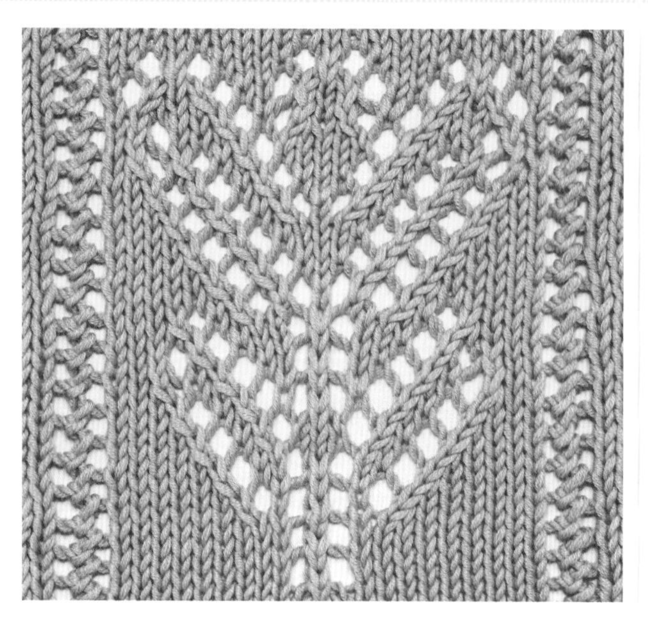

Aquí, las disminuciones y las lazadas forman un tulipán estilizado. Se puede usar un calado de dos puntos para enmarcar el diseño y destacar una trama consistente.

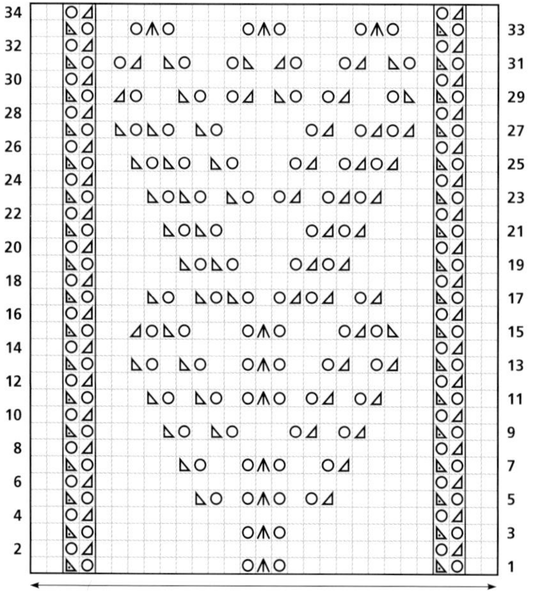

Grupo de 29 ptos.

Símbolos específicos

◺ 2pjd en el DL, 2pjr en el RL

◹ 2pjr en el DL

Punto 154

Pequeñas ramas NIVEL 2

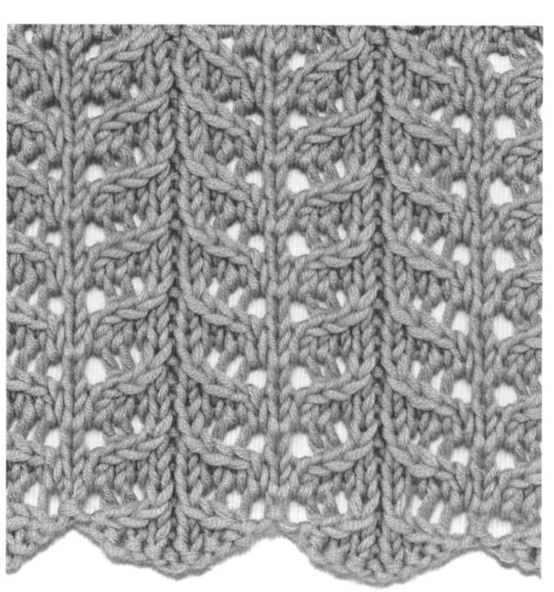

A pesar de que este diseño consta de pocas hileras, luce complicado porque hay disminuciones y lazadas trabajadas en ambos lados de la labor, tanto en las hileras del derecho como en las del revés.

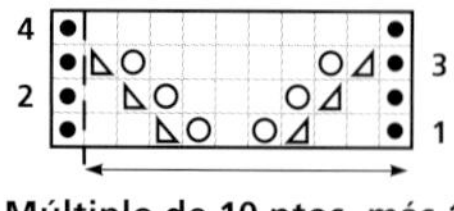

Múltiplo de 10 ptos. más 1

Símbolos específicos

◺ 2pjd en el DL, 2pjr en el RL

◹ dsi en el DL, ddr en el RL

Procedimiento

1ra hilera (DL): [1r, 2d, 2pjd, laz, 1d, laz, dsi, 2d] hasta el último pto, 1r.

2da hilera: [1d, 1r, ddr, laz, 3r, laz, 2pjr, 1r] hasta el último pto, 1d.

3ra hilera: [1r, 2pjd, laz, 5d, laz, dsi] hasta el último pto, 1r.

4ta hilera: [1d, 9r] hasta el último pto, 1d.

Estas 4 hileras forman el diseño.

96–97 Símbolos básicos

□ d en el DL, r en el RL ● r en el DL, d en el RL ◺ 2pjd  dsi  ddb ○ laz

Punto 155

Lirio NIVEL 2

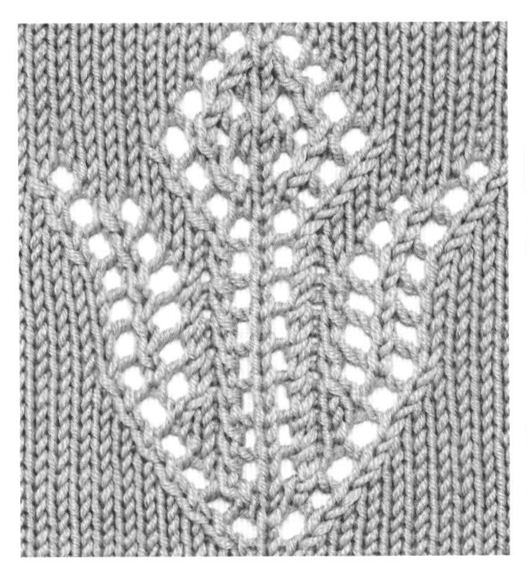

El uso de tres disminuciones distintas forman esta flor sencilla sobre un fondo suave de punto jersey.

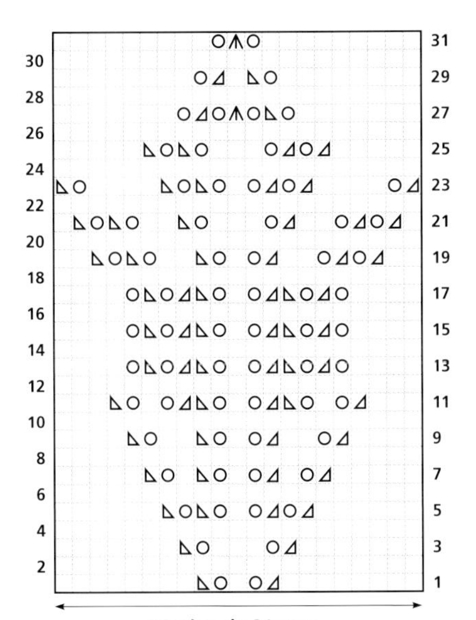

Motivo de 21 ptos.

Punto 156

Berberechos NIVEL 3

Este precioso diseño crea una trama abierta con una hilera de puntos extra largos realizados envolviendo el hilado en la aguja tres veces para cada punto. No es idéntico en ambos lados de la labor, pero el revés se ve hermoso también, haciéndolo ideal para tejer bufandas y chales.

Múltiplo de 6 ptos. más 9

Símbolos específicos

◿ 2pjr en el RL.

3 d, envolviendo el hilado alrededor de la ag 3 veces para cada pto, dejando caer las hebras envueltas en la próxima hilera para formar los ptos extras largos.

O O trabajar los ptos en la llave como se indica en la hilera de abajo.

desl3d, 2pjd, pasar los ptos desl sobre los ptos tejidos juntos.

Procedimiento

1ra hilera (DL): d

2da hilera: d

3ra hilera: d

4ta hilera: 2r, [laz, 2pjr] hasta el último pto, 1r.

5ta hilera: d

6ta hilera: d

7ma hilera: d, envolviendo el hilado en la aguja 3 veces para cada pto.

8va hilera: r, dejando caer las hebras envueltas para alargar los ptos.

9na hilera: 1d, ddb, *(1d, laz, 1d, laz, 1d) todo en el próximo pto de la hilera de abajo, desl3d – 2pjd –pasar los desl sobre los tejidos juntos, repetir desde * hasta los últimos 5 ptos, (1d, laz, 1d, laz, 1d) todo en el siguiente pto en la hilera de abajo, ddb, 1d.

Las hileras 2 – 9 forman el diseño.

Punto 157

Hojas delineadas NIVEL ❸

Este diseño de hojas dentro de rombos es inusual ya que usa puntos resaltados para texturar las hojas. Los puntos resaltados se asemejan a las nervaduras.

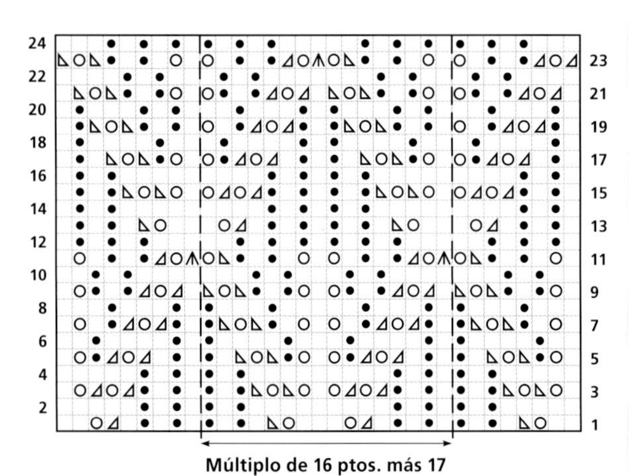

Múltiplo de 16 ptos. más 17

Punto 158

Jardín de flores NIVEL ❸

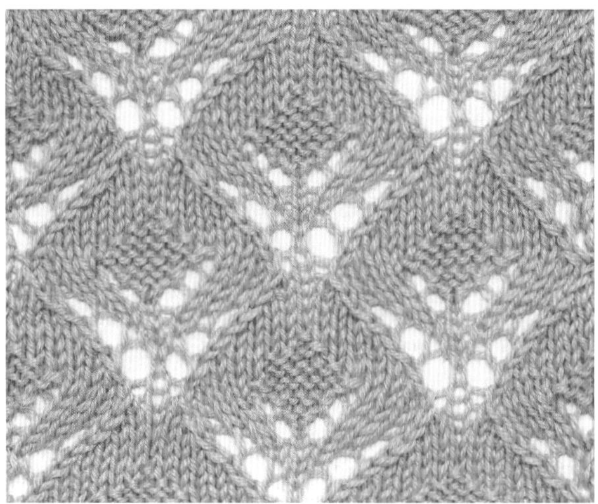

La combinación de puntos en cada hilera le da a este diseño sus graciosas curvas. Además contrastan los puntos jersey derecho y jersey revés.

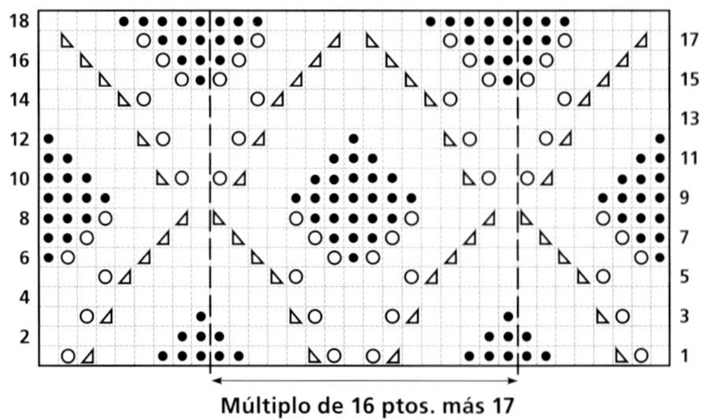

Múltiplo de 16 ptos. más 17

Símbolos específicos

◿ 2pjd en el DL, 2pjr en el RL

◺ dsi en el DL, 2pjr hatrás en el RL.

98–99 Símbolos básicos

□ d en el DL, r en el RL ● r en el DL, d en el RL 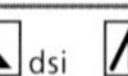 2pjd  dsi ddb  ddi ○ laz

Punto 159

Calado en helecho NIVEL ❸

Este diseño está basado en un punto Shetland calado pero las disminuciones emparejadas le dan a estos motivos un borde más limpio. Tener especial cuidado con las lazadas y las disminuciones en el revés de la labor en la punta de cada franja de motivos.

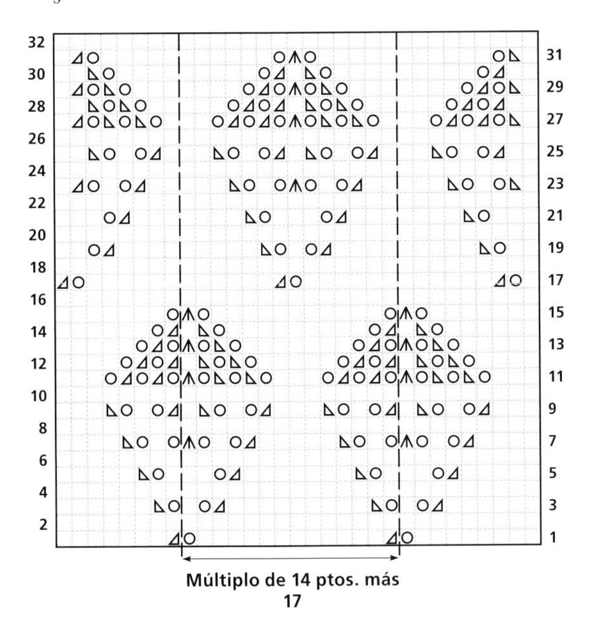

Múltiplo de 14 ptos. más 17

Símbolos específicos

◿ 2pjd en el DL, 2pjr en el RL

◺ dsi en el DL, ddr en el RL

Punto 160

Hojas caídas NIVEL ❸

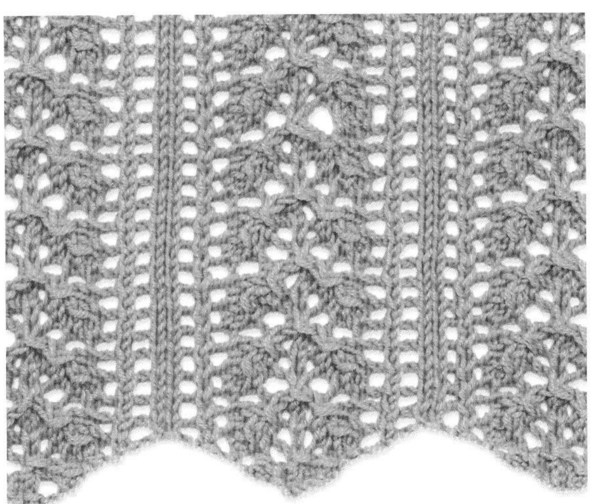

Este punto clásico tiene la apariencia de hojas. Crea un borde ondulado y decorativo al comenzar y al terminar.

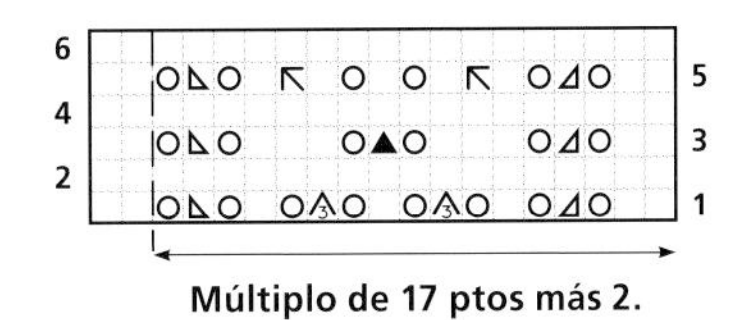

Múltiplo de 17 ptos más 2.

Símbolos específicos

△ desl1, 3pjd, pasar el pto desl

▲ desl 1, 4pjd, pasar el pto desl

Punto 161

Calado de capullos y hojas NIVEL ❸

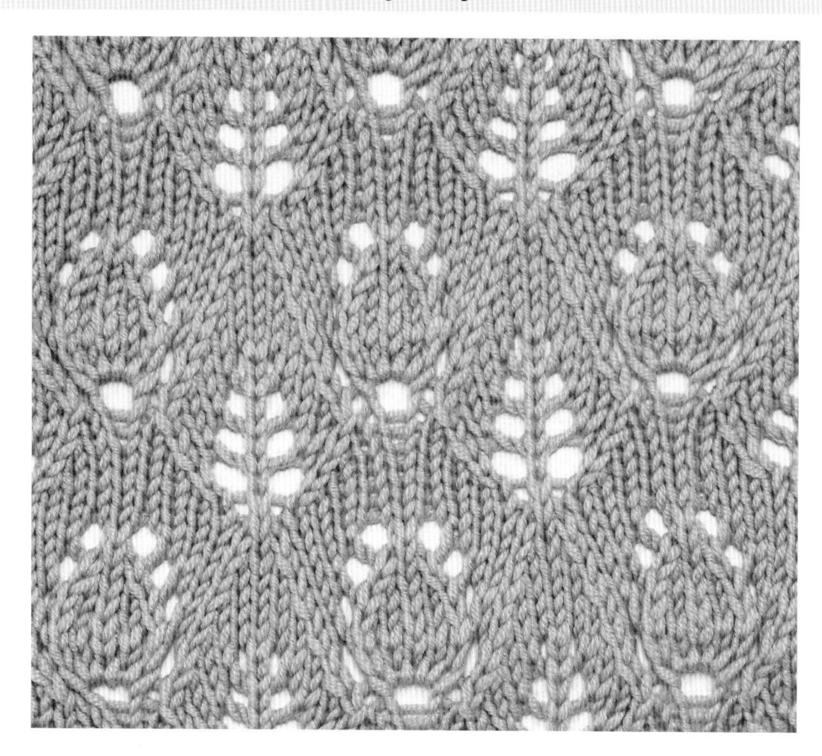

Este diseño calado de fantasía tiene un poco de todo – lazadas y disminuciones emparejadas en el derecho de la labor - además de un número variable de puntos que se muestra en el gráfico entre los capullos y las hojas. A pesar todos estos trucos, no es difícil de realizar, una vez que se completa la primera hilera, es fácil de visualizar donde se encuentra uno en el diseño.

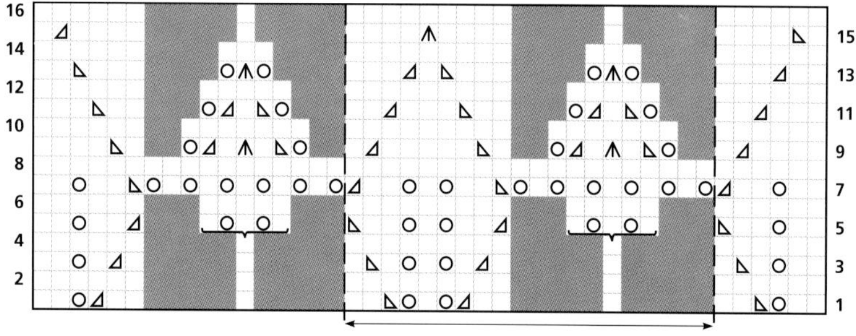

Múltiplo de 10 ptos más 13, con una cantidad variable de ptos.

Símbolo específico

(1d, laz, 1d, laz, 1d) todo en el pto indicado con la llave.

100–101 Símbolos básicos

d en el DL, r en el RL; r en el DL, d en el RL; dhatrás en el DL, rhatrás en el RL;  2pjd;  dsi;  ddb

Punto 162

Calado margaritas NIVEL ❸

Las hojas de estas margaritas se arquean elegantemente por debajo de las flores aunque el diseño se forma sobre las hileras del derecho.

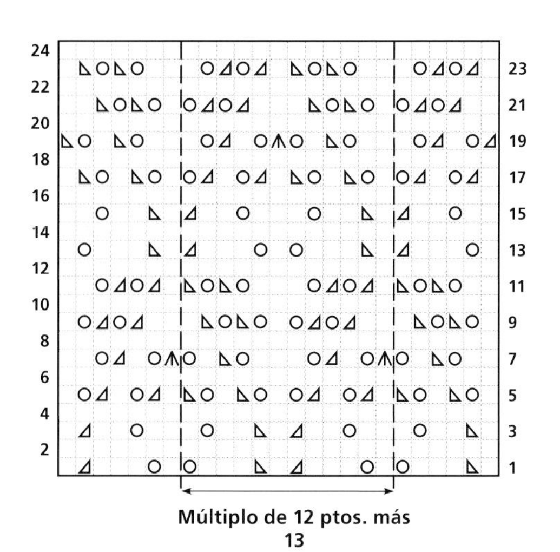

Múltiplo de 12 ptos. más 13

Punto 163

Florcita NIVEL ❸

Los centros de estas florcitas caladas forman pequeñas hojas, logrando un sutil diseño dentro de otro diseño.

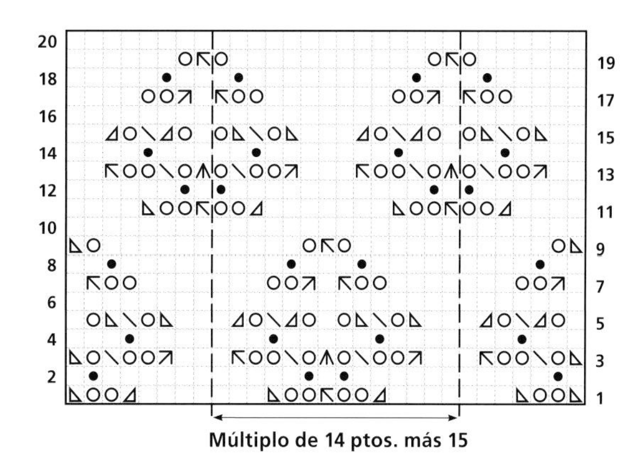

Múltiplo de 14 ptos. más 15

Notas

- En las hileras del R, las lazadas dobles están trabajadas (1r, 1d) antes del centro de cada motivo y (1d, 1r) luego del centro.
- Hay tres tipos de disminuciones dobles.

Punto 164

Motivo mariposa NIVEL 3

Puntos calados e hilados finos sugieren la fragilidad de una mariposa y delinean la estructura del insecto muy claramente. Los calados de las alas inferiores son trabajados en cada hilera, pero aquellos de las alas superiores son trabajados solamente en las hileras del derecho.

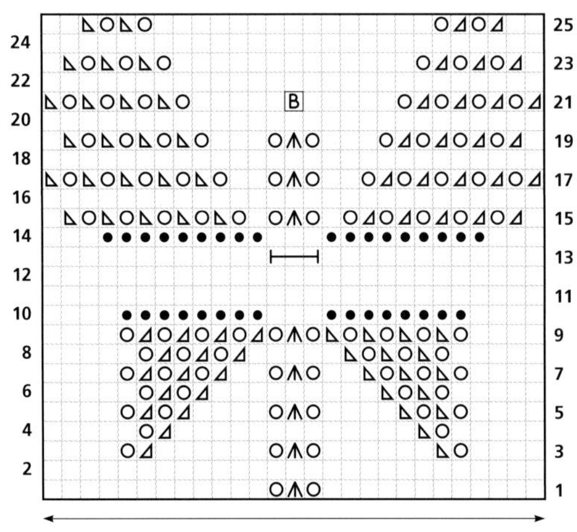

Motivo de 27 ptos.

Símbolos específicos

B (1d, 1r, 1d, 1r, 1d) todo en 1 pto, girar, 5r, girar, desl 2do, 3r, 4to y 5to pto sobre el 1ro pto, tejer al por la h de atrás.

3d, deslizarlos a la ag aux, tomar el hilado y envolverlos en el sentido contario de las agujas del reloj (desde arriba) 4 veces terminando la hilera del revés, desl los ptos nuevamente a la ag der.

2pjd en el DL, 2pjr en el RL

dsi en el DL, 2pjr hatrás en el RL

Nota

Se requiere una aguja auxiliar.

102–103 Símbolos básicos

d en el DL, r en el RL · r en el DL, d en el RL · 2pjd ·  dsi ·  ddb ·  ddi ·  laz · no pto.

Punto 165

Pto. pequeña mariposa NIVEL ❸

Este punto está desarrollado a partir de un clásico punto a veces llamado abeja, con dos grandes calados formando las alas inferiores.

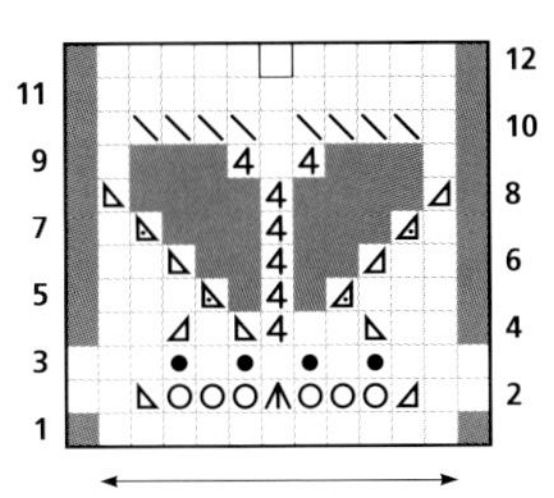

Motivo de 11 ptos con una cantidad variable de puntos.

Símbolos específicos

[4] 4laz; en las hileras 5-8 seguir soltando las lazadas de la hilera anterior

[\] tejer la laz por detrás

[P] soltar las laz de la hilera previa, transferir los 5 ptos largos a la ag izq y tejer 1r, cerrando juntas todas las hebras.

[B] (1d, 1r, 1d) todos en 1 pto, girar, 3r, girar, desl 2do y 3ro sobre el 1er pto, 1dhatrás.

[◿] 2pjr en el RL

[◺] 2pjr hatrás en el RL

Nota

Este diseño comienza en una hilera del revés.

Punto 166

Punto alga NIVEL ❸

Los puntos resaltados convergentes dan a este calado su apariencia. No necesitan estar presentes en todo el diseño: unas pocas repeticiones de 4 hileras logran una bella terminación. (ver *Usando los puntos*, pág 186)

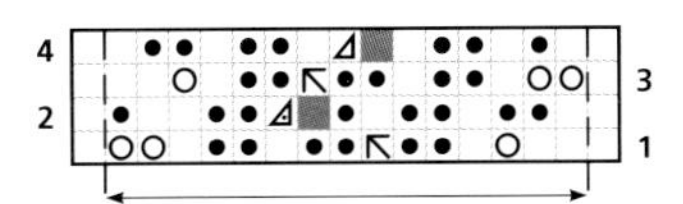

Múltiplo de 14 ptos más 2, con una cantidad variable de puntos

Símbolos específicos

[↖] con h atrás, ddi.

[◿] 2pjr en el RL.

[◿] 2pjd en el RL.

Nota

La cantidad de puntos aumenta en la primera hilera y luego se alterna entre hileras.

SELECTOR DE PUNTOS Motas y hojas

Las motas y las hojas siempre logran un impacto, ya que su apariencia tridimensional reproduce realmente a los objetos naturales. No se sienta intimidada por las instrucciones. Una vez que usted entienda cómo es trabajar con aumentos múltiples, no le resultarán demasiado difíciles y el resultado será muy especial.

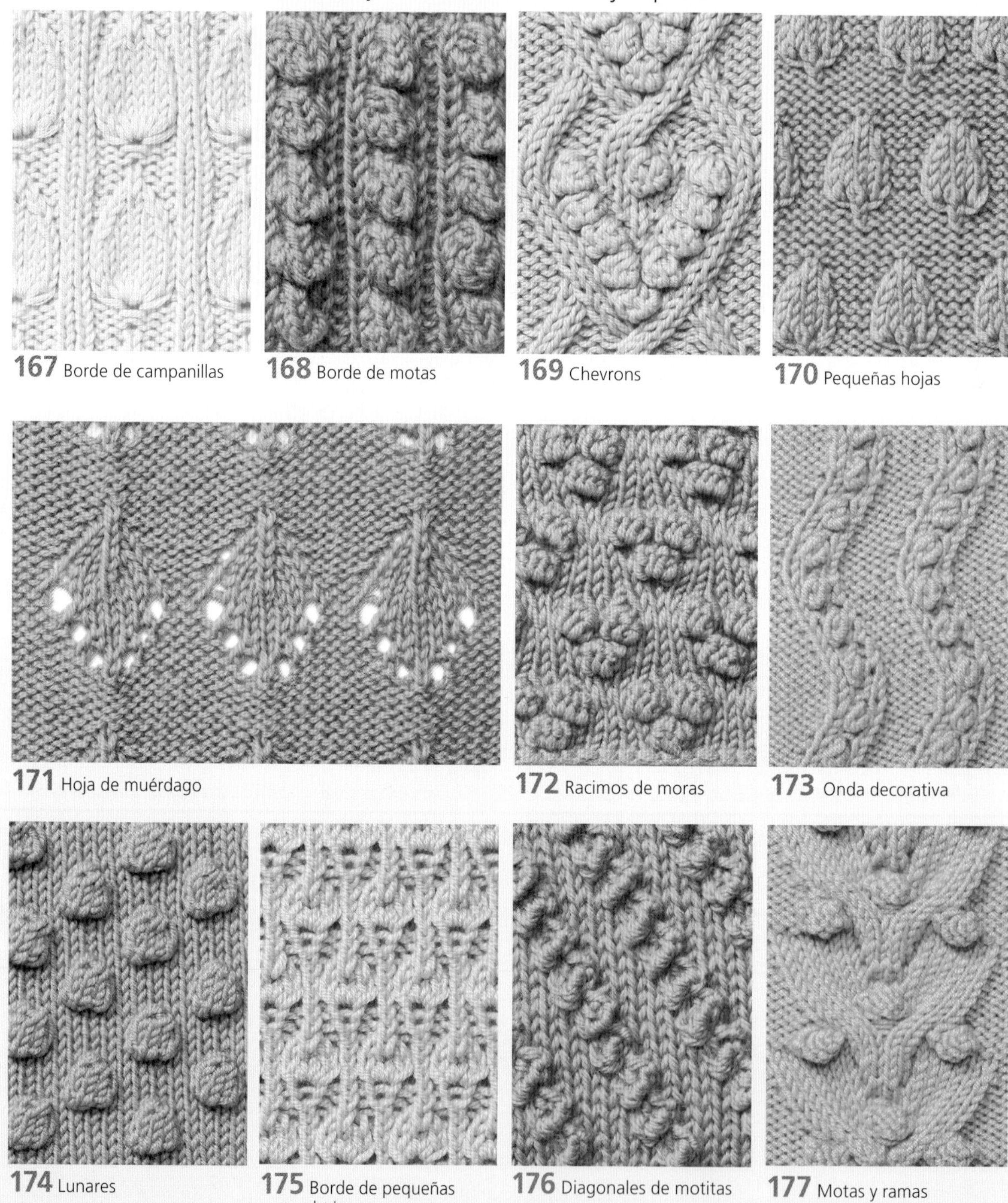

167 Borde de campanillas

168 Borde de motas

169 Chevrons

170 Pequeñas hojas

171 Hoja de muérdago

172 Racimos de moras

173 Onda decorativa

174 Lunares

175 Borde de pequeñas hojas

176 Diagonales de motitas

177 Motas y ramas

178 Red de motas y rombos

179 Escarapela

180 Hojas gemelas

181 Punta de flecha

182 Rombos de nudos

183 Caja sorpresa

184 Hoja formal

185 Girasol

186 Hojitas

187 Ramita

188 Rama caída

MOTAS Y HOJAS – CONTINUACIÓN

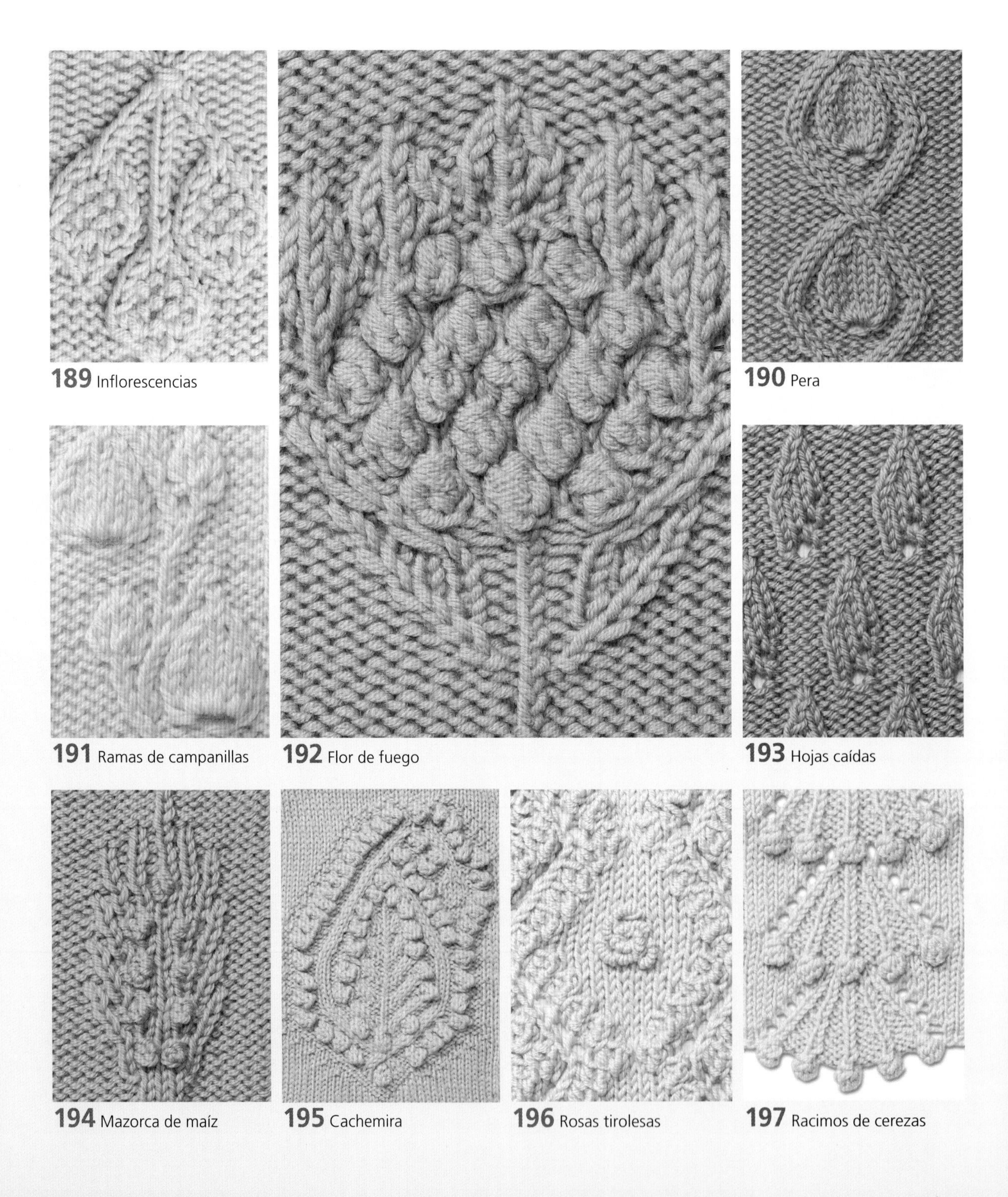

189 Inflorescencias

190 Pera

191 Ramas de campanillas

192 Flor de fuego

193 Hojas caídas

194 Mazorca de maíz

195 Cachemira

196 Rosas tirolesas

197 Racimos de cerezas

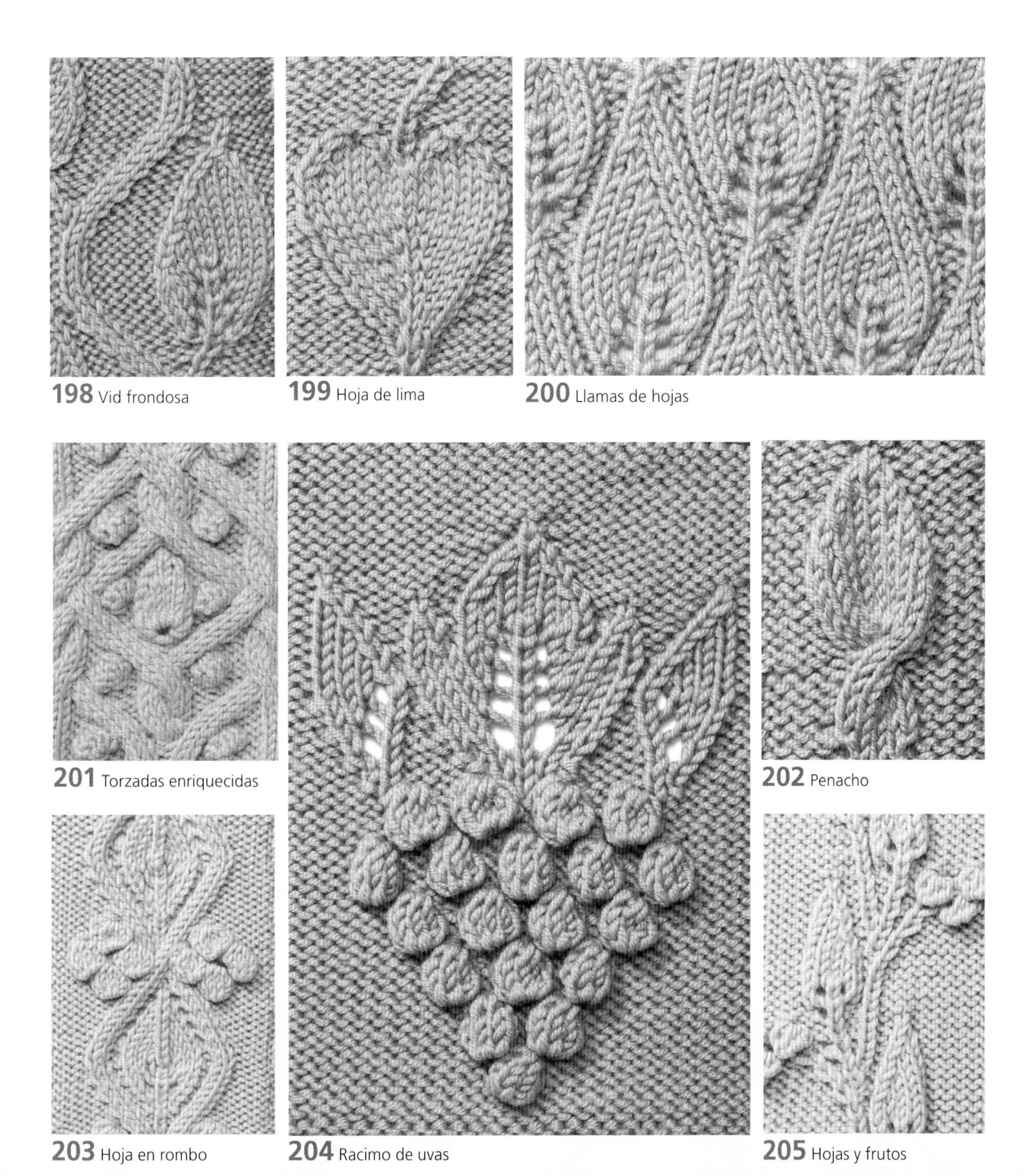

198 Vid frondosa

199 Hoja de lima

200 Llamas de hojas

201 Torzadas enriquecidas

202 Penacho

203 Hoja en rombo

204 Racimo de uvas

205 Hojas y frutos

Punto 167

Borde de campanillas

NIVEL 1

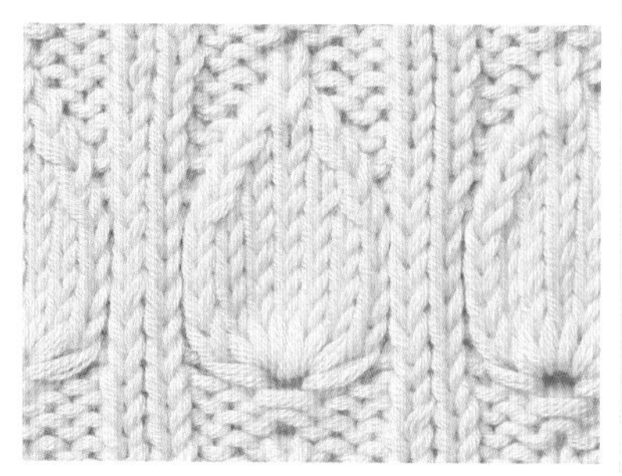

Grupos de campanas y bordes de dos puntos se alternan. Para un grupo único de campanas, trabaje los cinco puntos del centro del gráfico o agregue más puntos de borde entre ellas.

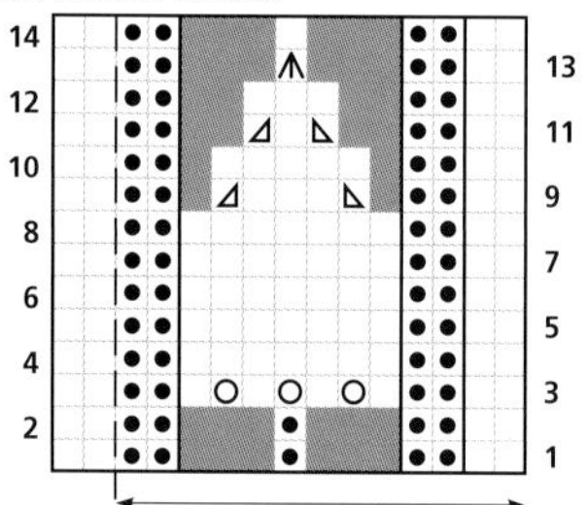

7 ptos. más 2, con un recuento variable de puntos.

Procedimiento

1ra hil.(DL): 2d, [5r, 2d] hasta el final.

2da hil.: 2r, [5d, 2r] hasta el final.

3ra hil.: 2d, *2r, [1d, laz, 1d, laz, 1d, laz, 1d] todo en el siguiente pto, 2r, 2d, repetir desde * hasta el final.

4ta hil.: 2r, [2d, 7r, 2d, 2r] hasta el final.

5ta hil.: 2d, [2r, 7d, 2r, 2d] hasta el final.

6ta, 7ma y 8va hils.: como la 4ta, 5ta y 4ta hileras.

9na hil.: 2d, [2r, dsi, 3d, 2pjd, 2r, 2d] hasta el final.

10ma hil.: 2r, [2d, 5r, 2d, 2r] hasta final.

11ra hil.: 2d, [2r, dsi, 1d, 2pjd, 2r, 2d] hasta el final.

12da hil.: 2r, [2d, 3r, 2d, 2r] hasta final.

13ra hil.: 2d, [2r, ddb, 2r, 2d] hasta final.

14ta hil.: 2r, [2d, 1r, 2d, 2r] hasta final.

Estas 14 hileras forman el diseño.

Punto 168

Borde de motas

NIVEL 1

Este sencillo diseño coloca hileras de motas en el centro de dos y tres puntos de borde. Para un efecto menos pesado, haga las motas más espaciadas ó trabaje más en punto elástico entre las motas.

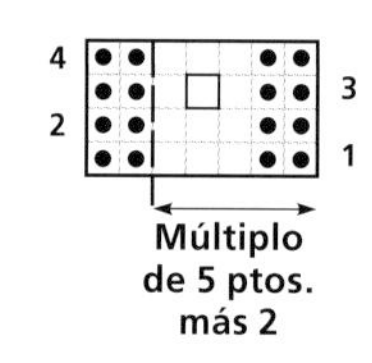

Múltiplo de 5 ptos. más 2

Símbolo específico

B **hm**: (1d, laz, 1d, laz , 1d) todo en un mismo pto, girar, 5r, girar, 5d, girar, 5r, girar, desl 3pjd, 2pjd, pasar los ptos desl sobre los tejidos.

Procedimiento

1ra hilera (DL): 2r, [3d, 2r] hasta el final.

2da hilera: 2d, [3r, 2d] hasta el final.

3ra hilera: 2r, [1d, B, 1d, 2r] hasta el final.

4ta hilera: como la 2da hilera.

Estas 4 hileras forman el diseño.

Punto 169

Chevrons

NIVEL 1

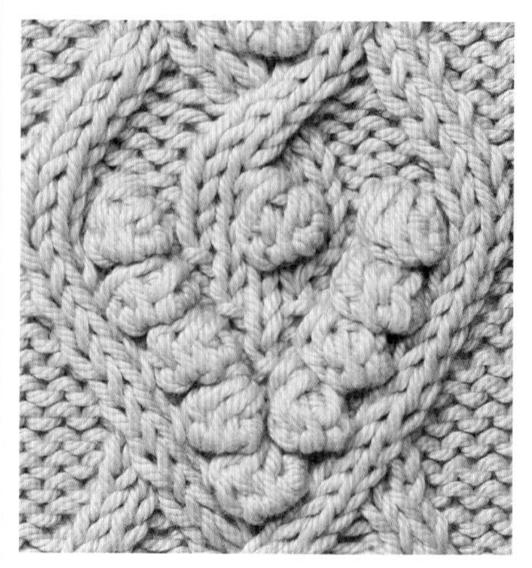

Las motas pueden ser usadas para complementar las torzadas de muchas maneras diferentes. Aquí, nueve motas enfatizan un diseño de chevron y una hace de guía para el centro de la formación.

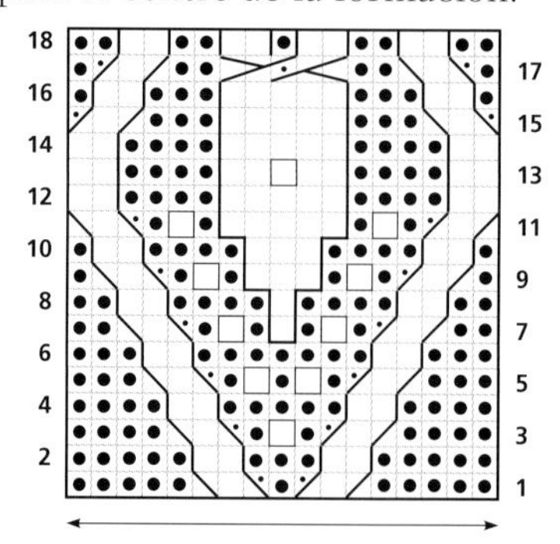

Grupo de 17 ptos.

Símbolos específicos

B (1d, 1r, 1d, 1r, 1d) todo en un mismo pto, girar, 5r, girar, pasar los 4 ptos recién hechos 1 a la vez sobre el pto final, 1dhatrás.

desl 3 a la ag aux, sostener atrás, 2d, desl el pto más cercano de la ag aux a la ag izq, 1r, tejer al d los 2 ptos rest de la ag aux.

Nota

Se requiere una aguja auxiliar.

108–109 Símbolos básicos

d en el DL, r en el RL · r en el DL, d en el RL · dhatrás en el DL, rhatrás en el RL · 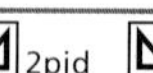 2pjd ·  dsi ·  ddb ·  laz

Punto 170

Pequeñas hojas

NIVEL 1

Este diseño versátil tiene hileras alternadas de hojas en relieve sobre un fondo de punto jersey revés. Los motivos de hojas se alternan, pero si desea alinearlos, repita las hileras uno a doce.

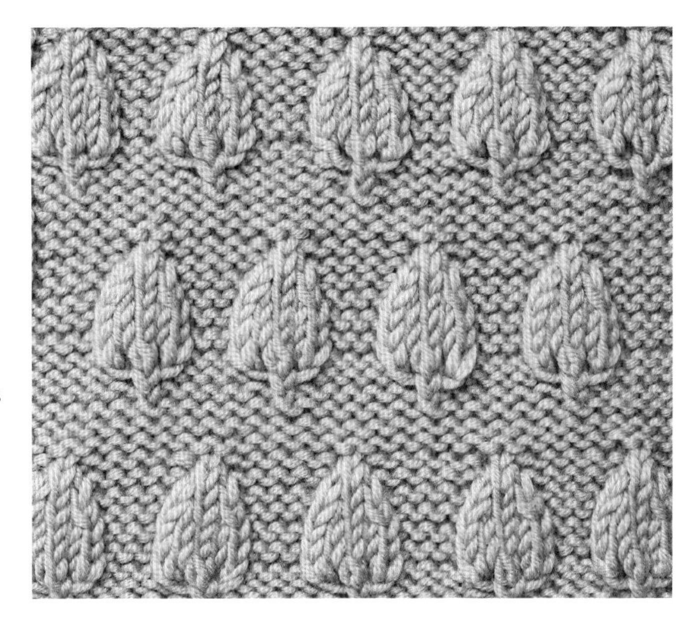

Procedimiento

1ra hilera (DL): r

2da hilera: d

3ra hilera: 3r, [1dhatrás, 5r] hasta los últimos 4 ptos, 1dhatrás, 3r.

4ta hilera: 3d, 1rhatrás, [5d, 1rhatrás] hasta los últimos 3 ptos, 3d.

5ta hilera: 3r, *(1aumD, laz, 1dhatrás, laz, 1auml), todo en el siguiente pto, 5r, rep desde * hasta los últimos 4 ptos, (1aumD, laz, 1dhatrás, laz, 1auml) todo en el siguiente pto, 3r.

6ta hilera: 3d, 5r, [5d, 5r] hasta los últimos 3 ptos, 3d.

7ma hilera: 3r, [5d, 5r] hasta los últimos 8 ptos, 5d, 3r.

8va hilera: como la 6ta hilera.

9na hilera: 3r, [dsi, 1d, 2pjd, 5r] hasta los últimos 8 ptos, dsi, 1d, 2pjd, 3r.

10ma hilera: 3d, 3r, [5d, 3r] hasta los últimos 3 ptos, 3d.

11ra hilera: 3r, [ddb, 5r] hasta los últimos 6 ptos, ddb, 3r.

12da hilera: d

13ra hilera: r

14ta hilera: d

15ta hilera: 6r, [1dhatrás, 5r] hasta el último pto, 1r.

16ta hilera: 6d, [1rhatrás, 5d] hasta el último pto, 1d.

17ma hilera: 6r, * (1aumD, laz, 1dhatrás, laz, 1auml) todo en el siguiente pto, 5r, rep desde * hasta el último pto, 1r.

18va hilera: 6d, [5r, 5d] hasta el último pto, 1d.

19na hilera: 6r, [5d, 5r], hasta el último pto, 1r.

20ma hilera: como la 18va hilera.

21ra hilera: 6r, [ds, 1d, 2pjd, 5r] hasta el último pto, 1r.

22da hilera: 6d, [3r, 5d] hasta el último pto, 1d.

23ra hilera: 6r, [ddb, 5r] hasta el último pto, 1r.

24ta hilera: d

Estas 24 hileras forman el diseño.

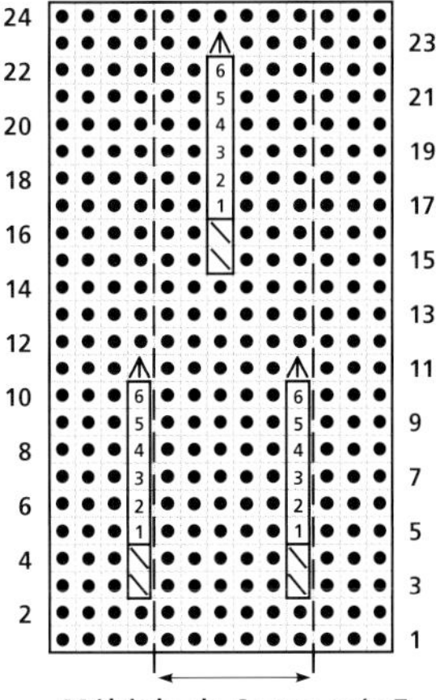

Múltiplo de 6 ptos más 7, con una cantidad variable de puntos.

Hoja

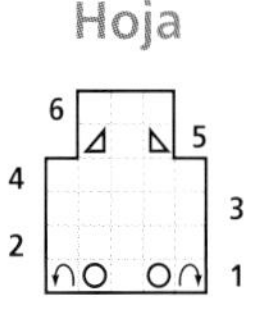

Nota

Trabaje el gráfico de la hoja sobre un punto y seis hileras como se muestra en el gráfico principal.

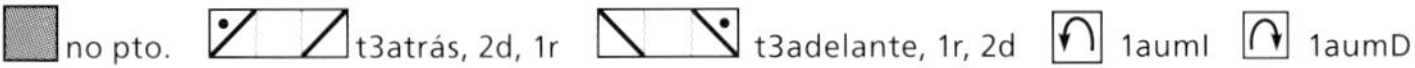
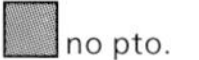 no pto. 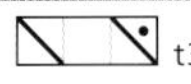 t3atrás, 2d, 1r  t3adelante, 1r, 2d  1auml  1aumD

Punto 171

Pequeñas hojas

NIVEL 1

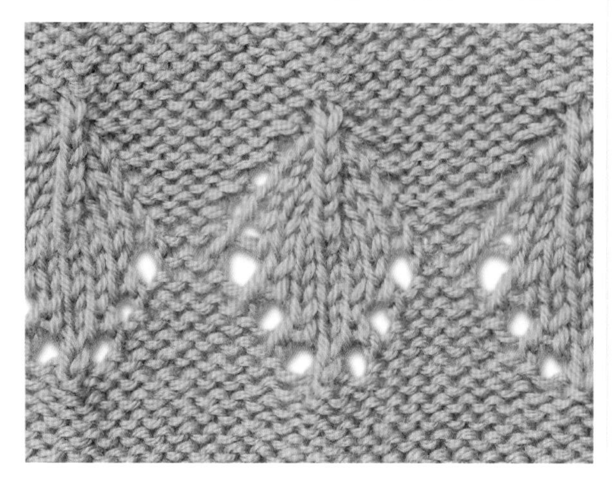

El número de puntos se mantiene igual a través de todo el diseño, y así las hojas, aunque bien definidas, no se elevan sobre la superficie del tejido.

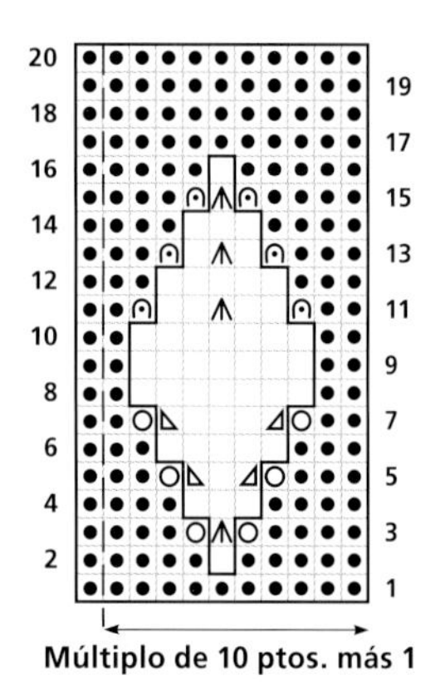

Múltiplo de 10 ptos. más 1

Punto 172

Racimos de moras

NIVEL 1

Si usted ama la manera como se ven las motas, pero odia girar el trabajo, éste es el diseño para usted. Cada una de estas motas nudosas se trabaja sobre dos hileras, aumentando para crear la base de cada una de las motas en las hileras del derecho de la labor y disminuyendo cada mota a un punto en las hileras del revés de la labor.

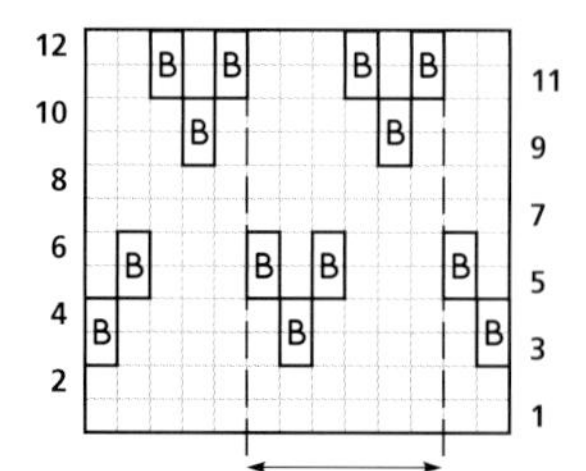

Múltiplo de 6 ptos más 7, con una cantidad variable de ptos.

Símbolo específico

B **1ra hilera** (DL): (1d, laz, 1d, laz, 1d) todo en 1 pto.
2da hilera (RL): 5d, pasar los 4 ptos hechos, uno a la vez, sobre el pto final.

110–111 Símbolos básicos

d en el DL, r en el RL
r en el DL, d en el RL
k tbl on RS p tbl on WS
 2pjd
dsi
 ddb
 1aumR

Punto 173

Ondas ornamentales

NIVEL 1

Aumentos y disminuciones, no torzadas, son usadas para hacer estas suaves curvas. Están decoradas con motas limpias y pequeñas.

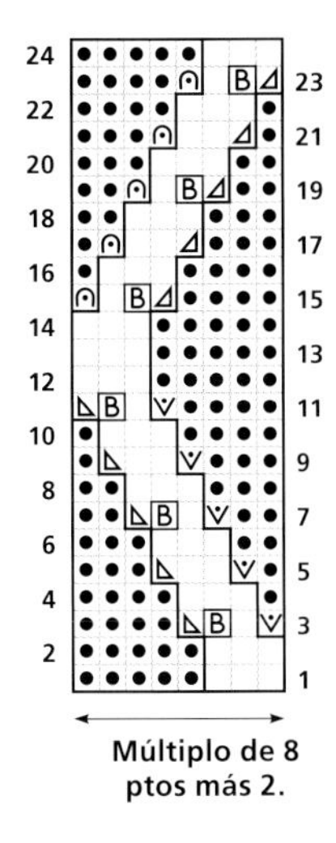

Símbolos específicos

B (1d, 1r, 1d) todo en un mismo pto, girar, 3r, girar, pasar 2 de los ptos recién hechos, uno a la vez, sobre el pto final, tejerlo al d por la hebra de atrás.

V 1dhatrás en el RL.

Punto 174

Lunares

NIVEL 1

A pesar de estar tejidos en punto jersey sobre un fondo de punto jersey, estos lunares sobresalen bien definidos. Su tamaño y el espacio entre los mismos pueden adaptarse, para ser trabajados junto con otros diseños de puntos.

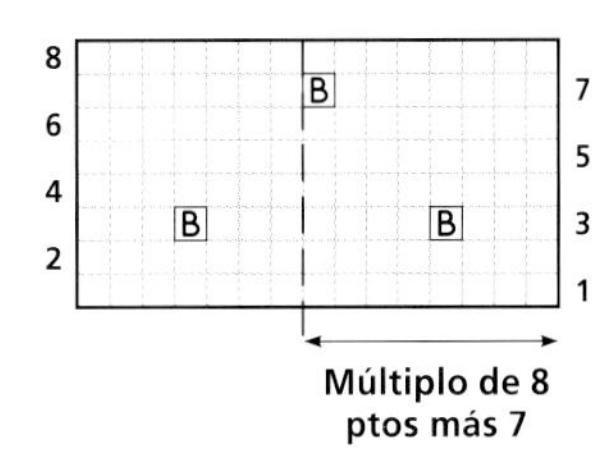

Símbolo específico

B **hm**: (1dhadelante, hatrás, hadelante, hatrás, hadelante) en 1 pto, girar, 5 r, girar, 5d, girar, 5r, girar, pasar 4 puntos de los recién hechos de a uno por vez, sobre el pto final, tejerlo al d por la hebra de atrás.

Procedimiento

1ra hilera (DL): d

2da hilera y todas las hileras del revés: r

3ra hilera: 3d, [hm, 7d] hasta los últimos 4 ptos, B, 3d.

5ta hilera: d

7ma hilera: [7d, hm] hasta los últimos 7 ptos, 7d.

8va hilera: r

Estas 8 hileras forman el diseño.

 laz

Punto 175

Borde de pequeñas hojas

NIVEL 1

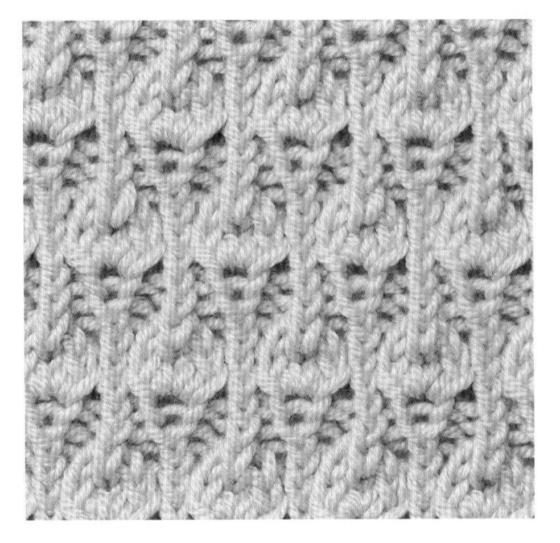

Como estas hojas se forman por puntos únicos de borde, usted tiene la posibilidad de extender los bordes por debajo o por arriba del diseño de puntos. La forma de la hoja indica que solamente las hileras seis a doce están completamente dentro del borde.

Procedimiento

1ra hil. (DL): * 1r, (1d, laz, 1d, laz, 1d) todo en 1 pto, 1r, 1d; rep desde * hasta los últimos 3 ptos, 1r, (1d, laz, 1d, laz, 1d) todo en 1 pto, 1r.

2da hil.: * 1d, 5r, 1d, 1r, rep desde * hasta los últimos 7 ptos, 1d, 5r, 1d.

3ra hil.: * 1r, dsi, 1d, 2pjd, 1r, 1d; rep desde * hasta los últimos 7 ptos, 1r, dsi, 1d, 2pjd, 1r.

4ta hil.: * 1d, 3r, 1d, 1r, rep desde * hasta los últimos 5 ptos, 1d, 3r, 1d.

5ta hil.: * 1r, ddm, 1r, 1d; repetir desde * hasta los últimos 5 ptos, 1r, ddb, 1r.

6ta hil.: 1d, [1r, 1d] hasta el final.

7ma hil.: * 1r, 1d, 1r, (1d, laz, 1d, laz, 1d) todo en el siguiente pto, rep desde * hasta los últimos 3 ptos, 1r, 1d, 1r.

8va hil.: * 1r, 1d, 1r, 5d; repetir desde * hasta los últimos 3 ptos, 1d, 1r, 1d.

9na hil.: *1r, 1d, 1r, dsi, 1d, 2pjd; rep desde * hasta los últimos 3 ptos, 1r, 1d, 1r.

10ma hil.: * 1d, 1r, 1d, 3r; rep desde * hasta los últimos 3 ptos, 1d, 1r, 1d.

11ra hil.: * 1r, 1d, 1r, ddb; repetir desde * hasta los últimos 3 ptos, 1r, 1d, 1r.

12da hil.: como la 6ta hilera.

Estas 12 hileras forman el diseño.

Múltiplo de 4 ptos más 3, con un número variable de ptos.

Hoja

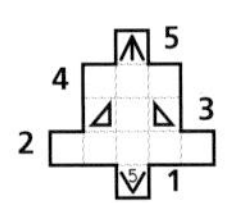

Símbolo específico

(1d, laz, 1d, laz, 1d) todo en 1 pto.

Nota

Trabaje el gráfico de la hoja sobre un punto y cinco hileras como se muestra en el gráfico principal.

Punto 176

Diagonales de motitas

NIVEL 1

La tendencia natural de estas motas de inclinarse hacia un lado está enfatizada por su disposición en diagonales. El punto situado sobre cada mota está tejido al revés por la hebra de atrás para su mayor estabilidad.

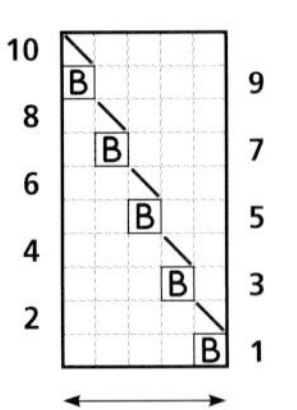

Múltiplo de 5 ptos.

Símbolo específico

B **hm**: (1d, 1r, 1d) todo en 1 pto, girar, 3r, girar, 3d, pasar 2 de los ptos recién hechos, uno a la vez, sobre el pto final.

Procedimiento

1ra hilera (DL): [B, 4d] hasta el final.

2da hilera y todas las hileras del RL: r, trabajando los ptos situados arriba de las motas por la hebra de atrás.

3ra hilera: [1d, B, 3d] hasta el final.

5ta hilera: [2d, B, 2d] hasta el final.

7ma hilera: [3d, B, 1d] hasta el final.

9na hilera: [4d, B] hasta el final.

10ma hilera: como la 2da hilera.

Estas 10 hileras forman el diseño.

d en el DL, r en el RL · r en el DL, d en el RL · dhatrás en el DL, rhatrás en el RL · 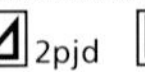 2pjd ·  dsi · 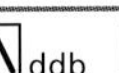 ddb ·  laz

Punto 177

Motas y ramas

NIVEL 1

Aunque casi todo el diseño se realiza en una hilera, esta hermosa torzada salpicada de grandes motas es muy alegre.

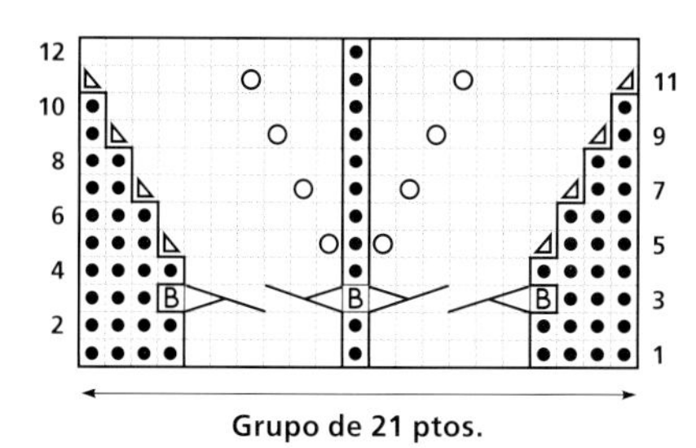

Grupo de 21 ptos.

Símbolo específico

B (1d, laz, 1d, laz, 1d) todo en 1 pto, girar, 5d, girar, 5r, girar, 5d, pasar los 4 ptos recién hechos, uno a la vez, sobre el pto final, tejer el pto al d por la hebra de atrás.

Nota

Se requiere una aguja auxiliar.

Punto 178

Red de motas y rombos

NIVEL 1

Pequeñas motas anidan en el centro de cada rombo creado por puntos tejidos al revés sobre un fondo de punto jersey derecho. Si usted trabaja este diseño sobre toda la superficie de un sweater, omita las motas en los bordes para lograr una unión prolija en las costuras laterales.

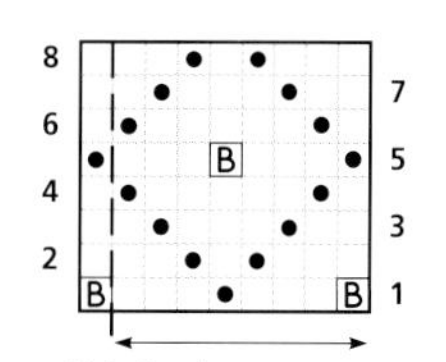

Múltiplo de 8 ptos más 1.

Símbolo específico

B **hm**: (1d, laz, 1d, laz, 1d) todo en 1 pto, girar, 5d, girar, [desl1d] 4 veces, 1d, pasar los ptos desl sobre el pto tejido.

Procedimiento

1ra hilera (DL): [hm, 3d, 1r, 3d] hasta el último pto, hm.

2da hilera: [3r, 1d, 1r, 1d, 2r] hasta el último pto, 1r.

3ra hilera: [2d, 1r, 3d, 1r, 1d] hasta el último pto, 1d.

4ta hilera: [1r, 1d, 5r, 1d] hasta el último pto, 1r.

5ta hilera: [1r, 3d, hm, 3d] hasta el último pto, 1r.

6ta hilera: como la 4ta hilera.

7ma hilera: como la 3ra hilera.

8va hilera: como la 2da hilera.

Estas 8 hileras forman el diseño.

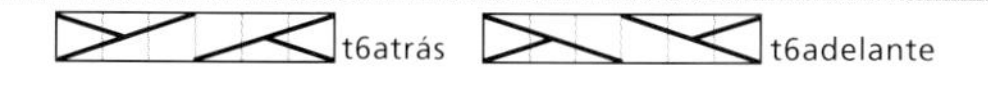

Punto 179

Escarapela NIVEL 2

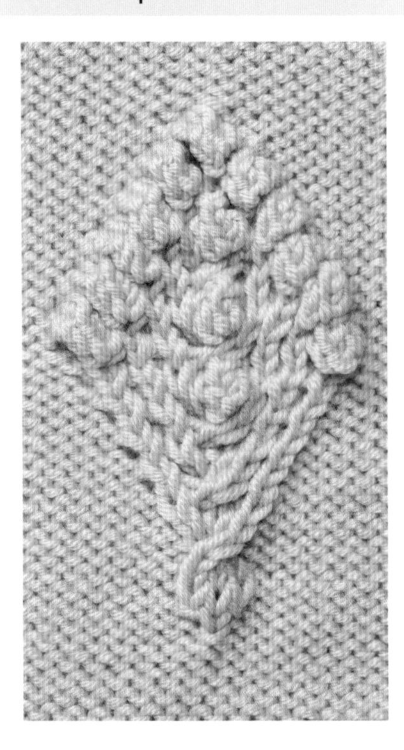

Cortado en la base y luego abriéndose en abanico con puntos retorcidos y adornado con motas, este atractivo motivo puede ser usado sólo ó en grupos.

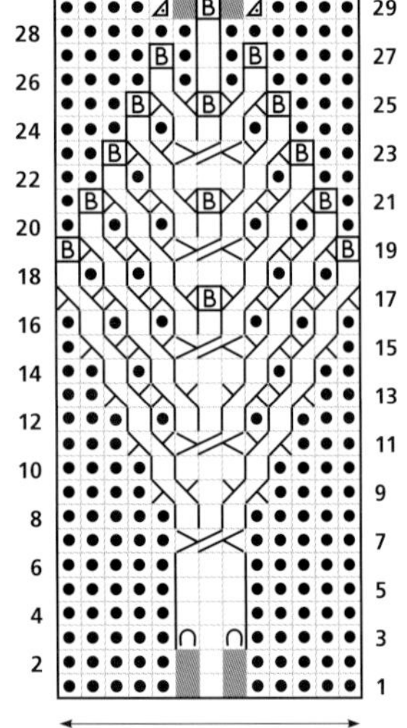

Motivo de 11 ptos, con un número variable de puntos.

Símbolos específicos

B (1d, laz, 1d) todo en 1 pto, girar, 3r, girar, 3d, girar, 3r, girar, ddb.

desl 2 a la ag aux, , sostener atrás, 1d, luego 2d de la ag aux.

Nota

Se requiere una aguja auxiliar.

Punto 180

Hojas gemelas NIVEL 2

A pesar de lucir formales y simétricas, estos pares de hojas provienen de la naturaleza. Forman un grupo de diseño muy ordenado.

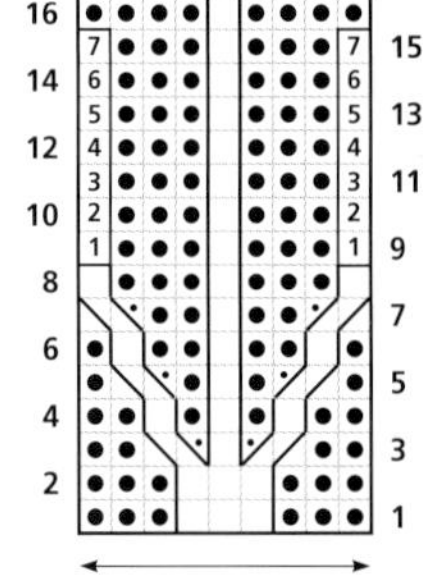

Grupo de 9 ptos, con un número variable de puntos.

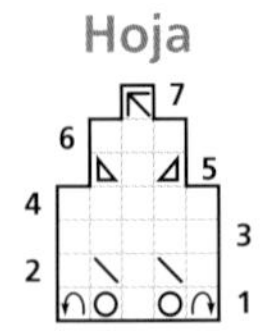

Hoja

Símbolo específico

rhatrás en el RL

Notas

- Trabaje el gráfico de la hoja sobre un punto y siete hileras, como se muestra en el gráfico principal.
- Se requiere una aguja auxiliar.

114–115 Símbolos básicos

d en el DL, r en el RL
r en el DL, d en el RL
 2pjr
 2pjd
 dsi
 ddi
 1aum
 laz
 1auml

Punto 181

Punta de flecha NIVEL 2

Motas, cruces de torzadas, y ojales combinados crean estas puntas de flechas, conectadas por una torzada central de cinco puntos.

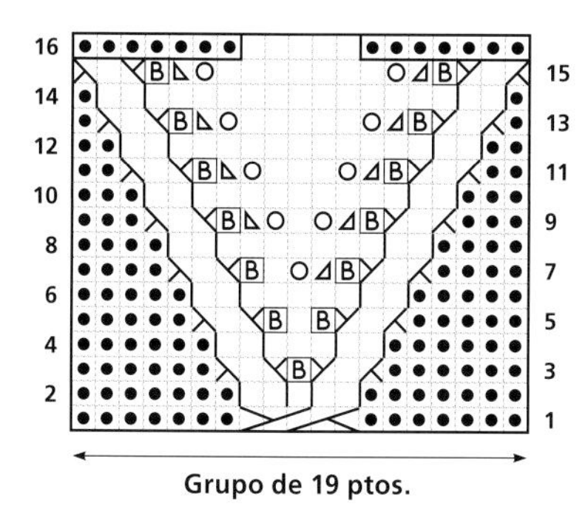

Grupo de 19 ptos.

Símbolos específicos

desl 3 a la ag aux, sostener atrás, 2d, desl el pto más próximo de la ag aux nuevamente a la ag izq y tejer éste pto al d, luego tejer al d los 2 ptos restantes de la ag aux.

B (1d, laz, 1d) todo en 1 pto, girar, 3d, girar, 3r, pasar 2 de los ptos recién hechos, uno a la vez, sobre el último pto.

Nota

Se requiere una aguja auxiliar.

Punto 182

Rombos de nudos NIVEL 2

Nudos de siete puntos forman una red de rombos. Hacer este nudo es exactamente los mismo que hacer una mota, excepto que no se requieren hileras de vuelta.

Símbolo específico

B **hm**: (1d, laz, 1d, laz, 1d, laz, 1d) todo en 1 pto, pasar el 2do, 3ro, 4to, 5to, 6to y 7mo pto sobre el 1er pto.

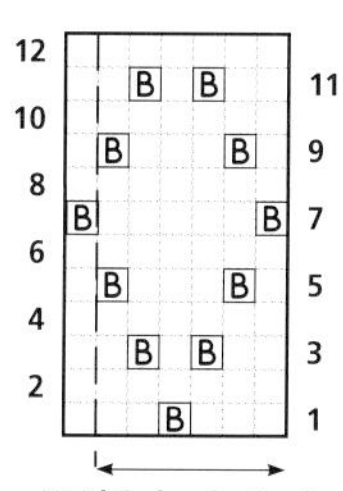

Múltiplo de 6 ptos. más 1

Procedimiento

1ra hilera (DL): [3d, hm, 2d] hasta el último pto , 1d.

2da y todas las hileras del RL: r

3ra hilera: [2d, hm, 1d, hm, 1d] hasta el último pto, 1d.

5ta hilera: [1d, hm, 3d, hm] hasta el último pto, 1d.

7ma hilera: [hm, 5d], hm hasta el último pto, hm.

9na hilera: [1d, hm, 3d, hm] hasta el último pto, 1d.

11ra hilera: [2d, hm, 1d, hm, 1d] hasta el último pto, 1d.

12da hilera: r

Estas 12 hileras forman el diseño.

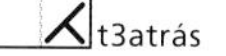

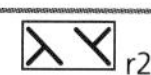

Punto 183

Cajita de sorpresas NIVEL 2

Cada rombo del fondo de esta red está relleno con puntos texturados y una pequeña mota sobre un tallo.

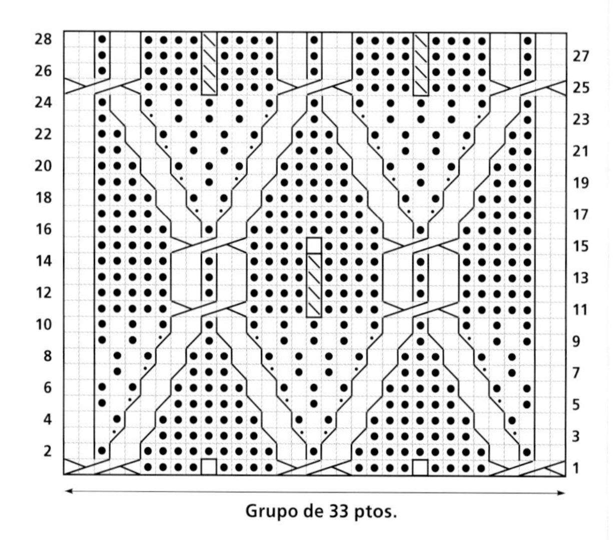

Grupo de 33 ptos.

Símbolos específicos

desl 3 a la ag aux, sostener atrás, 2d, desl el pto más cercano de la ag aux a la ag izq, sostener la ag aux adelante, 1r, luego 2d de la ag aux.

B (1d, laz, 1d) todo en 1 pto, girar, 3r, girar, ddb.

Nota

Se requiere una aguja auxiliar.

Punto 184

Hoja formal NIVEL 2

Calados diagonales y calados verticales forman y decoran esta hoja grande.

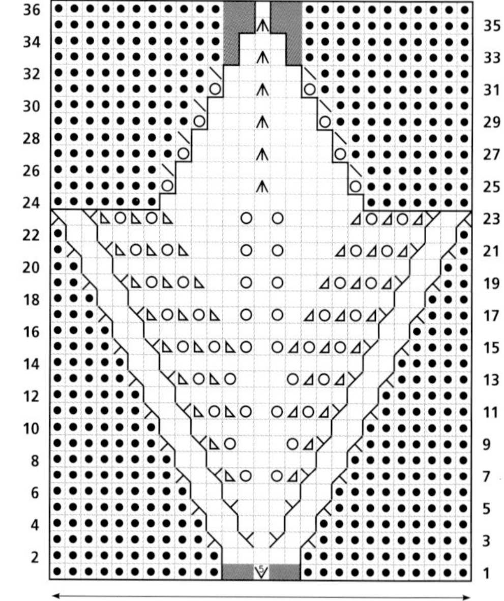

Motivo de 23 ptos, con un número variable de ptos.

Símbolos específicos

(1d, 1r, 1d, 1r, 1d) todo en 1 pto.

dhatrás en el RL.

Nota

Se requiere una aguja auxiliar.

116–117 Símbolos básicos

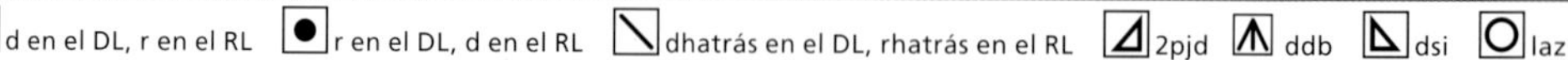

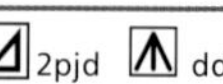

d en el DL, r en el RL · r en el DL, d en el RL · dhatrás en el DL, rhatrás en el RL · 2pjd · ddb · dsi · laz

Punto 185

Girasol NIVEL 2

Este largo y angosto gráfico que logra una flor redondeada y corta, muestra como diferentes puntos forman el diseño.

Símbolo específico

B (1d, 1r, 1d, 1r, 1d) todo en 1 pto, girar, 5r, pasar 4 de los ptos recién hechos, uno a la vez, sobre el pto final, tejer al d por la hebra de atrás.

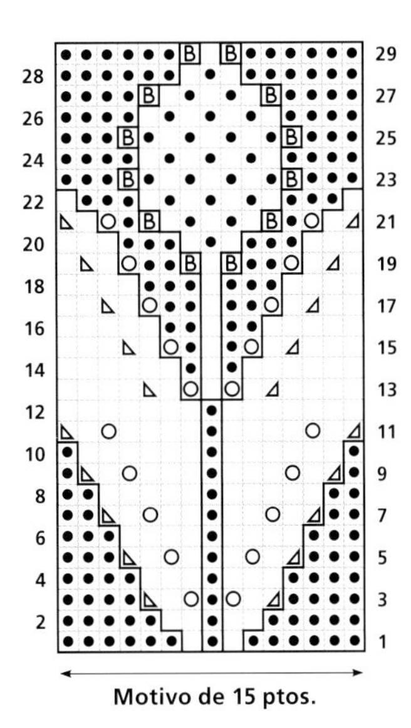

Punto 186

Hojitas NIVEL 2

Coloque una hojita dentro de un chevron formado por motas para crear un motivo que puede ser usado aisladamente o para destacar un grupo, como aquí se muestra.

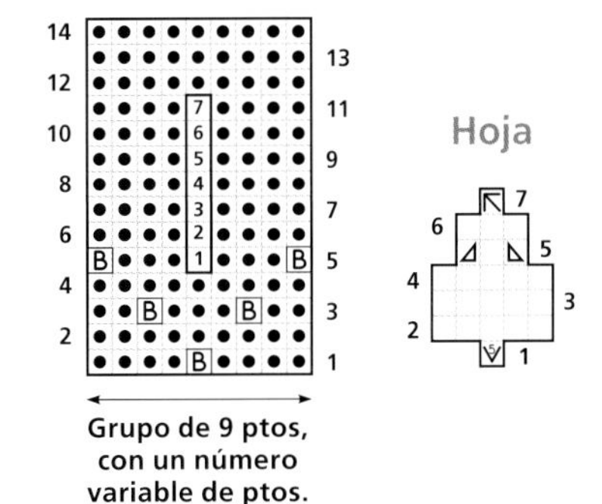

Símbolos específicos

B (1d, 1r, 1d, 1r, 1d) todo en 1 pto, girar, 5r, girar, 5d, girar, 2pjrhatrás, 1r, 2pjr, girar, ddi.

V (1d, 1r, 1d, 1r, 1d) todo en 1 pto.

Nota

Trabaje el gráfico de la hoja sobre un punto y siete hileras, como se muestra en el gráfico principal.

Punto 187

Ramita NIVEL 2

La hoja y el capullo sobre el tallo están construídas de una forma algo diferente. Una disminución final sobre una hilera del revés le da al capullo su forma redondeada, mientras que una doble disminución en el derecho de la labor forma la punta de la hoja.

Hoja

Capullo

Motivo de 5 ptos, con un número variable de ptos.

Símbolos específicos

(1d, laz, 1d) todo en 1 pto.

(1d, laz, 1d, laz, 1d) todo en 1 pto.

ddi

Notas

- Trabaje el gráfico del capullo sobre un punto y seis hileras, como se muestra a la derecha del gráfico principal, trabaje el gráfico de la hoja sobre un punto y once hileras, como se muestra a la izquierda del gráfico principal.
- Se requiere una aguja auxiliar.

Punto 188

Brotes NIVEL 2

Puntos retorcidos enfatizan las curvas de estas ramas torsionadas, y terminan en racimos de motas.

Símbolos específicos

B (1d, laz, 1d, laz, 1d) todo en 1 pto, girar, 5d, girar, 5r, pasar los 4 ptos recién hechos, uno a la vez, sobre el pto final.

desl 3 a la ag aux, sostener adelante, 1r, luego 1dhatrás, 1r, 1dhatrás de la ag auxiliar.

desl 1 a la ag aux, sostener atrás, 1dhatrás, 1r, 1dhatrás, luego 1r de la ag auxiliar.

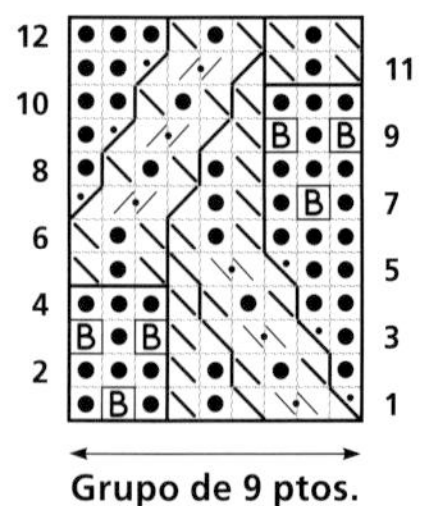

Grupo de 9 ptos.

Nota

Se requiere una aguja auxiliar.

d en el DL, r en el RL · r en el DL, d en el RL · dhatrás en el DL, rhatrás en el RL · 2pjd ·  dsi ·  ddb ·  ddi

Punto 189

Inflorescencias NIVEL 2

Crear la ilusión de que éstas inflorescencias están unidas es muy fácil. Se logra envolviendo el hilado alrededor de algunos puntos para cerrarlos, una técnica que puede ser usada para crear un efecto de punto smog.

Símbolos específicos

3d, desl estos 3 ptos a la ag aux, envolver el hilado alrededor de ellos en el sentido contario a las agujas del reloj desde arriba, 4 veces, terminando la hilera del revés, desl nuevamente los ptos a la aguja derecha.

(1dhatrás, 1d) todo en 1 pto, luego insertar la ag izq por detrás de la hebra vertical que se encuentra entre los puntos recién hechos y tejer ésta hebra al d por la hebra de atrás.

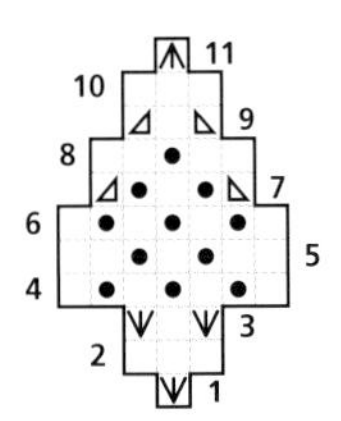

Inflorescencia

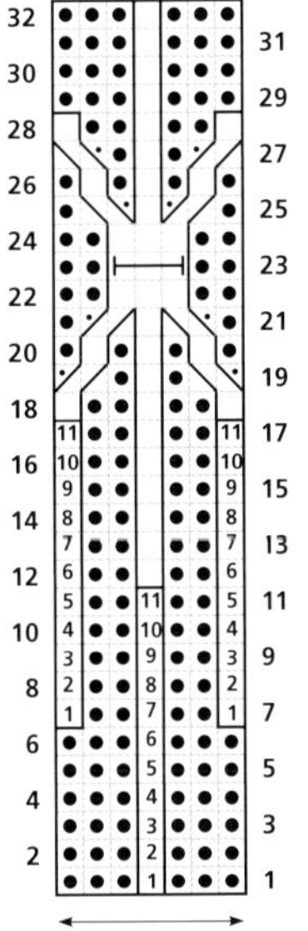

Motivo de 7 ptos, con un número variable de ptos.

Notas

- Trabajar el gráfico de la inflorescencia sobre un punto y once hileras, como se muestra en el gráfico principal.
- Se requiere una aguja auxiliar.

Punto 190

Campanitas NIVEL 2

Grandes campanitas, aparentemente suspendidas dentro de un rombo formado por una torzada, completan este diseño de una manera muy satisfactoria.

Grupo de 13 ptos, con un número variable de ptos.

Campanita

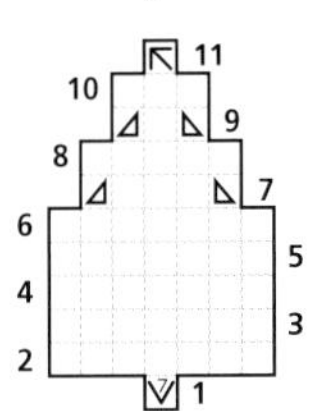

Símbolos específicos

desl 2 a la ag aux, sostener adelante, desl el siguiente pto a la 2da ag aux, sostener atrás, 2d, luego 1r de la 2da ag aux, luego 2d de la 1er ag aux.

(1d, laz, 1d, laz, 1d, laz, 1d) todo en 1 pto.

Notas

- Empezando en la séptima hilera, trabajar el gráfico de la campanita sobre un punto y once hileras como se muestra en el gráfico principal.
- Se requieren dos agujas auxiliares.

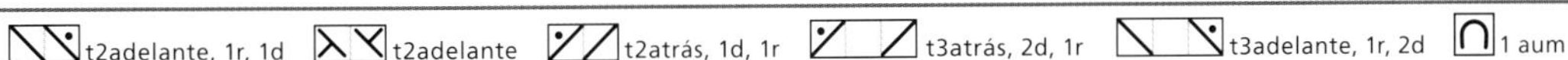

t2adelante, 1r, 1d

t2adelante

t2atrás, 1d, 1r

t3atrás, 2d, 1r
t3adelante, 1r, 2d

1 aum

Punto 191

Campanitas enramadas NIVEL 2

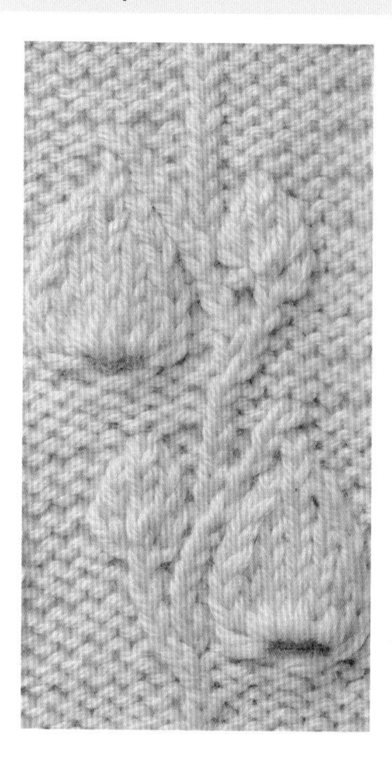

Este hermoso y pequeño grupo alterna flores en forma de campanitas con pequeñas hojas sobre un tallo de puntos retorcidos. Si usted desea tejer un solo motivo, trabaje de la hilera uno a la hilera catorce, omitiendo el doble envoltorio en la hilera catorce y trabajando punto jersey revés en lugar de los puntos del tallo central desde la hilera nueve en adelante.

Notas

- Trabajar el gráfico de la flor sobre un punto y nueve hileras, como se muestra abajo a la derecha y arriba a la izquierda del gráfico principal. Trabajar la hoja sobre un punto y cinco hileras, como se muestra abajo a la izquierda y arriba a la derecha del gráfico principal.
- Las hileras dos a veinticinco forman el diseño.
- Se requiere una aguja auxiliar.

Símbolos específicos

desl1 a la ag aux, sostener atrás, 1dhatrás, luego tejer 1dhatrás de la ag aux.

desl1 a la ag aux, sostener adelante, 1r, luego 1dhatrás de la ag aux.

desl1 a la ag aux, sostener adelante, 1dhatrás, luego 1dhatrás de la ag aux.

desl1 a la ag aux, sostener atrás, 1dhatrás, luego 1r de la ag aux.

laz doble al tejer al revés éste punto, dejando la 2da laz para soltar en la siguiente hilera.

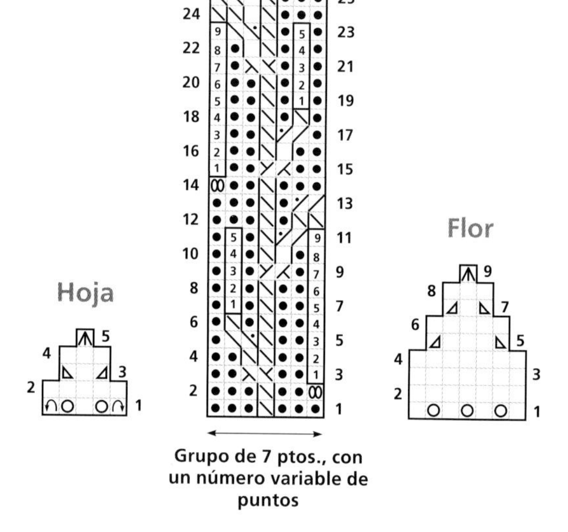

d en el DL, r en el RL | r en el DL, d en el RL | dhatrás en el DL, rhatrás en el RL | 2pjd | dsi | ddb | laz

Punto 192

Flor de fuego NIVEL 2

A pesar de que este rico y texturado motivo parece complejo, es fácil de realizar. En cada hilera del revés usted sólo debe tejer al derecho y al revés los puntos como se presentan.

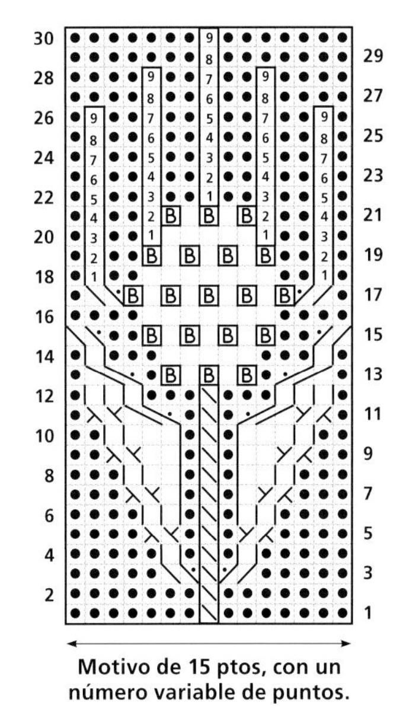

Motivo de 15 ptos, con un número variable de puntos.

Pétalo

9
8
7
6
5
4
3
2
1

Símbolos específicos

desl2 a la ag aux, sostener atrás, 1d, luego 2r de la ag aux.

desl1 a la ag aux, sostener adelante, 2r, luego 1r de la ag aux.

B (1d, laz, 1d, laz, 1d) todo en 1 pto, girar, 5r, girar, [des1d] 4 veces, 1d, pasar los ptos desl sobre el pto tejido.

Notas

- Trabajar los pétalos sobre un punto y nueve hileras, como se indica en el gráfico principal.
- Se requiere una aguja auxiliar.

t2atrás t2adelante, 1r, 1d t2adelante t2atrás, 1d, 1r 1aumD 1aumI

Punto 193

Hojas cayendo NIVEL 2

Las hojas en esta repetición son muy fáciles de tejer, ya que sólo tienen un tipo de aumento y un tipo de disminución. Esto le brinda su apariencia enrollada.

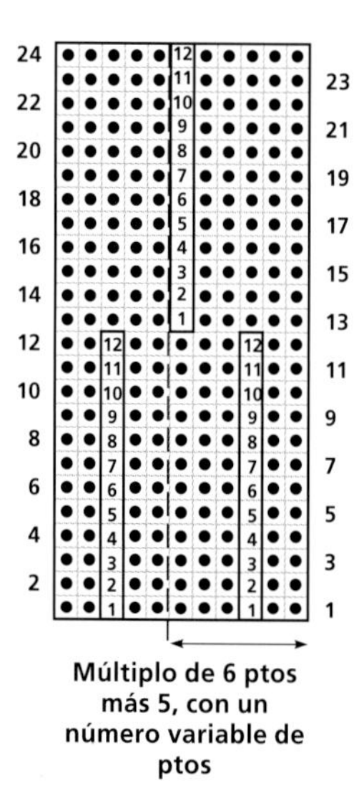

Múltiplo de 6 ptos más 5, con un número variable de ptos

Hoja

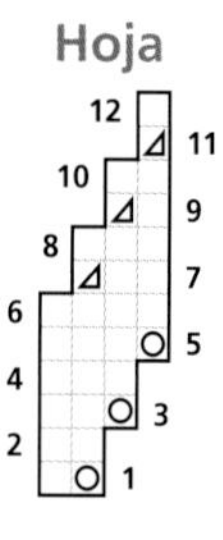

Nota

Trabaje el gráfico de la hoja sobre un punto y doce hileras, como se muestra en el gráfico principal.

Punto 194

Mazorca de maíz NIVEL 2

Los objetos naturales y el tejido son curiosamente compatibles. Por ejemplo, pequeños nudos y torzadas de un solo punto logran una estilizada y perfecta mazorca de maíz.

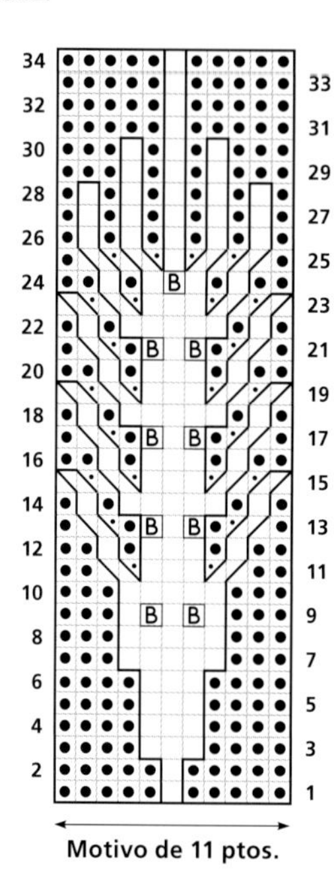

Motivo de 11 ptos.

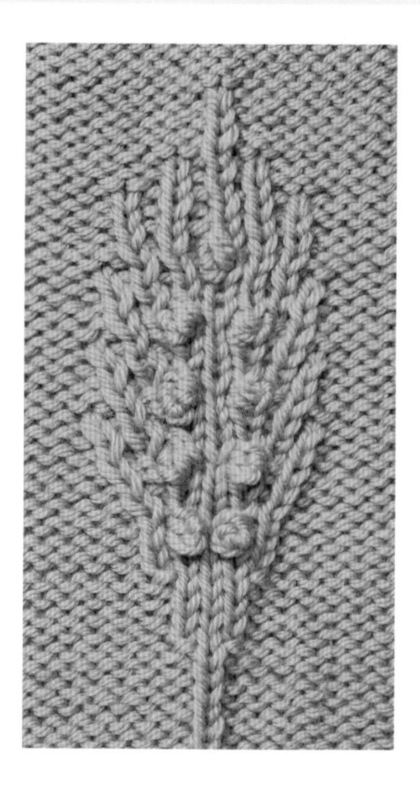

Símbolo específico

B (1d, 1r, 1d, 1r, 1d) todo en 1 pto, desl 4 de los ptos recién hechos, uno a la vez, sobre el pto final.

Nota

Se requiere una aguja auxiliar.

122–123 Símbolos básicos

d en el DL, r en el RL — r en el DL, d en el RL — dhatrás en el DL, rhatrás en el RL —  2pjd —  laz

Punto 195

Cachemira NIVEL ❸

Este motivo ricamente decorado luce impresionante, pero no es difícil de trabajar como se cree. A pesar de haber torzadas en algunas hileras del revés, éstas no son más difíciles de trabajar que las torzadas de las hileras del derecho. Las restantes hileras del revés son tejidas al revés y al derecho.

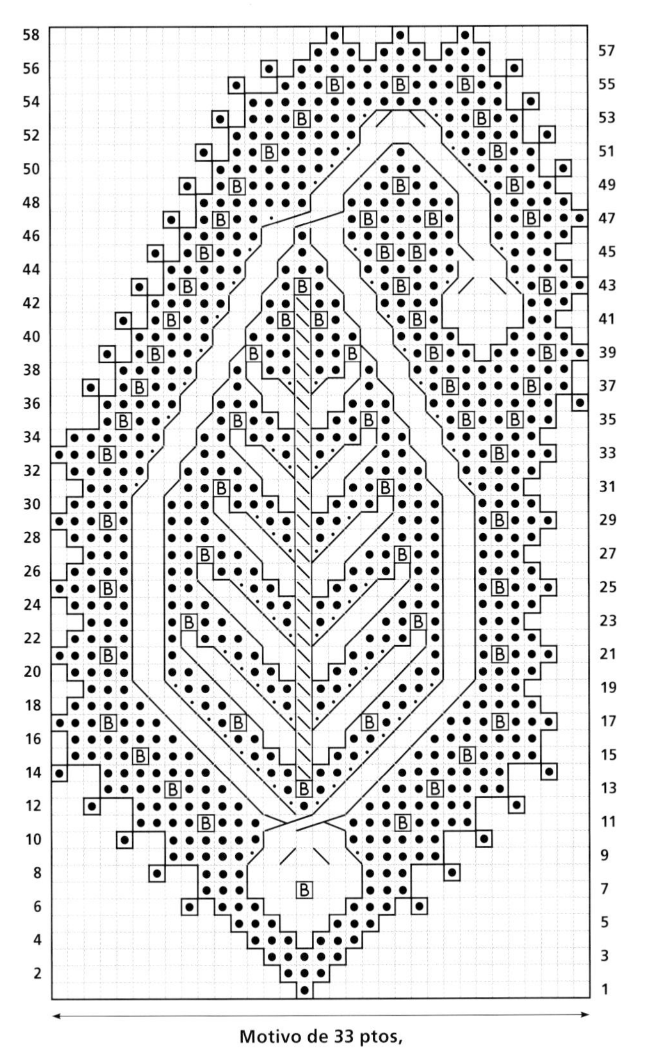

Motivo de 33 ptos,

Símbolos específicos

B (1d, 1r, 1d, 1r, 1d) todo en 1 pto, girar, 5 r, girar, 2pjd, 1d, dsi, girar, 3r, girar, ddb.

en el DL, desl 2 a la ag aux, sostener adelante, 1r, luego 2d de la ag aux; en el RL, desl el próximo pto a la ag aux, sostener adelante, 2r, luego 1d de la ag aux.

en el DL, desl el próximo pto a la ag aux, sostener atrás, 2d, luego 1r de la ag aux; en el RL desl 2 a la ag aux, sostener atrás, 1d, luego 2 r de la ag aux.

desl 3 a la ag aux, sostener atrás, 2d, desl el pto más próximo de la ag aux a la ag izq, sostener la ag aux adelante, 1r, luego 2d de la ag aux.

desl3 a la ag aux, sostener atrás, 2d, luego 3r de la ag aux.

Nota

Se requiere una aguja auxiliar.

t2adelante, 1r, 1d t2atrás, 1d, 1r

Punto 196

Rosas tirolesas NIVEL ❸

Combinar bordado con diseño de puntos en relieve era una característica del estilo austríaco de tejido de los años 30. En esta actualización, las rosas hechas con nudos bullion han sido agregados a los rombos hechos de motas.

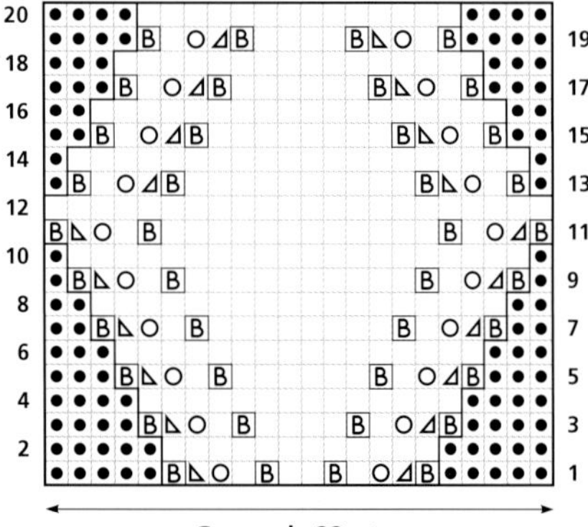

Grupo de 22 ptos.

Símbolo específico

B (1d, 1r, 1d) todo en 1 pto, girar, 3r, girar, 3 d, desl 2 de los ptos recién hechos, uno a la vez, sobre el pto final.

Nota

Los nudos de punto bullion no están indicados en el gráfico, pero se trabajan simplemente en el centro del rombo.

Punto 197

Racimos de cerezas NIVEL ❸

Este glorioso diseño de repetición comienza con un borde de motas y produce un tejido con un efecto de capas de puntos y motas.

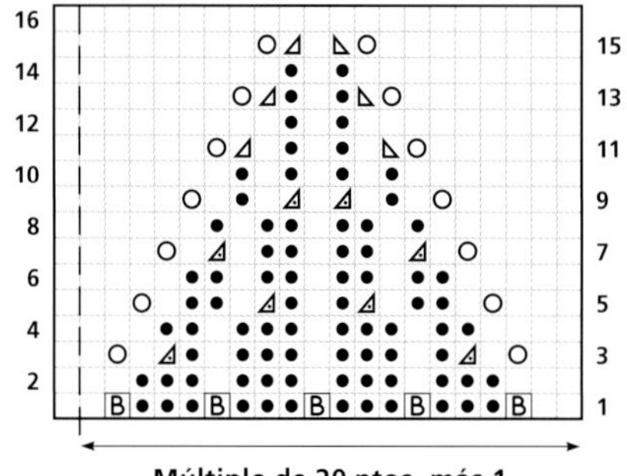

Múltiplo de 20 ptos. más 1

Símbolo específico

B (1d, 1r, 1d, 1r, 1d) todo en 1 pto, girar, 5 r, girar, desl 4 de los puntos recién hechos, uno a la vez, sobre el pto final, 1dhtrás.

124–125 Símbolos básicos

d en el DL, r en el RL · r en el DL, d en el RL ·  2pjd ·  dsi ·  2pjr ·  3pjd ·  ddi ·   laz

1aumD · 1auml

Punto 198

Vid frondosa NIVEL 3

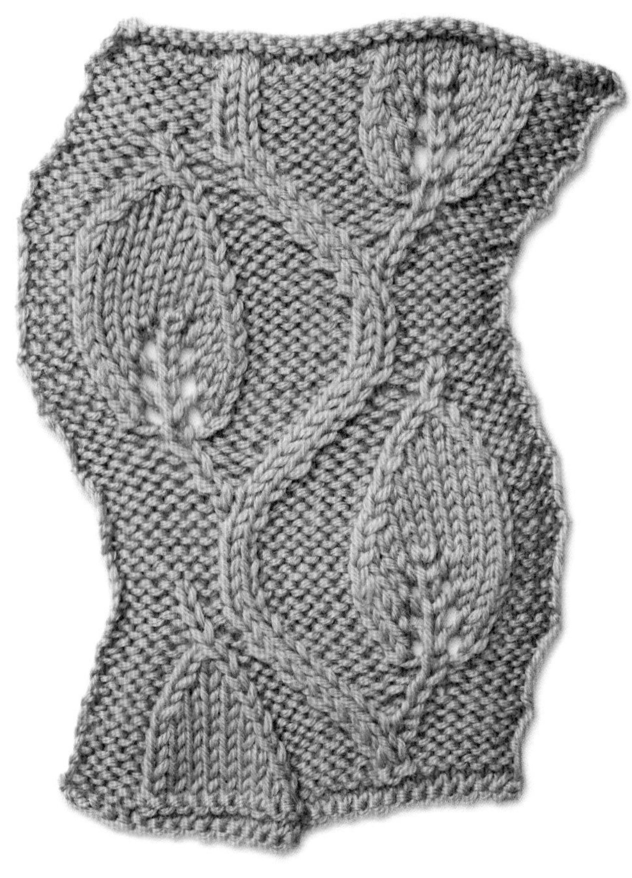

Los graciosos tallos ondulantes de esta vid están formados por torzadas de tres puntos sobre un fondo de punto Jersey revés. Usando gráficos separados para las hojas se evita tener que distorsionar el gráfico principal. Si usted repite este grupo de puntos o lo combina con otros puntos, como por ejemplo con una torzada tipo soga, agregue puntos extras en punto jersey revés a cada lado entre los grupos.

Nota

Trabaje la hoja A como se indica a la izquierda del gráfico principal, y la hoja B como se indica a la derecha del gráfico principal. Note que, al montar los puntos, la hilera nueve de la hoja A representa diez puntos.

Hoja A

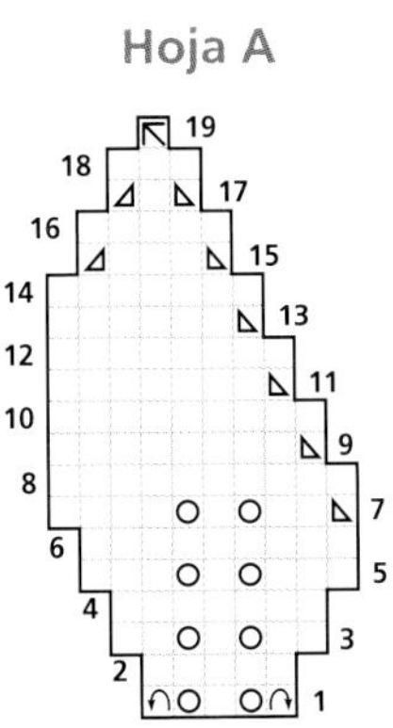

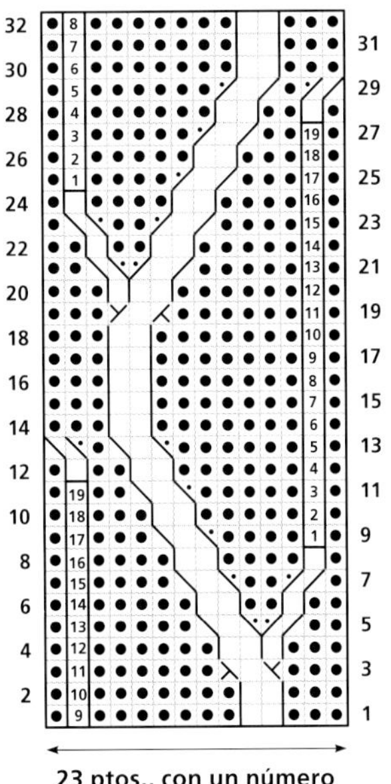

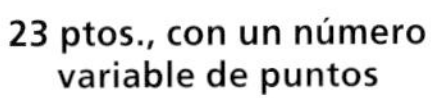

23 ptos., con un número variable de puntos

Hoja B

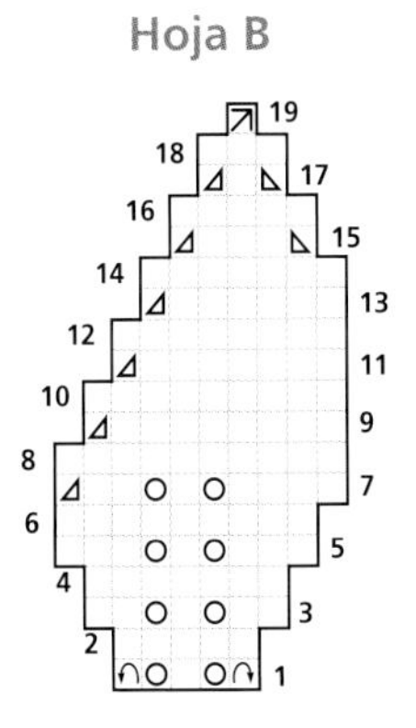

t2adelante, 1r, 1d · t2atrás, 1d, 1r · t3atrás · t3atrás, 2d, 1r · t3adelante · t3adelante, 1r, 2d

Punto 199

Hoja de lima NIVEL ❸

Se requiere un número sorprendente de diferentes aumentos y disminuciones para crear esta hoja en forma de corazón que resulta muy bonita.

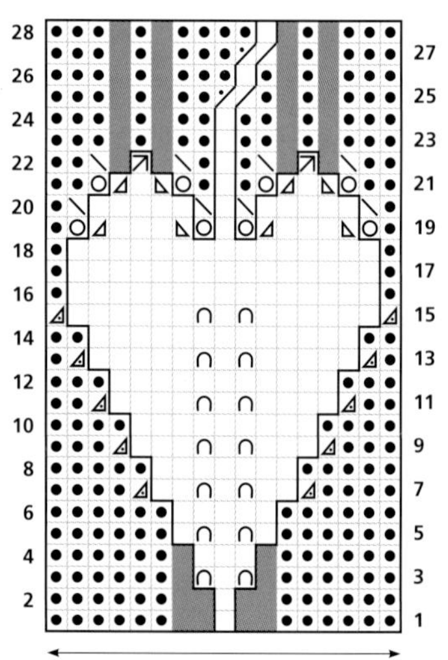

Motivo de 13 ptos, con un número variable de ptos.

Símbolos específicos

dhatrás en el RL

ddi en el RL

Nota

Se requiere una aguja auxiliar.

Punto 200

Hojas flameantes NIVEL ❸

Estas hojas, que se parecen a llamas de velas, fluyen una dentro de otra de una manera muy rítmica. Debido a la media repetición del diseño, la primera hilera comienza con partes alternadas de hojas, pero una vez que la lógica de sumar y restar puntos está establecida, el diseño es fácil de seguir.

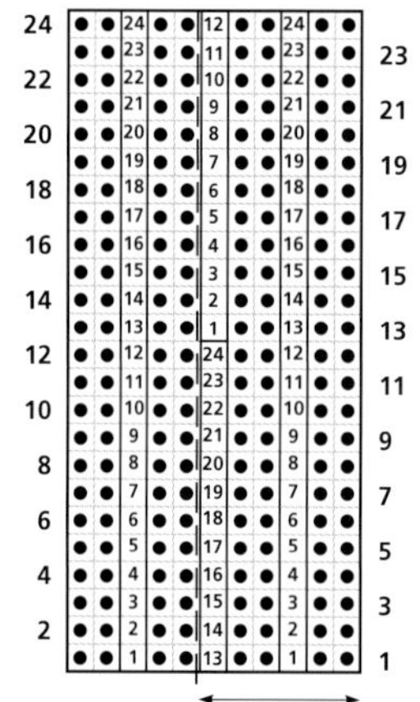

Múltiplo de 12 ptos más 5, con un número variable de ptos.

Hoja

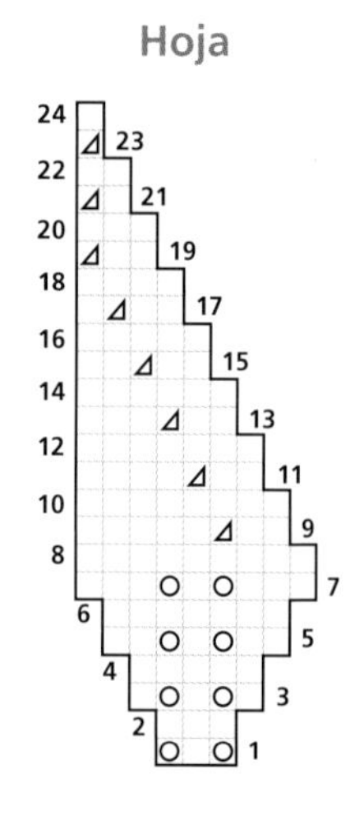

Nota

Trabaje el gráfico de la hoja sobre un punto y veinticuatro hileras, como se muestra en el gráfico principal. Al montar los puntos, la hilera trece del gráfico de la hoja representa siete puntos (cinco puntos más los dos puntos tejidos juntos en la disminución).

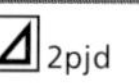 d en el DL, r en el RL  r en el DL, d en el RL  2pjd  dsi 2pjr 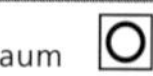 ddb  1aum laz 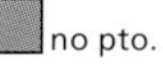 no pto.

Punto 201

Torzadas enriquecidas NIVEL ❸

Las motas dan vida a las áreas de punto jersey revés de ésta trenza clásica y una campanita decora el rombo central.

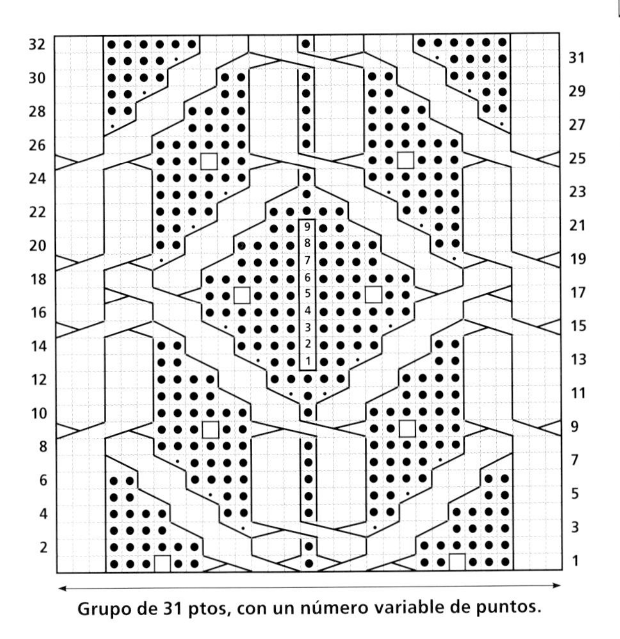

Grupo de 31 ptos, con un número variable de puntos.

Símbolos específicos

desl 3 a la 1er ag aux, sostener adelante, desl el próximo pto a la 2da ag aux, sostener atrás, 3d, luego 1r de la 2da ag aux, luego tejer 3d de la 1er ag aux.

B (1d, laz, 1d, laz, 1d) todo en un pto, girar, [5d, girar] dos veces, pasar 4 de estos ptos recién hechos, uno a la vez, sobre el pto final.

Notas

- Trabajar el gráfico de la campanita sobre un pto y nueve hileras, como se muestra en el centro del rombo en el gráfico principal.
- Se requieren dos agujas auxiliares.

Campanita

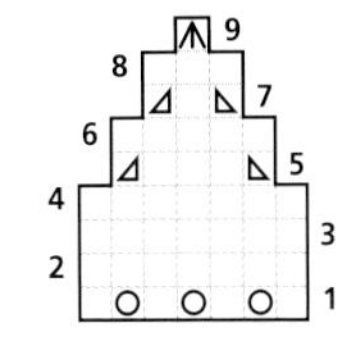

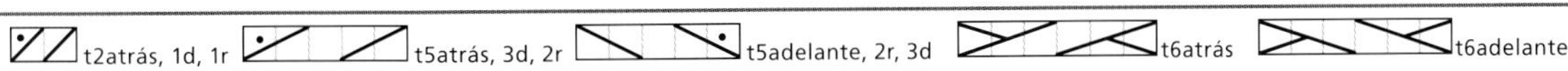

Punto 202

Penacho NIVEL ❸

Una serie de aumentos destaca este motivo de su fondo de punto jersey revés. Puede ser usado como una parte de una repetición de un diseño.

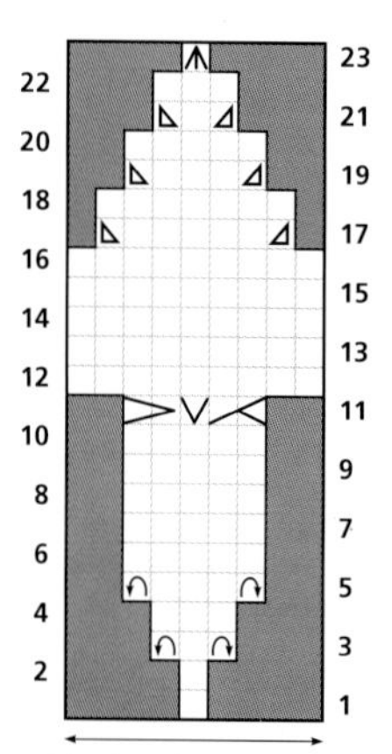

Motivo de 1 pto, con un número variable de ptos.

Símbolo específico

desl 3 a la ag aux, sostener atrás, 2d, desl el pto más próximo de la ag aux a la ag izq, (1d, laz, 1d, laz, 1d) todo en éste pto, 2d restantes de la ag aux.

Notas

- El motivo comienza con un punto, aumenta a nueve puntos, y luego vuelve a un punto en la última hilera.
- Se requiere una aguja auxiliar.

Punto 203

Hoja en rombo NIVEL ❸

Hojas, motas y torzadas logran un hermoso grupo de puntos que posee algo de los diseños de la tradición Aran, pero conserva su individualidad.

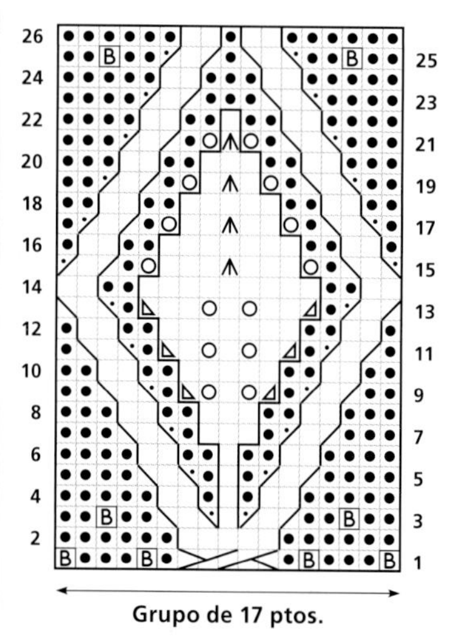

Grupo de 17 ptos.

Símbolos específicos

B (1d, 1r, 1d, 1r, 1d) todo en 1 pto, girar, 5r, girar, 5d, girar, 5r, girar, desl 4 ptos de los recién hechos, uno por vez, sobre el pto final, luego tejerlo por la hebra de atrás al d.

desl 3 a la ag aux, sostener atrás, 2d, desl el pto más próximo de la ag aux a la ag izq, tejer este pto al d, tejer al d los 2 ptos restantes de la ag aux.

Nota

Se requiere una aguja auxiliar.

128–129 Símbolos básicos

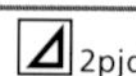
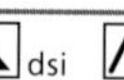

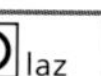
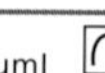
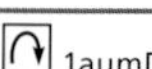
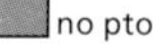

d en el DL, r en el RL · r en el DL, d en el RL · 2pjd · dsi · ddb · laz · 1auml · 1aumD · no pto.

Punto 204

Racimos de uvas NIVEL ❸

Un gran grupo de motas contrasta con las delicadas hojas para sugerir el fruto de la vid.

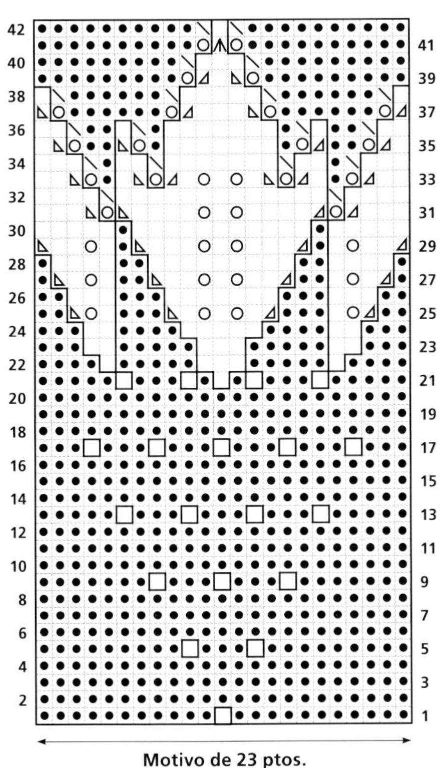

Motivo de 23 ptos.

Símbolos específicos

B (1d, laz, 1d, laz, 1d) todo en 1 pto, girar, 5r, girar, 5d, girar, 5r, girar, desl 4 de los ptos recién hechos, 1 a la vez, sobre el pto final, tejerlo al d por la hebra de atrás.

dhatrás en el RL

Punto 205

Hojas y frutos NIVEL ❸

Las hojas y las motas altamente resaltadas de este diseño, ayudan a darle movimiento a las ramas y a los tallos.

Notas

- Trabaje los gráficos de las hojas sobre un punto y catorce hileras, como se muestra a la derecha y a la izquierda del gráfico principal.
- Se requiere una aguja auxiliar.

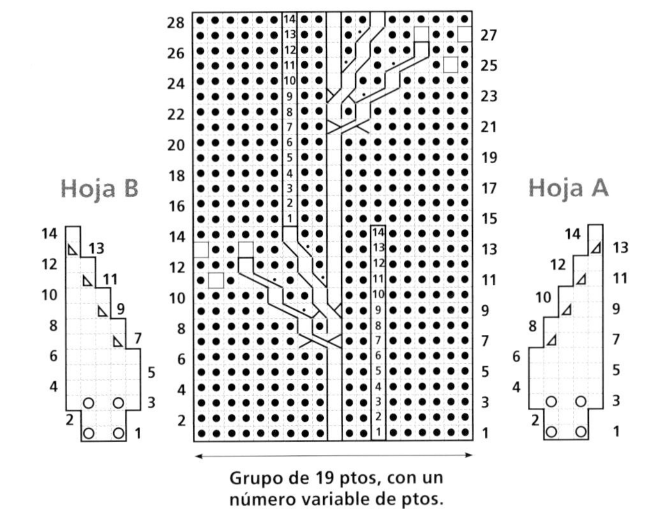

Grupo de 19 ptos, con un número variable de ptos.

Símbolos específicos

B (1d, 1r, 1d, 1r, 1d) todo en 1 pto, girar, 5r, girar, desl4 de los ptos recién hechos, 1 a la vez, sobre el pto final, tejerlo al d por la hebra de atrás.

desl 1 a la ag aux, sostener adelante, 1d, 1r, luego 1d de la ag aux.

desl 2 a la ag aux, sostener atrás, 1d, luego 1r, 1d de la ag aux.

desl 2 a la ag aux, sostener atrás, 1d, luego 2r de la ag aux.

desl 1 a la ag aux, sostener adelante, 2r, luego 1d de la ag aux.

t2atrás t2adelante, 1r, 1d t2adelante t2atrás, 1d, 1r t3atrás, 2d, 1r t3adelante, 1r, 2d

SELECTOR DE PUNTOS Jacquard e Intarsia

Diseñar con colores y punto jersey tiene una larga historia mundial. Alguno de estos diseños – como el de Fair Isle – están influenciados por la tradición, otros se basan en textiles del pasado y algunos son simplemente gráficos.

206 Moño azul

207 Capullo de rosa

208 Cangrejo

209 Cinta plegada

210 Borde Kilim

211 Estrella Kilim

212 Rombos diagonales

213 Manchas

214 Dechado

215 Guardas

216 Pequeña flor y ondas

217 Campanitas folclóricas

218 Lirio Art Noveau

219 Rayas mejicanas

220 Brocato

221 Estrella Shetland

222 Chevron pintados

223 Bordes de alfombra

224 Flores japonesas

225 Flores y ondas

226 Margaritas

227 Hojas de tapiz

228 Bordes desplazados

229 Triángulos diagonales

230 Guardas indias

231 Cachemira con flores

232 Diseño sudamericano de barriletes

233 Borde celta

234 Contracambio

235 Motivo de nudo celta

236 Copo de nieve

237 Estrellas africanas

238 Fe, esperanza y caridad

Punto 206

Moño azul NIVEL 1

Siendo completamente simétrico, este pequeño diseño es una buena introducción a la intarsia. Algunas hebras son usadas con la técnica del jacquard, pero las partes principales se trabajan mejor con hebras separadas.

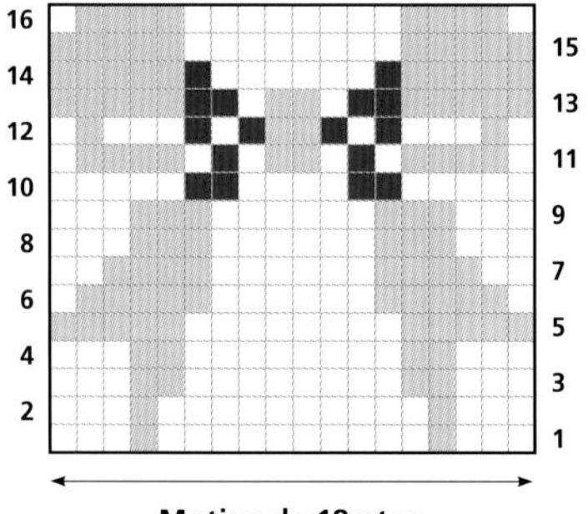

Motivo de 18 ptos.

Guía de colores

- Crema
- Azul medio
- Azul oscuro

Punto 207

Capullo de rosa NIVEL 2

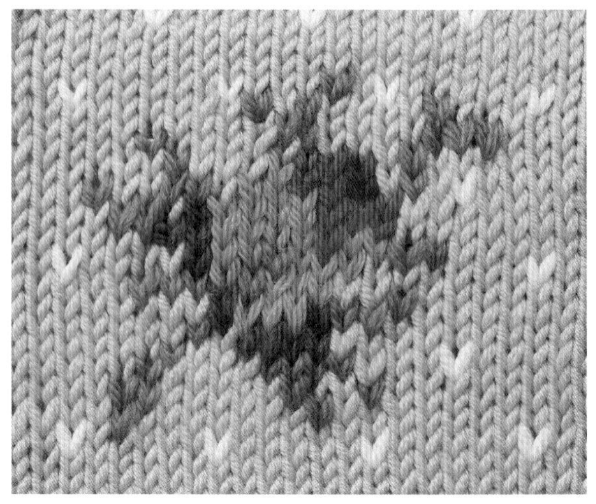

Tomado de un diseño textil vintage, este pequeño pimpollo requiere colores naturales, aunque los colores de fondo pueden ser cambiados. Es una mezcla de técnicas de intarsia y jacquard.

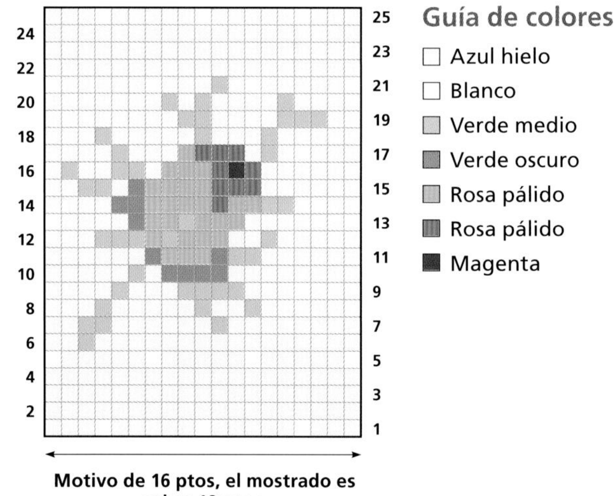

Motivo de 16 ptos, el mostrado es sobre 19 ptos.

Guía de colores

- Azul hielo
- Blanco
- Verde medio
- Verde oscuro
- Rosa pálido
- Rosa pálido
- Magenta

132–133 Símbolos básicos

d en el DL, r en el RL en los colores indicados

Punto 208

Cangrejo NIVEL 2

Fresco de la costa, un cangrejo naranja logra un divertido motivo de intarsia, que incluye un poco de jaquard. El motivo es simétrico hasta las pinzas, luego de lo cuál el gráfico tiene que ser seguido cuidadosamente.

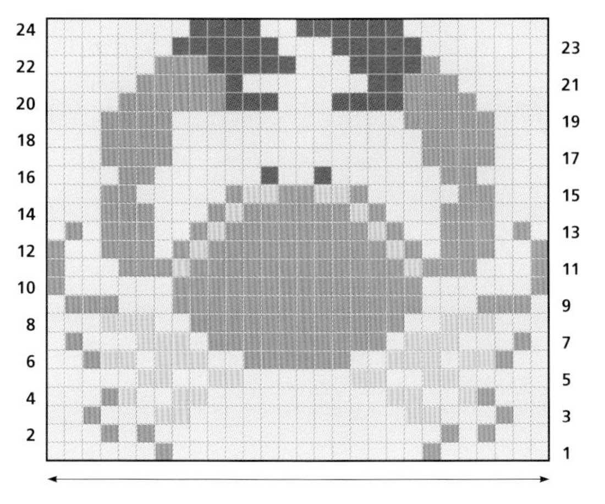

Punto 209

Cinta plegada NIVEL 2

Dos formas geométricas crean una ilusión óptica si el rombo está tejido con un color más oscuro que el trapecio. Los colores de este diseño pueden ser variados indefinible-mente. Es un jacquard simple, pero donde se usan tres colores a la vez.

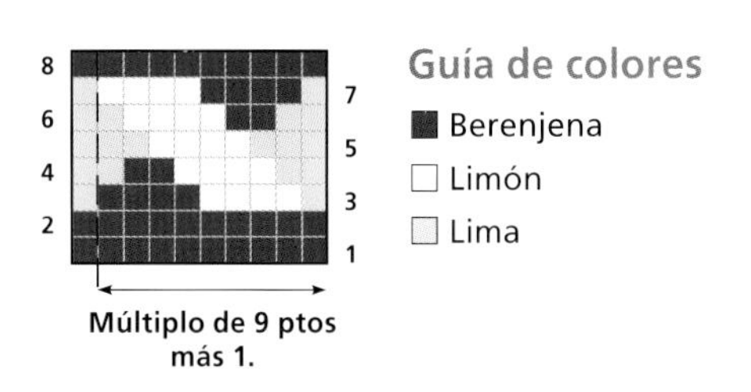

Nota

Sólo una combinación de colores es mostrada en el gráfico.

Punto 210

Borde Kilim NIVEL 2

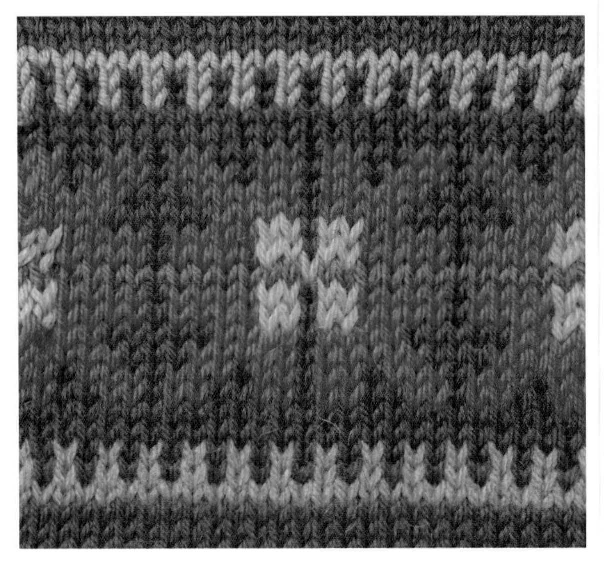

Mostrado aquí como un borde, este diseño floral puede también ser usado como una repetición o ser combinado con puntos texturados. El punto jacquard es sencillo y geométrico a pesar de que en las cuatro hileras se usan tres colores en lugar de dos.

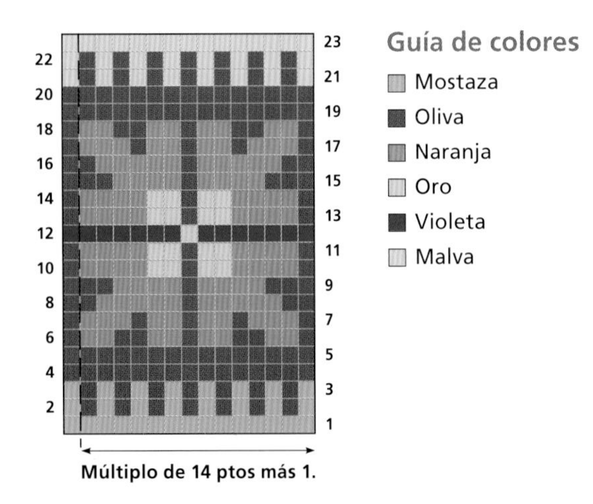

Punto 211

Estrella Kilim NIVEL 2

Una selección de colores de origen natural, le otorga a esta estrella angulosa su impacto. Está lograda mayormente con técnica de intarsia, con un poco de jacquard.

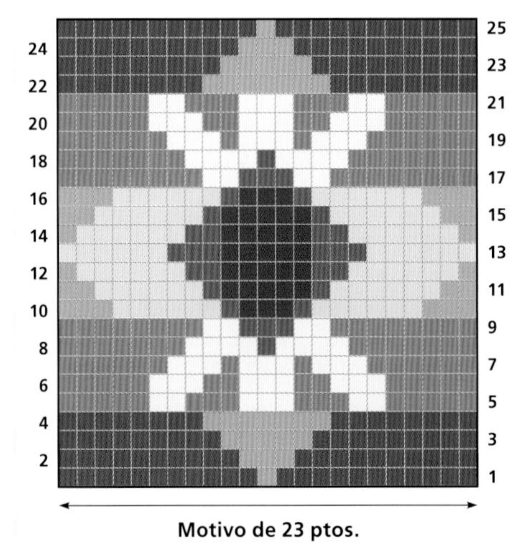

Guía de colores

- Ciruela
- Rosa viejo
- Verde pálido
- Mostaza
- Amarillo pálido
- Malva
- Berenjena
- Rojo amarronado

d en el DL, r en el RL en los colores indicados

Punto 212

Rombos diagonales NIVEL 2

Esta secuencia diagonal significa que muchos colores pueden ser introducidos en la primera hilera y luego llevados en la labor sin dejar hebras sobrantes. Para agregar más color, los puntos externos de algunos rombos se enriquecieron con bordado.

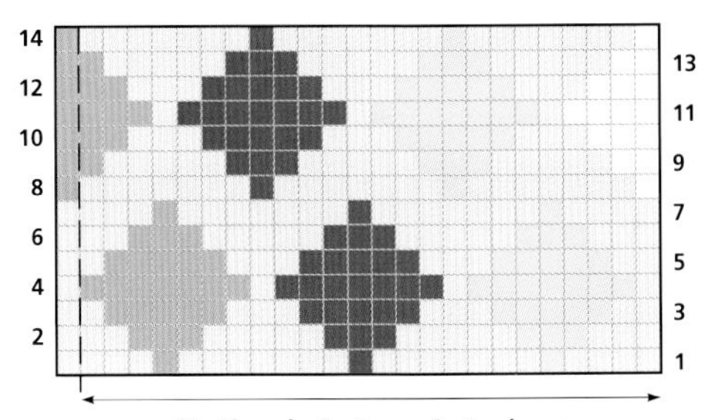

Motivo de 8 ptos más 1, el que se muestra es sobre 24 más 1.

Guía de colores

- Caqui
- Malva
- Magenta
- Turquesa
- Limón

Punto 213

Manchas NIVEL 3

Estos círculos concéntricos de color tienen algo de los diseños futurísticos rusos del Siglo XX pero lucen vivaces y contemporáneos. Se trabajan mejor enteros con la técnica de intarsia.

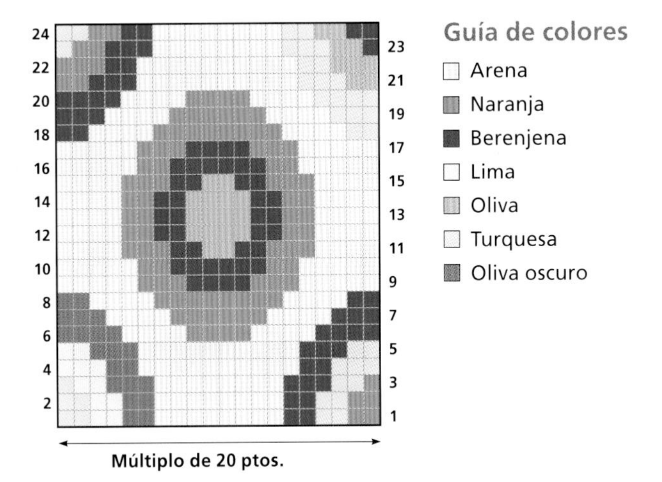

Múltiplo de 20 ptos.

Guía de colores

- Arena
- Naranja
- Berenjena
- Lima
- Oliva
- Turquesa
- Oliva oscuro

Nota

El diseño muestra la repetición del punto pero no la repetición de colores porque los colores varian de una a otra mancha.

Punto 214

Dechado

NIVEL 1

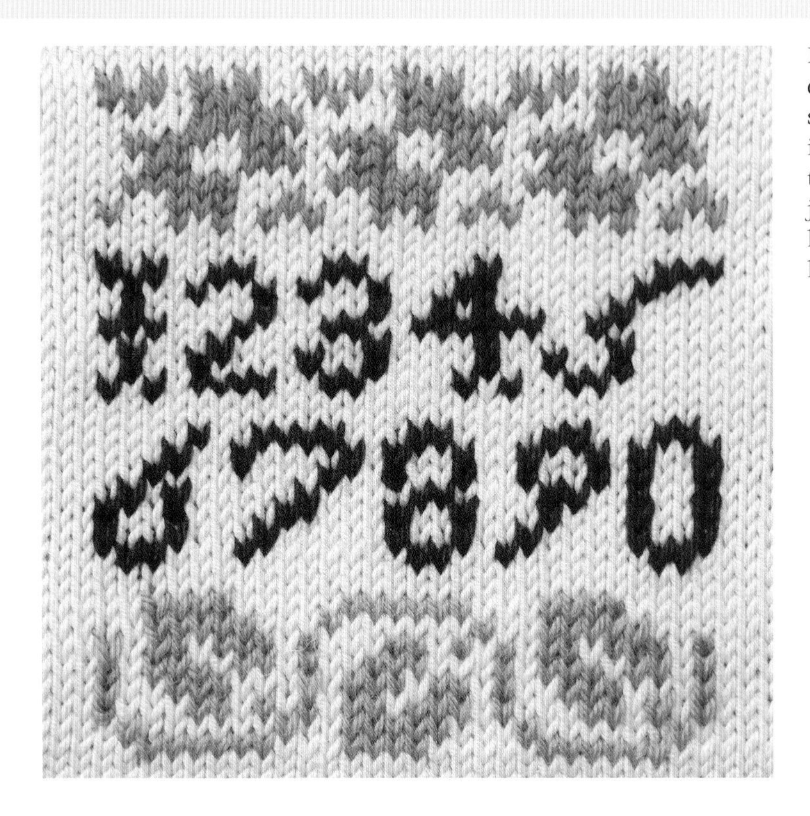

Directamente de un antiguo dechado de números, estos pueden ser usados para marcar una fecha importante. El diseño entero es un tejido sencillo de dos colores en jacquard, pero requiere una lectura cuidadosa del gráfico en las hileras del revés de la labor.

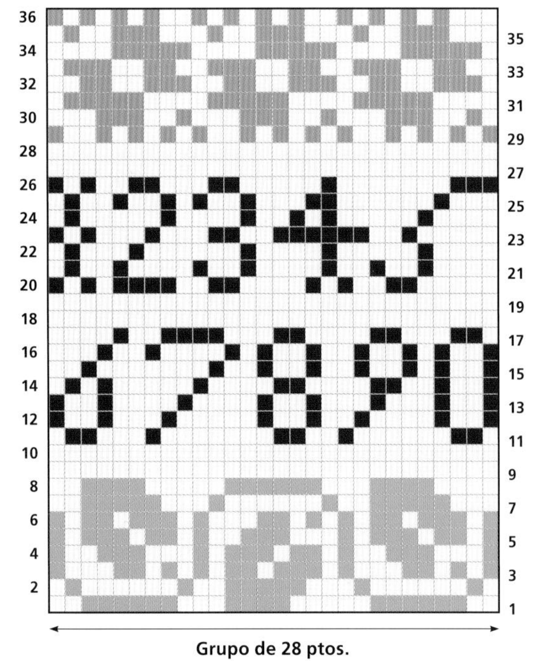

Guía de colores

- Crema
- Verde
- Rojo oscuro
- Azul

d en el DL, r en el RL en los colores indicados

Punto 215

Guardas NIVEL 1

Peerie es un término del dialecto Shetland que significa "pequeño". Este grupo de clásicos diseños Shetland pueden usarse juntos como el de la muestra, o las guardas pueden ser elegidas y ser alternadas con otros patrones para crear un diseño propio.

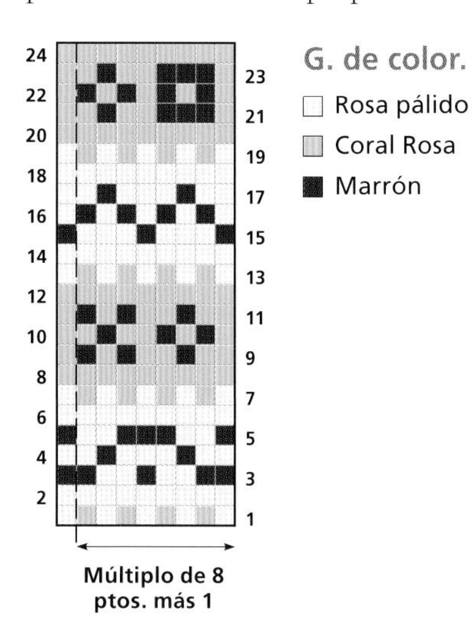

Punto 216

Pequeña flor y ondas NIVEL 1

Ondas de colores sombreados que se mueven adentro y afuera de un motivo central son un recurso clásico de los diseños Shetland. El resultado es agradable y muy fácil de lograr, ya que es un jacquard sencillo. Las ondas se repiten sobre cuatro puntos y las flores sobre ocho puntos.

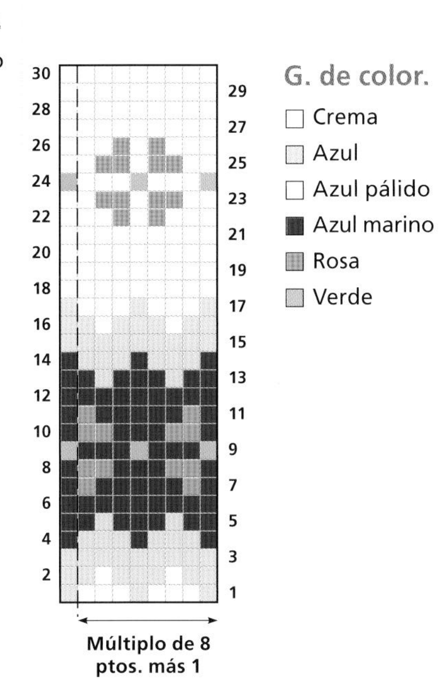

Punto 217

Campanillas folclóricas NIVEL 1

Un sencillo tejido jacquard de dos hebras es usado para lograr hileras de un motivo de flor folclórica que está inspirado en los esténciles holandeses de Pennsylvania.

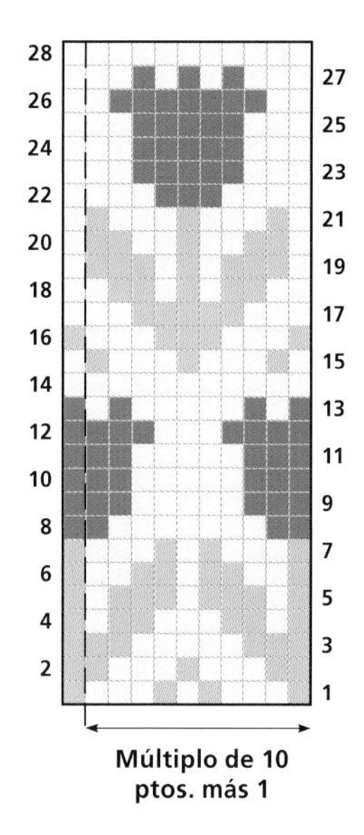

Guía de colores

- Verde esmeralda pálido
- Lima pálido
- Azul medio

Punto 218

Lirio Art Nouveau NIVEL ❷

Las líneas arremolinadas de este diseño de hojas y lirios repite el estilo Art Noveau que hacía furor en 1890. A pesar de que es grande, el diseño está mayormente trabajado con dos hebras en jacquard. El pimpollo de lirio está trabajado con una hebra separada de un color contrastante.

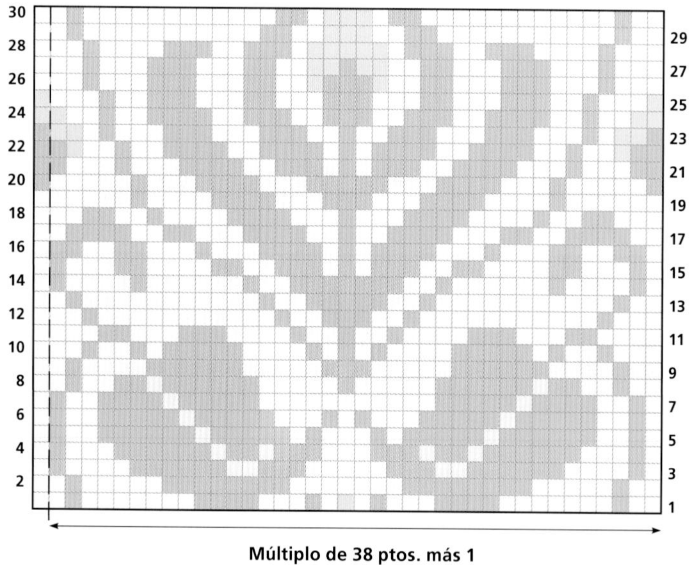

Múltiplo de 38 ptos. más 1

Guía de colores

- Crema
- Verde
- Amarillo

138–139 Símbolos básicos

- d en el DL, r en el RL en los colores indicados

Punto 219

Rayas mejicanas NIVEL 1

Franjas geométricas, que alternan negro como fondo y negro como el color del motivo, le dan un efecto vibrante, a pesar de que es un sencillo jacquard de dos colores.

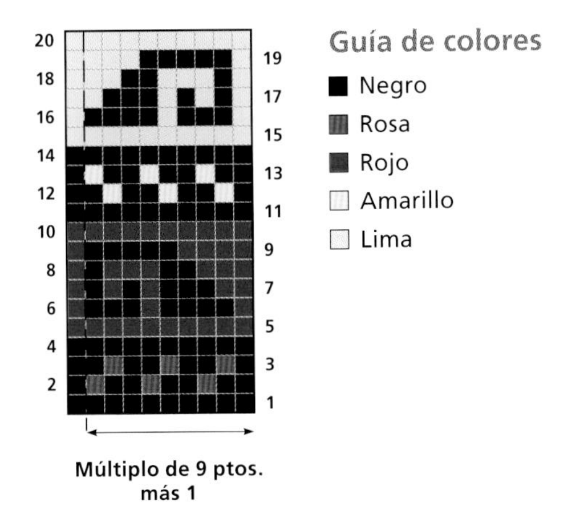

Múltiplo de 9 ptos. más 1

Guía de colores

- Negro
- Rosa
- Rojo
- Amarillo
- Lima

Punto 220

Brocato NIVEL 1

Este tipo de motivo de rombo está basado en un encaje, telas tramadas y alfombras del este de Europa y del este del Mediterráneo. Aquí, los motivos se combinan con un sencillo rombo para lograr un diseño más general. La técnica es jacquard de dos colores, y a pesar de que la repetición es extensa, es fácil de trabajar.

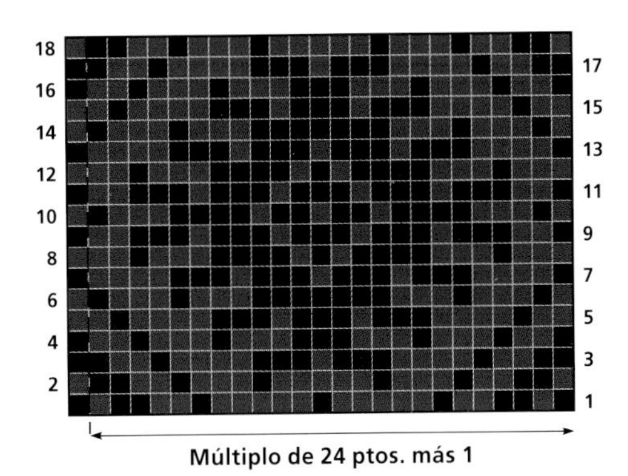

Múltiplo de 24 ptos. más 1

Guía de colores

- Negro
- Rojo oscuro

Punto 221

Estrella Shetland NIVEL 1

A pesar de que este borde tiene una repetición más extensa que otros patrones Shetland, se trata solamente de un jacquard de dos colores, así que es fácil de realizar. El diseño de rombos que aparece dentro y fuera de la estrella central es llamado diseño de cumbres o picos. Se puede variar el diseño agregando más picos en tonos de azul.

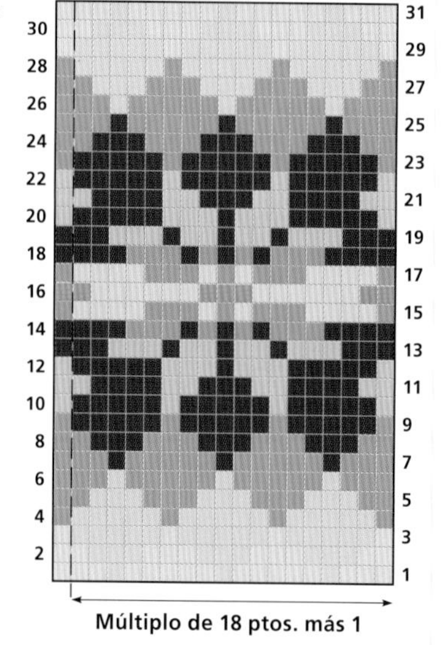

Múltiplo de 18 ptos. más 1

Guía de colores

- Natural
- Azul pálido
- Azul
- Marrón
- Amarillo
- Rosa

Punto 222

Chevrons pintados NIVEL 1

Inspirado en el bordado de bargello, este diseño tiene chevrons de color negro sobre un fondo sombreado. Las franjas van desde el rojo hasta el amarillo y luego vuelven a comenzar, pero se puede jugar con diferentes colores o diferentes anchos.

Guía de colores

- Rojo
- Negro
- Vermellón
- Naranja
- Oro
- Amarillo

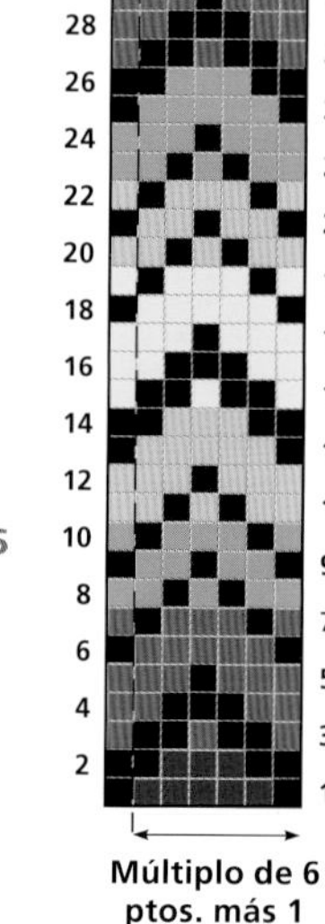

Múltiplo de 6 ptos. más 1

d en el DL, r en el RL en los colores indicados

Punto 223

Bordes de alfombra NIVEL 1

Este está basado en un diseño de alfombras de Turquía. Con la excepción de la hilera central, todas las hileras están tejidas en jacquard de dos colores, la hilera central usa tres colores. Las franjas del diseño pueden ser usadas separadamente o juntas. Para usarlas juntas, se necesita asignar tres repeticiones del diseño de la estrella para cada siete repeticiones de los bordes en punta.

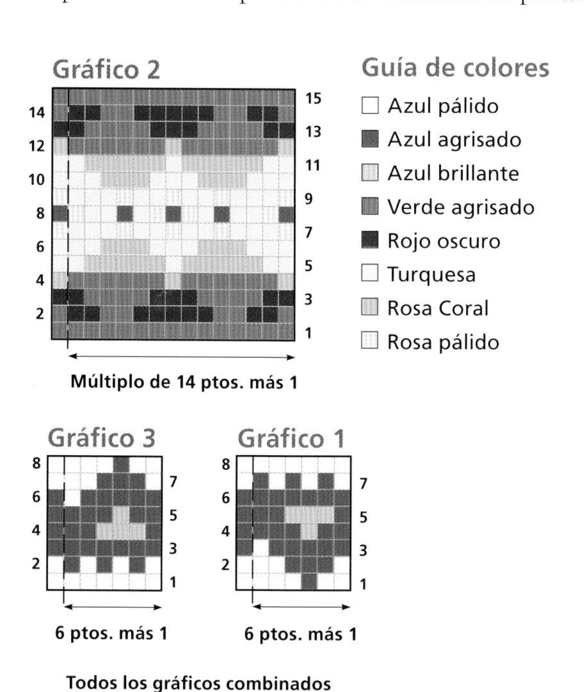

Guía de colores

- Azul pálido
- Azul agrisado
- Azul brillante
- Verde agrisado
- Rojo oscuro
- Turquesa
- Rosa Coral
- Rosa pálido

Todos los gráficos combinados forman un múltiplo de 42 ptos. más 1

Punto 224

Flores japonesas NIVEL 3

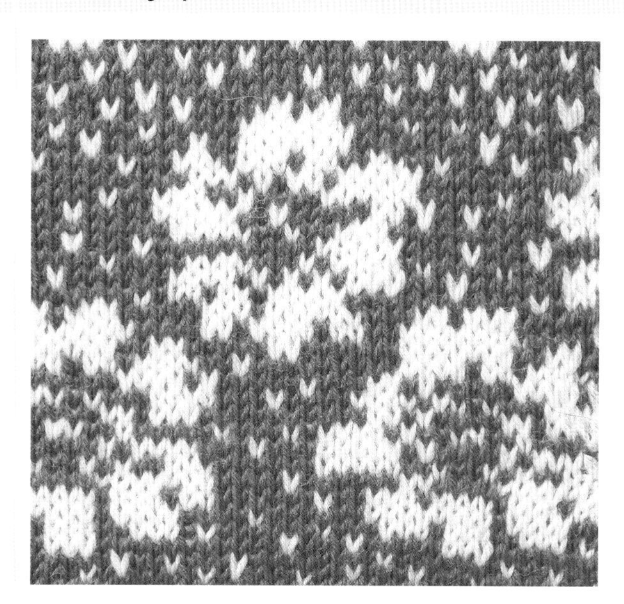

Este diseño está inspirado en el motivo de un esténcil de flores diseminadas sobre un fondo salpicado. Trabajar motivos que fluyen libremente con manchas aleatorias requiere más concentración que trabajar con una repetición regular, pero sólo dos colores son usados, así que no es demasiado complicado. Al tramar el hilo blanco sobre más de cuatro puntos, tomarlo con un punto del mismo color en la hilera de abajo.

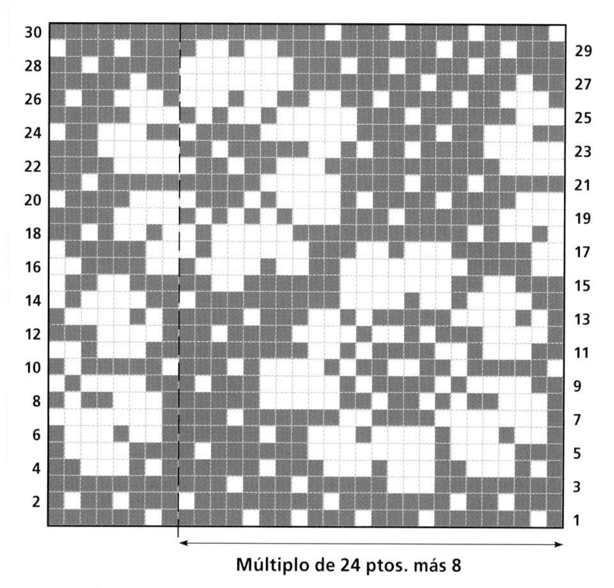

Guía de colores

- Azul
- Blanco

Punto 225

Flores y ondas NIVEL ❷

Este diseño se remonta a las ondas y flores Shetland, pero se le da un efecto más contemporáneo reduciendo las ondas a una simple franja y agrandando el motivo floral. El gráfico muestra sólo dos colores para las flores pero se puede tejer cada flor en un color diferente, como se aprecia en la muestra.

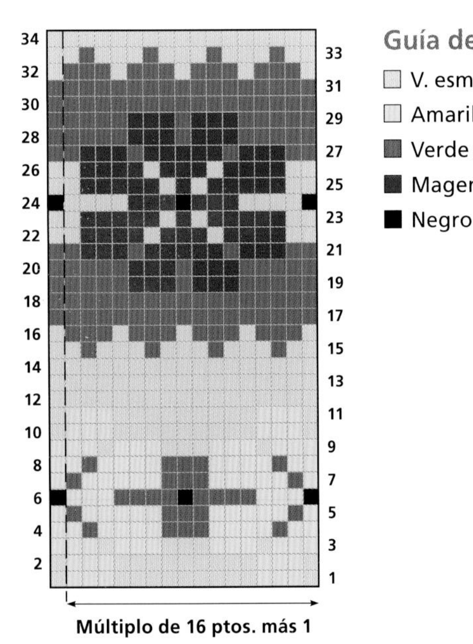

Múltiplo de 16 ptos. más 1

Guía de colores

- V. esmeralda pálido
- Amarillo
- Verde agrisado
- Magenta
- Negro

Punto 226

Margaritas NIVEL ❸

Este diseño floral recuerda las telas impresas de los años 30. Se necesitan combinar las técnicas de intarsia y jacquard, usando hebras separadas para las flores, los centros de las flores y las hojas, y llevando el color del fondo entre los motivos.

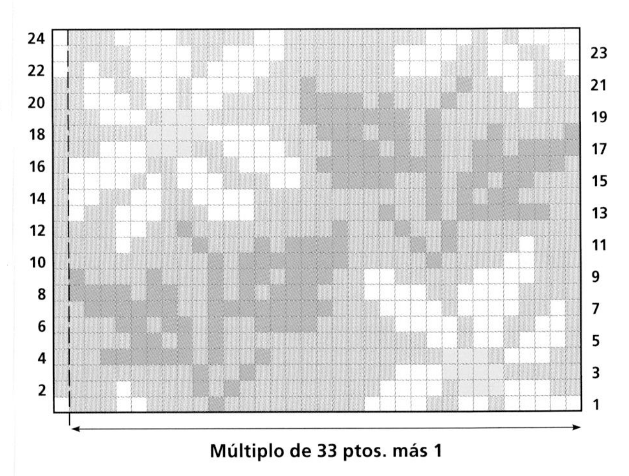

Múltiplo de 33 ptos. más 1

Guía de colores

- Crema
- Gris pardo pálido
- Verde
- Amarillo

142–143 Símbolos básicos

☐ d en el DL, r en el RL en los colores indicados

Punto 227

Hojas de tapiz NIVEL ❸

Este diseño con motivos de hojas estilizadas combina jacquard en dos colores con áreas en intarsia.
Se lleva a cabo usando hebras separadas de hilado para cada hoja y para cada pequeño chevron, e intercalando dentro del motivo y no entre los mismos.

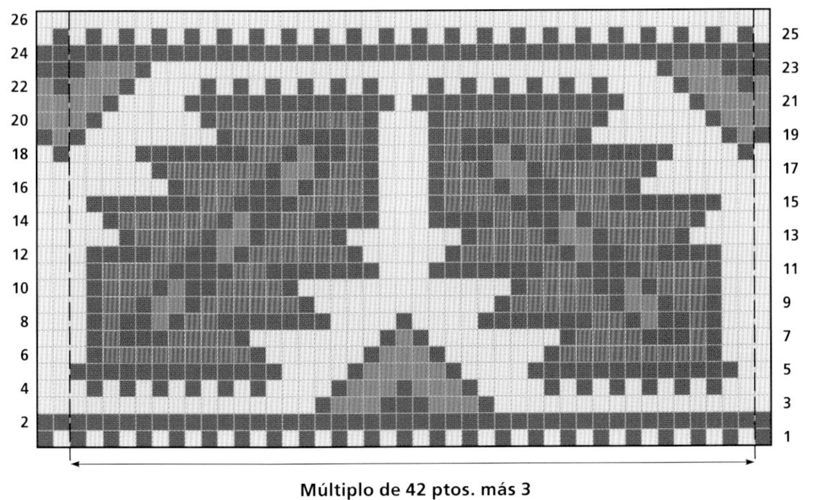

Múltiplo de 42 ptos. más 3

Guía de colores

- Gris
- Gris pardo pálido
- Turquesa oscuro
- Naranja

Punto 228

Bordes desplazados NIVEL 3

Este es un diseño inspirado en las alfombras del norte de Africa. Muchos de los patrones son solamente jacquards de dos colores, pero para los motivos más grandes del centro se necesita usar hebras separadas de hilado para trabajar el relleno contrastante color naranja.

Guía de colores

- Negro
- Naranja
- Amarillo ocre

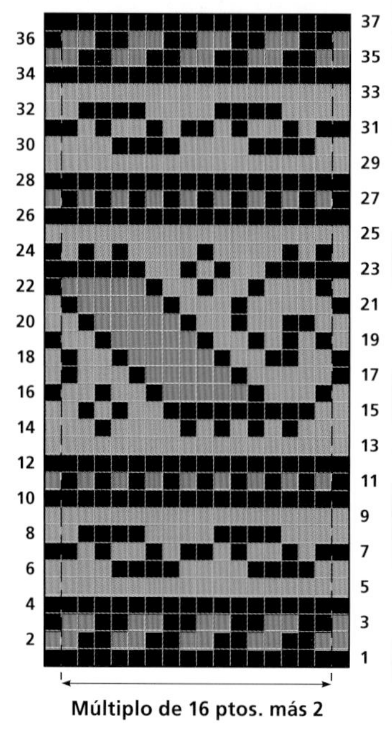

Múltiplo de 16 ptos. más 2

Punto 229

Triángulos diagonales NIVEL 2

Con sus contrastes, los diseños amish de patchwork son el puntapié inicial de este patrón. Intercale el hilado negro del fondo y utilice ovillos separados para cada triángulo contrastante. Llevando los hilados contrastantes diagonalmente a lo ancho y a lo alto se logra una nueva hilera de triángulos evitando las hebras de terminación.

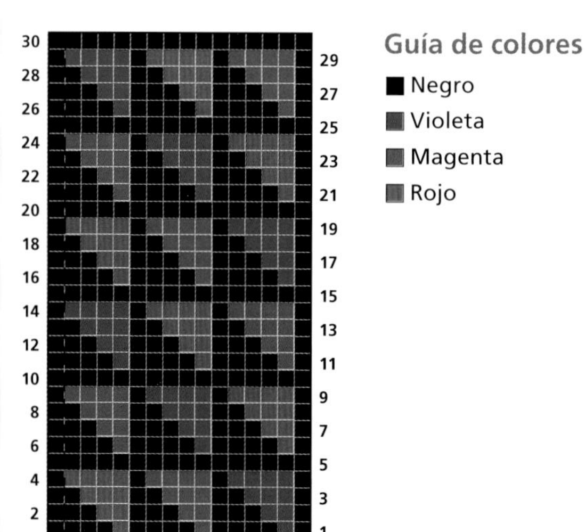

Múltiplo de 15 ptos. más 1

Guía de colores

- Negro
- Violeta
- Magenta
- Rojo

144–145 Símbolos básicos

d en el DL, r en el RL en los colores indicados

Punto 230

Guardas indias NIVEL ❸

Ricamente decorado, el bordado de Gujarati es el punto de partida para este diseño. Mientras que la mayoría del patrón está tejido en dos colores, será necesario a veces entramar tres o cuatro colores. Para un efecto auténtico, trate de mezclar hilados brillantes y metálicos, y acentuar el diseño con lentejuelas.

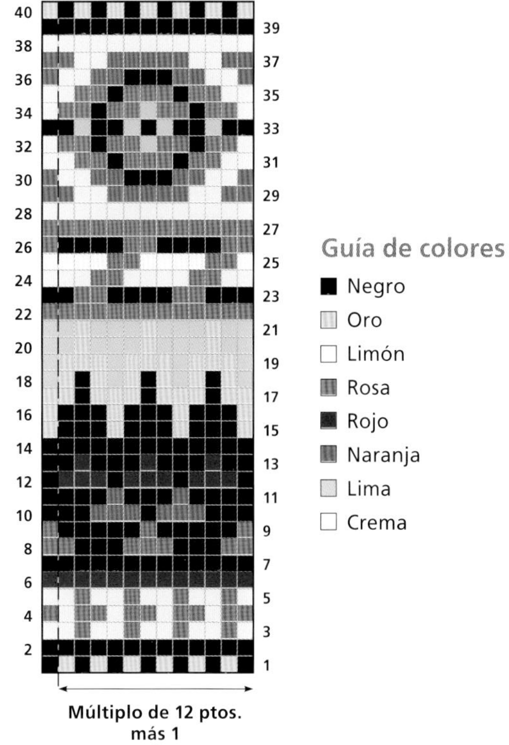

Punto 231

Cachemira con flores NIVEL ❸

Para este magnífico diseño de cachemira se necesita entramar los colores del borde y del fondo, pero trabajando la cachemira y cada motivo floral con hebras separadas. Para un efecto más alegre, utilice diferentes tonos de lila para cada flor. Si usted sólo quiere un motivo de cachemira, omita el borde y las flores para lograr un motivo de treinta puntos de ancho por cuarenta y siete hileras de alto.

Múltiplo de 31 ptos. más 1

8 6 4 2 / 7 5 3 1

Borde: Múltiplo de 10 ptos. más 1

Guía de colores

- Negro
- Camel
- Violeta apagado
- Amarillo
- Lila
- Magenta
- Rosa
- Verde esmeralda apagado
- Verde esmeralda claro

d en el DL, r en el RL en los colores indicados

Punto 232

Diseño sudamericano de barriletes NIVEL ❸

Estas franjas están inspiradas en los vívidos diseños geométricos de los barriletes gigantes que flotan en ocasiones especiales en los Andes. Necesitará mezclar intarsia con jacquard para crear este complejo diseño. Para agregar variedad, se pueden variar los tonos de cada uno de los colores.

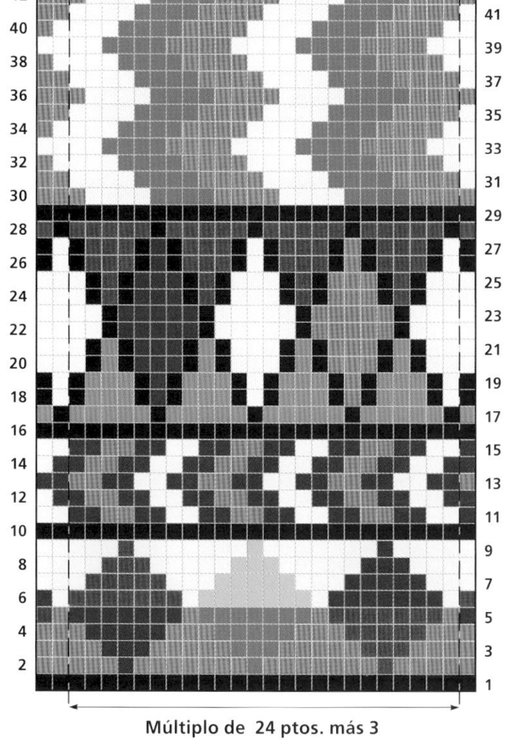

Guía de colores

- Negro
- Rosa
- Rojo
- Turquesa oscuro
- Violeta
- Amarillo
- Lima
- Lima pálido

Punto 233

Borde celta NIVEL 2

Este borde interpreta el tipo de nudos entrelazados encontrados en las cruces de piedra grabadas. A pesar de que es una larga repetición, es fácil de realizar, ya que es un jacquard de sólo dos colores. El diseño incluye un acabado de enlace en cada final. Para un borde contínuo, trabaje sólo los veintiocho puntos de la repetición más un punto a la derecha.

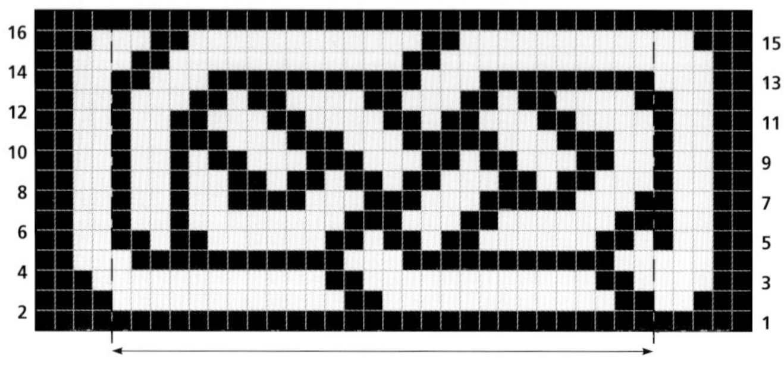

Múltiplo de 28 ptos. más 9

G. de colores

■ Negro

□ Crema

Punto 234

Contracambio NIVEL 2

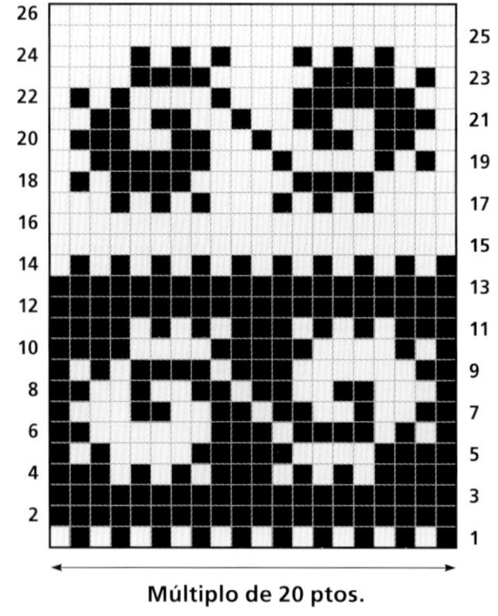

Múltiplo de 20 ptos.

G. de colores

Crema

Negro

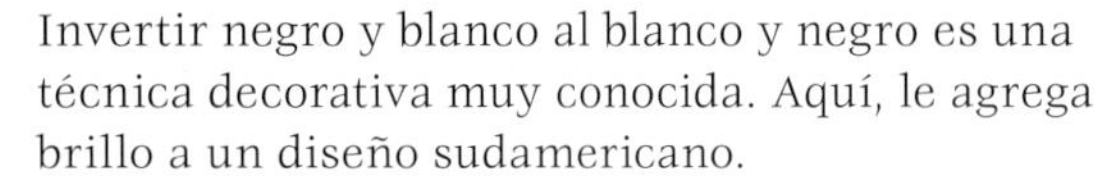

Invertir negro y blanco al blanco y negro es una técnica decorativa muy conocida. Aquí, le agrega brillo a un diseño sudamericano.

148–149 Símbolos básicos

□ d en el DL, r en el RL en los colores indicados

Punto 235

Nudo celta NIVEL 2

Este gran motivo está inspirado también en las cruces de piedra grabadas. Son sólo dos colores trabajados en jacquard. No es difícil de hacer. Envuélvalo con torzadas que imiten el nudo para un efecto celta verdadero.

Guía de colores

■ Negro

□ Crema

Punto 236

Copo de nieve NIVEL 2

Este gran copo de nieve al estilo escandinavo se muestra con su correspondiente borde, pero puede ser trabajado aisladamente. Está enteramente trabajado con la técnica del jacquard.

Guía de colores

- ■ Negro
- □ Crema
- ■ Rojo

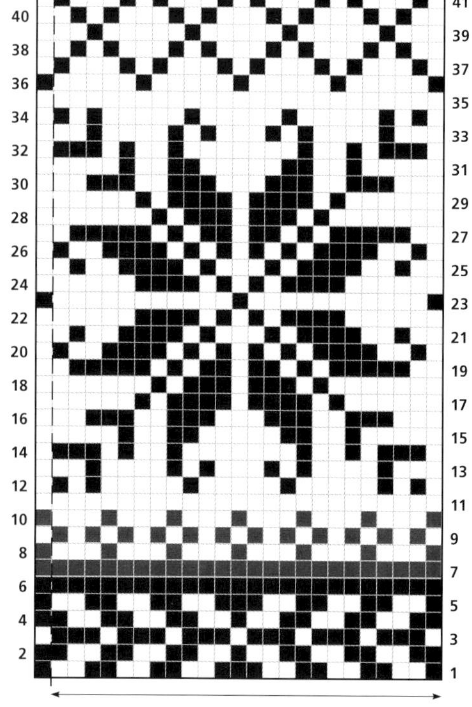

Múltiplo de 24 ptos. más 1

150–151 Símbolos básicos

□ d en el DL, r en el RL en los colores indicados

Punto 237

Estrellas africanas NIVEL 2

Aunque este diseño está inspirado en un diseño africano, la manera en que están alternadas las estrellas remonta al diseño de estrellas de borde de alfombra (ver pág 141). A pesar de que es una repetición grande, el diseño se basa en jacquard de dos colores.

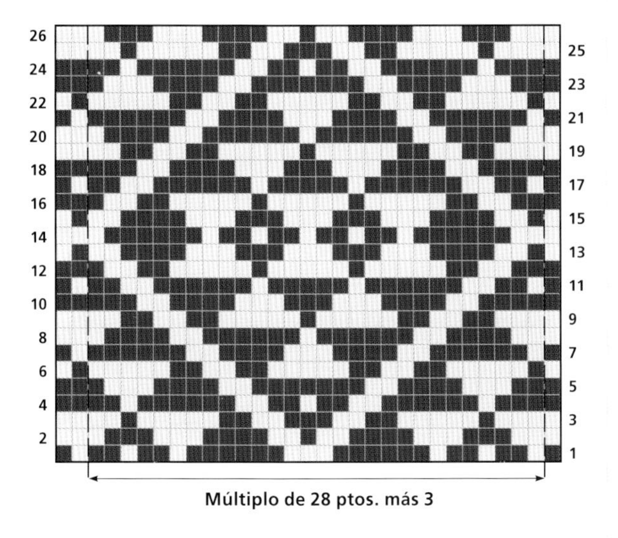

Múltiplo de 28 ptos. más 3

Guía de colores

- ■ Marrón
- □ Natural

Punto 238

Fe, Esperanza y Caridad NIVEL 2

Este diseño es característico del jacquard de Fair Isle y de Escandinavia. En esta variante, hileras de rombos fueron completadas con cruces (fe), anclas (esperanza) y corazones (caridad). Puede ser usado para decorar el canesú de un típico sweater al estilo pescador.

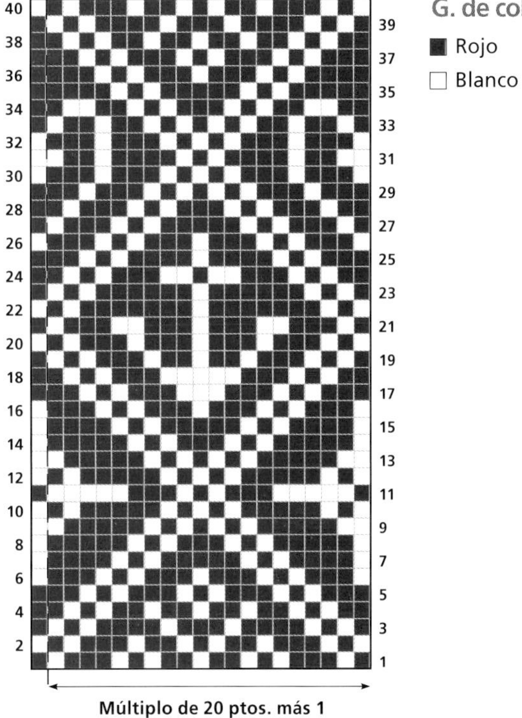

Múltiplo de 20 ptos. más 1

G. de colores

- ■ Rojo
- □ Blanco

SELECTOR DE PUNTOS Puntos inusuales

Esta miscelánea de puntos raros y técnicas ofrece un punto de partida para cualquiera que desee experimentar. Puede divertirse adaptando estas técnicas a toda clase de aplicaciones, desde ropa y accesorios hasta juguetes y almohadones.

239 Franjas de hileras acortadas

240 Rayas impares

241 Cuadrado calado

242 Rombo con bordes calados

243 Medallón circular

244 Hexágono floral

245 Lazos de cadenas

246 Tejido de lazos

247 Frutos escondidos

248 Chevrons escondidos

249 Soga en relieve

250 Punto envuelto horizontal

251 Punto envuelto vertical

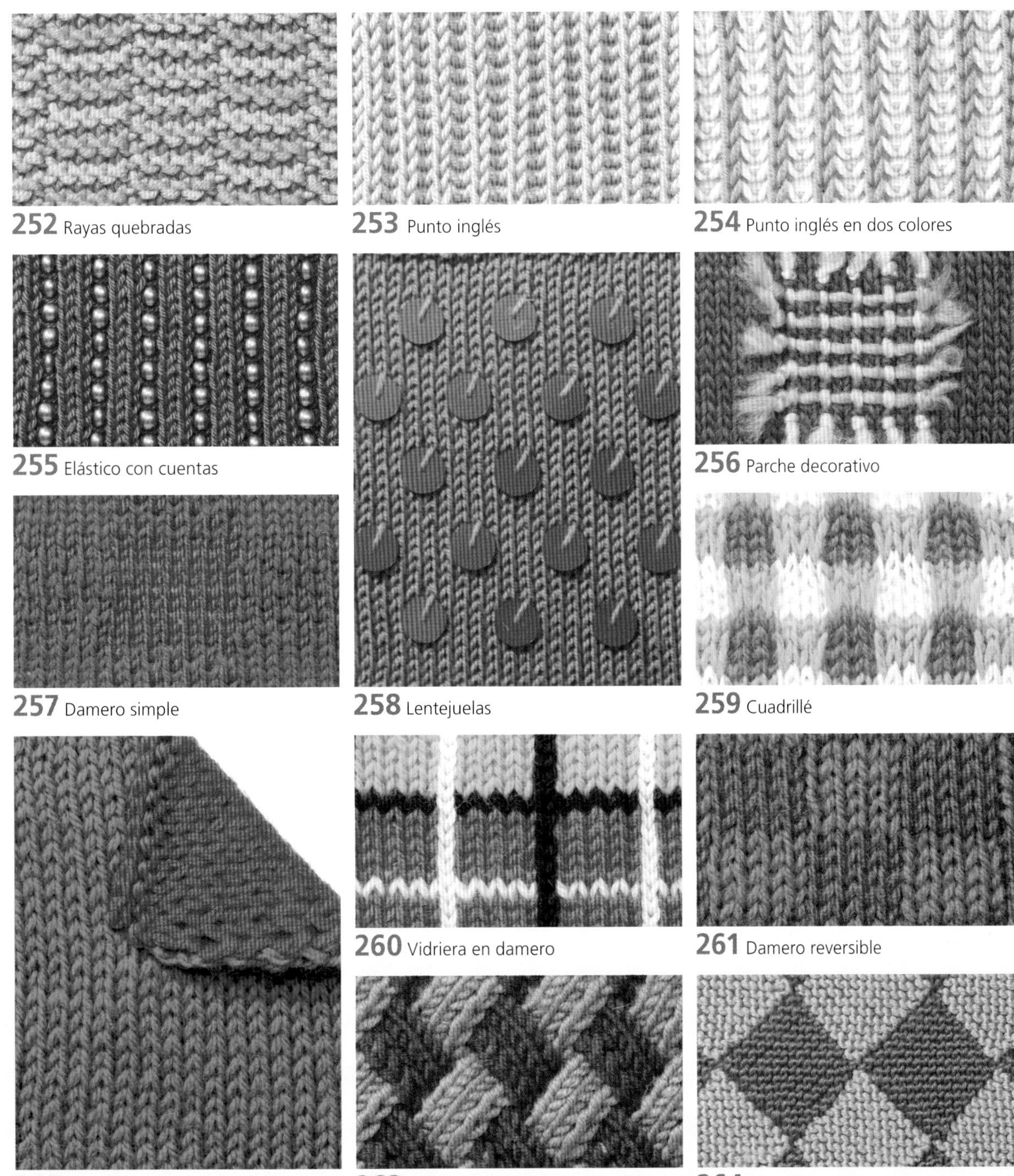

252 Rayas quebradas

253 Punto inglés

254 Punto inglés en dos colores

255 Elástico con cuentas

256 Parche decorativo

257 Damero simple

258 Lentejuelas

259 Cuadrillé

260 Vidriera en damero

261 Damero reversible

262 Tela doble de dos colores

263 Entrelac (entrelazado)

264 Entrelac de punto Santa Clara

Punto 239

Franjas de hileras acortadas

NIVEL 1

Existen varias maneras de hacer líneas en zigzag con hileras acortadas. Uno de los métodos es volver en la mitad de la hilera y luego deslizar el primer punto de la hilera de vuelta, dejando un
pequeño agujerito al volver. Envolviendo el hilado alrededor del punto de retorno se evita el agujerito, pero deja un pequeño montículo en el punto jersey.
Las rayas pueden ser regulares o aleatorias.

Procedimiento

1ra hil. (DL): con A, d.

2da hil.: r.

3ra y 4ta hils.: 24d, envolver, girar, r hasta final.

5ta y 6ta hils.: 18d, envolver, girar, r hasta final.

7ma y 8va hils.: 12d, envolver, girar, r hasta final.

9na y 10ma hils.: 6d, envolver, girar, r hasta final.

11ra hil.: d.

12da hil.: con B, r.

13ra hil.: d.

14ta y 15ta hils.: 6r, envolver, girar, d hasta final.

16ta y 17ma hils.: 12r, envolver, girar, d hasta final.

18va y 19na hils.: 18r, envolver, girar, d hasta final.

20ma y 21ra hils.: 24 r, envolver, girar, d hasta final.

22da hil.: r.

Estas 22 hileras forman el diseño, variando los colores A y B.

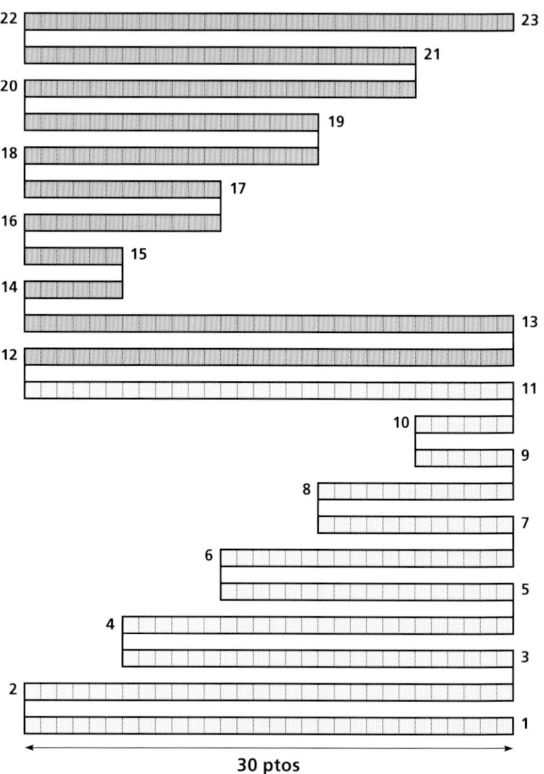

Nota

Para envolver, pasar el hilado entre las agujas hacia el lado opuesto de la labor, deslizar un punto al revés (sin tejer), llevar el hilado al lado original de la labor, deslizar el punto pasado sin tejer nuevamente a la aguja izquierda y girar, para comenzar una hilera acortada. Se usa el mismo método para hileras al derecho e hileras al revés.

Guía de colores

☐ A

▨ B

☐ d en el DL, r en el RL ◿ 2pjd  dsi  laz

Punto 240

Rayas impares

NIVEL 1

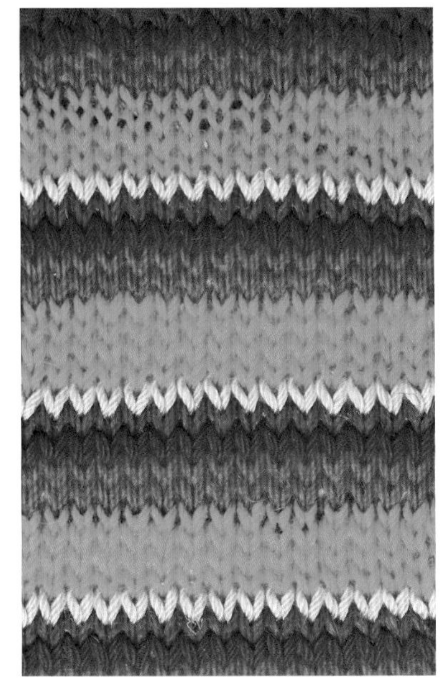

Las rayas en punto jersey hechas en base a números impares tienden a dejar muchas hebras a lo largo de los costados donde debe producirse el cambio de color, sin embargo si usted usa agujas de doble punta en lugar de las convencionales, puede evitar este problema.

Procedimiento

Usando agujas de doble punta, trabaje su secuencia de rayas de la manera normal, tejiendo una hilera al derecho y otra hilera al revés. Cuando la próxima hilera requiera un color que se encuentra en el extremo opuesto, simplemente deslice los puntos a lo largo de la aguja y teja al derecho ó al revés la hilera desde ese extremo.

Nota

Esta repetición de nueve hileras usa este método de deslizamiento de agujas, así todos los colores se llevan por el costado. Esta técnica puede ser usada para rayas aleatorias.

Punto 241

Cuadrado calado

NIVEL 2

Este cuadrado muestra la diferencia entre las lazadas usadas como aumentos para dar forma de cuadrado y las lazadas usadas decorativamente, que siempre poseen una disminución compensatoria próxima a ellas. Montar los puntos con una aguja de crochet le otorga un centro prolijo.

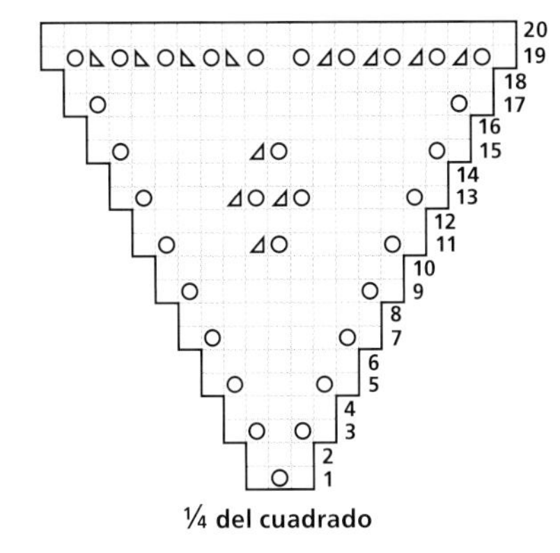

¼ del cuadrado

Notas

- El cuadrado está trabajado en forma circular con el derecho de la labor mirando a la tejedora, así cada hilera del gráfico se lee de derecha a izquierda.
- Use cinco agujas de doble punta.
- Para comenzar, deje una hebra corta, envuelva el hilado alrededor del dedo índice izquierdo para formar un anillo. Usando una aguja de crochet 2 números más pequeña que las agujas de tejer, * inserte el crochet dentro del anillo y haga una lazada a través del mismo, tome nuevamente hilado y sáquelo por el punto de la aguja de crochet *, deslice el anillo de hilado fuera de su dedo y repita desde * hasta *, siete veces más para hacer ocho puntos sobre la aguja de crochet, tirar del extremo corto para cerrar el anillo y transferir dos puntos a cada una de las cuatro agujas.
- Para rematar, llevar el hilado adelante, deslizar el primer punto de la hilera a la cuarta aguja, llevar el hilado atrás, volver el punto a la primera aguja, girar y cerrar al derecho con el revés de la labor mirando a la tejedora.

Punto 242

Rombos c/ bordes calados NIVEL 2

Este grupo luce como un clásico diseño de torzadas en forma de rombo. Sin embargo, los puntos que enmarcan el punto arroz son lazadas usadas como aumentos y pares de disminuciones para desplazar a los puntos, logrando el efecto de una torzada sin hacer el trabajo que requiere la misma. El único lugar donde necesitará una aguja auxiliar es para el cruce en la hilera n° 21.

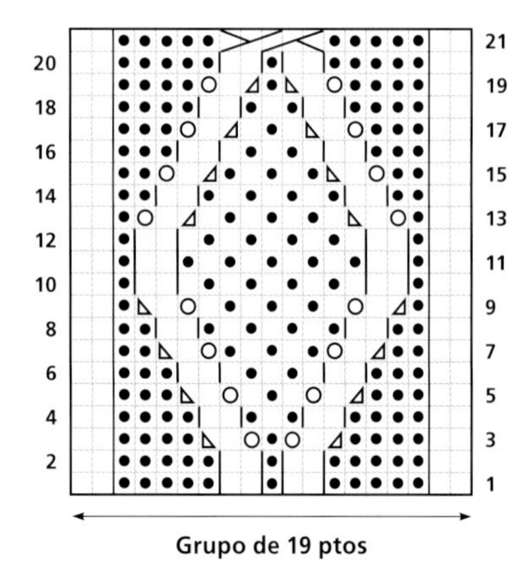

Grupo de 19 ptos

Símbolo específico

desl 3 a la ag aux, sostener atrás, 2d, desl el pto más próximo de la ag aux a la ag izq, sostener la ag aux adelante, 1r, luego tejer 2d de la ag aux.

Notas

- Las hileras 2 - 21 forman el diseño.
- Se requiere una aguja auxiliar.

Punto 243

Medallón circular NIVEL 2

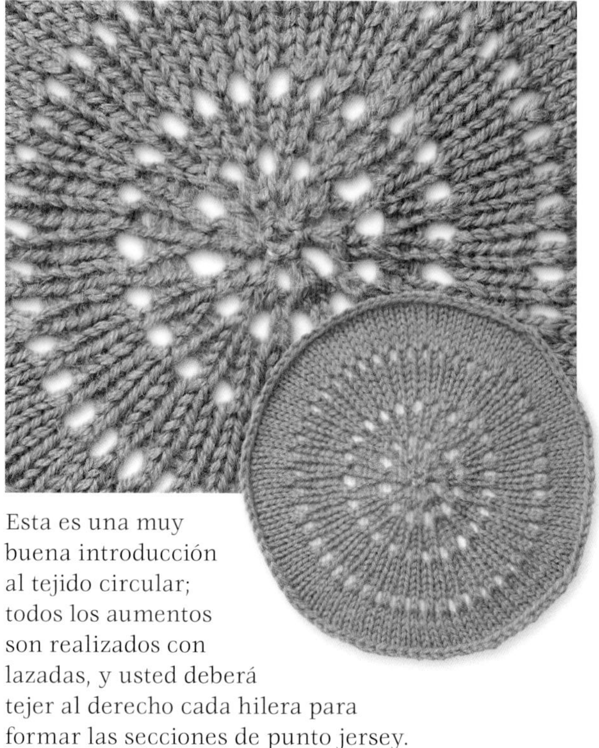

Esta es una muy buena introducción al tejido circular; todos los aumentos son realizados con lazadas, y usted deberá tejer al derecho cada hilera para formar las secciones de punto jersey.

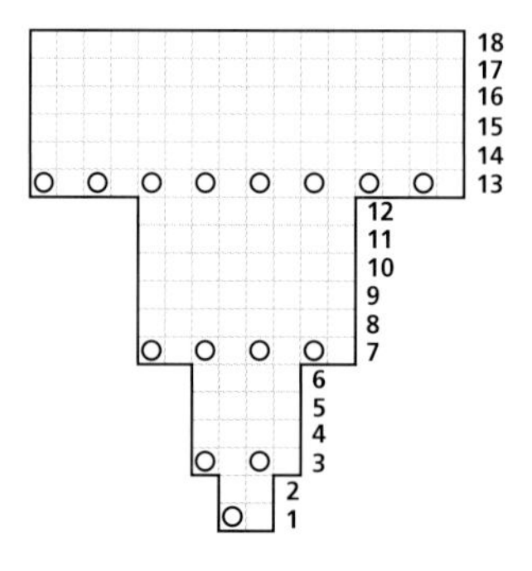

⅙ de medallón

Notas

- Use cuatro agujas de doble punta.
- El medallón está trabajado en forma circular con el derecho de la labor mirando a la tejedora, así cada hilera del gráfico se lee de derecha a izquierda.
- Para comenzar, montar dos puntos en cada una de las tres agujas. Para unir en circular, llevar el hilado adelante, deslizar el primer punto montado a la tercera aguja, llevar el hilado atrás, llevar nuevamente el punto a la primer aguja, girar.

d en el DL, r en el RL | r en el DL, d en el RL | 2pjd |  dsi |  ddb |  laz

Punto 244

Hexágono floral NIVEL ❸

El diseño usa motivos de motas y pétalos. El hexágono adquiere su forma de los aumentos, hechos al tejer al derecho dos veces dentro de 1 pto. al comienzo, y al revés dos veces dentro de 1 pto. del final de cada sección.

Símbolos específicos

[ʌ೨] tejer al d por el frente y por atrás del pto.

[ʌ೨] tejer al r por el frente y por atrás del pto.

[B] (1d, laz, 1d, laz, 1d) todo en un pto, girar, 5r, girar, 5d, pasar los 4 ptos recién hechos sobre el pto final.

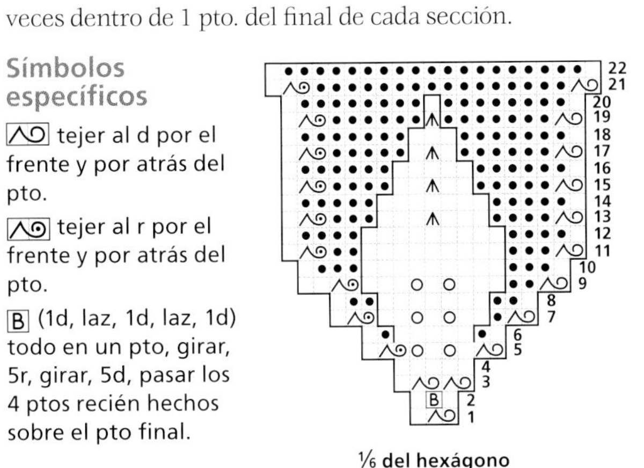

1/6 del hexágono

Notas

- Utilice un set de cuatro agujas de doble punta.
- El hexágono está trabajado en circular con el derecho de la labor hacia arriba. Leer cada hilera del gráfico de derecha a izquierda.
- Para comenzar, usando una aguja de crochet, hacer 12 puntos de la misma manera que en el cuadrado calado (ver pág 55), luego transfiera 4 puntos a cada una de las tres agujas.
- Trabajar cada hilera del gráfico dos veces en cada aguja.
- Para rematar, llevar el hilado adelante, deslizar el 1ª punto de la hilera a la cuarta aguja, llevar el hilado atrás, colocar el punto nuevamente en la primera aguja, girar y rematar los puntos al derecho con el revés de la labor hacia arriba.

Punto 245

Lazos de cadenetas NIVEL ❷

Aquí, los lazos de cadenetas están colocados en intervalos regulares sobre un fondo de punto Jersey. Rápidamente usted podrá ver cómo hacer lazos de cadenetas de cualquier largo en cualquier punto del lado del derecho de la labor. Coloque los lazos más cortos cerca para lograr un efecto de piel de astracán, trabaje unas pocas hileras más de lazos más largos para flecos ó utilice lazos de cadenetas individuales para cerrar botones.

Símbolos específicos

[L] Insertar la aguja de crochet dentro del próximo pto de la ag izq, tomar hilo a través del pto logrado en la aguja izq, hacer 14 cadenetas más, insertar la aguja en el mismo pto de la ag izq y tomar hilo a través del pto y de la última cadeneta sobre la aguja, desl esta cadeneta a la aguja der.

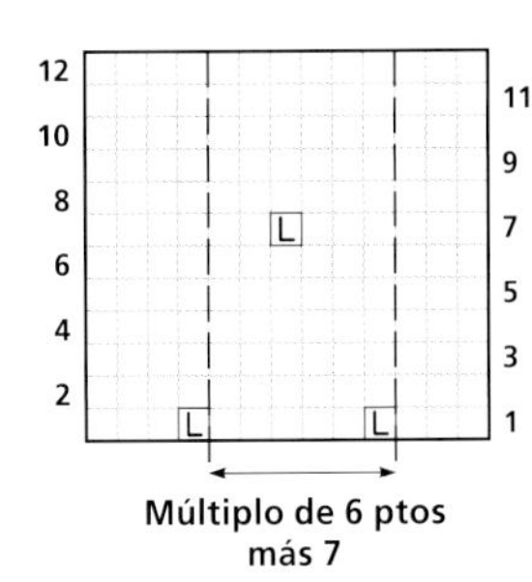

Múltiplo de 6 ptos más 7

Notas

- Se requiere una aguja de crochet dos medidas más pequeñas que la aguja usada para el tejido.
- La cadeneta puede ser realizada a dos agujas: [1d, desl1 a la aguja izq], luego repetir. Una cadeneta hecha al crochet resulta más firme y prolija.

Punto 246

Rulos

NIVEL 2

Este método para lograr una divertida tela símil piel tiene rulos realizados sobre el derecho de la labor de un tejido en punto jersey. Usted puede trabajar unas pocas hileras de rulos para flecos, colóquelos en cada punto para un tejido más grueso, hágalos más espaciadamente para un efecto menos denso ó cambie los colores para lograr un rayado. Los rulos quedan tan firmes que usted puede cortarlos si desea.

Procedimiento

Múltiplo de 2 ptos más 3.

1ra hilera (DL): 1d, [*tejer al d el próximo pto, no sacar el pto de la ag izq, llevar el hilo entre las agujas hacia adelante, envolver el hilo en el sentido de las agujas del reloj alrededor del pulgar izquierdo y llevarlo nuevamente atrás entre las agujas, tejer al d el mismo pto y deslizarlo fuera de la ag izq, llevar nuevamente los 2 ptos recién hechos a la ag izq y tejerlos juntos al d por la hebra de atrás*, 1d] hasta el final.

2da y 4ta hileras: r.

3ra hilera: 2d, [trabajar desde * hasta * de la 1ra hilera, 1d] hasta el últ. pto, 1d.

Estas cuatro hileras forman el diseño.

Nota

Los rulos pueden hacerse más largos o más cortos dependiendo cuán apretadamente ó cuántas veces usted enrosque el hilo alrededor del pulgar.

Punto 247

Frutos escondidos

NIVEL 2

Los frutos en este diseño parecen motas, pero en realidad son pequeños pliegues de tres puntos. Su apariencia prolija y cuadrada se complementa con una torzada en forma de rama muy resistente.

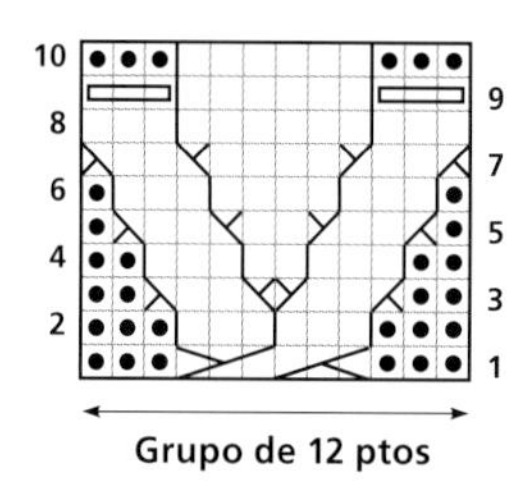

Grupo de 12 ptos

Símbolos específicos

[3d, girar, 3r, girar] 3 veces, doblar la tirilla recién hecha hacia el RL, *insertar la aguja en el 1er pto de la aguja izq, luego por la hebra de atrás del pto correspondiente de la última hilera antes de las hileras de retorno, tejer juntos al d ambos ptos, repetir desde * dos veces.

desl 1 a la ag aux, sostener atrás, 3d, luego 1d de la ag aux

desl 3 a la ag aux, sostener adelante, luego 3d de la ag aux

Nota

Se requiere una aguja auxiliar.

Punto 248

Chevrons escondidos

NIVEL 2

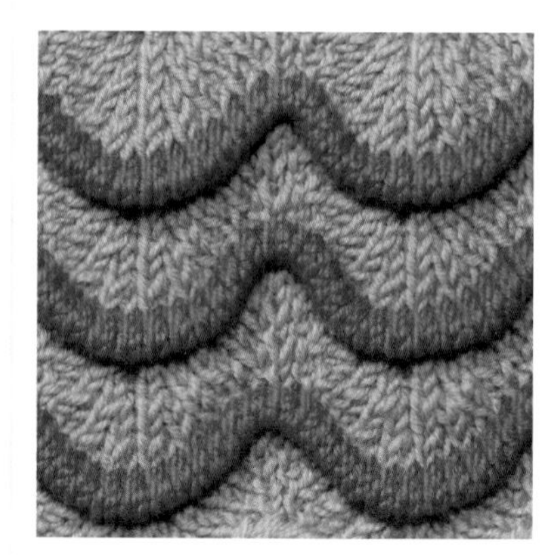

El diseño de chevrons sobre el fondo provoca estos pliegues y forman suaves ondas y un borde decorativo tanto arriba como abajo. Los pliegues están formados por rayas de seis hileras, doblados y tomados a través de la hilera.

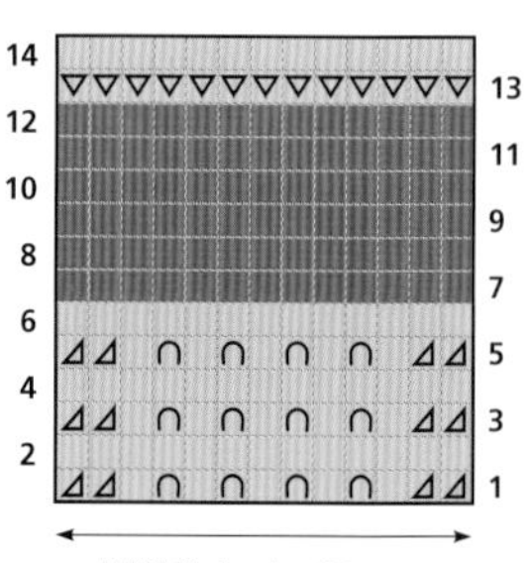

Múltiplo de 13 ptos

Guía de colores

A

B

Símbolos específicos

con A, tejer al juntos d por la hebra de atrás junto con el correspondiente pto de la 6ta hilera.

158–159 Símbolos básicos

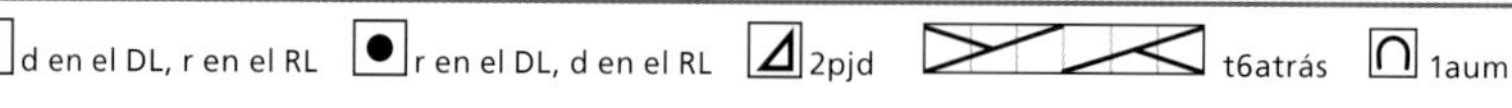

Punto 249

Sogas en relieve

NIVEL 3

Estas sogas redondeadas y tridimensionales son realizadas a través de un método inusual. Cada cruce es un rulo hecho con hileras acortadas.

Soga cruzada hacia la derecha

Grupo de 12 ptos.

1ra hilera (RL): r

2da hilera: 10d, [girar, 4r, girar, 4d] 3 veces, desl estos 4 ptos a la ag aux, sostener adelante, llevar el hilado hacia atrás, desl 4 de la ag der a la ag izq, 6d.

3ra hilera: 6r, 4r de la ag aux, 2r.

4ta hilera: d

Estas cuatro hileras forman el diseño.

Soga cruzada hacia la izquierda

Grupo de 12 ptos.

1ra hilera (RL): r

2da hilera: 6d, [girar, 4 r, girar, 4d] 3 veces, desl estos 4 ptos a la ag aux, sostener adelante, llevar el hilo atrás, desl 4 de la ag izq a la ag der, 2d.

3ra hilera: 2r, 4r de la ag aux, 6r.

4ta hilera: d

Estas cuatro hileras forman el diseño.

Notas

- Cada grupo es una soga de ocho puntos con dos puntos jersey a cada lado.
- Se requiere una aguja auxiliar para cada una de las sogas.

Punto 250

Punto envuelto horizontal

NIVEL 2

A pesar de estar basado en el punto Santa Clara, es como tejer de otra manera. El derecho de la labor tiene una apariencia atractiva, el revés de la labor parece jersey revés, y el tejido logrado es muy firme y estable.

Procedimiento

1ra hilera (RL): [desl1d, laz] hasta el final.

2da hilera: [tejer la laz y desl juntos por la hebra de atrás] hasta el final.

Estas dos hileras forman el diseño.

Notas

- Puede ser trabajado sobre cualquier cantidad de puntos.
- Mantenga los envoltorios algo sueltos pero firmes.
- Tome cuidado de no soltar el hilo sobre el final de la primera hilera al girar para comenzar la segunda hilera.
- Al trabajar la segunda hilera, cada lazada debe cruzar por el frente del punto deslizado, insertar la aguja derecha por la hebra de atrás de la lazada y del punto para tejerlos juntos.

Punto 251

Punto envuelto vertical

NIVEL 2

Esta es otra variante del punto Santa Clara envuelto. Una vez que domine el hecho de envolver y trabajar los puntos al mismo tiempo, es muy sencillo de hacer.

Procedimiento

Múltiplo de 2 ptos más 1.

1ra hilera (RL): 1d, [laz, desl1r con la hebra atrás, 1d] hasta el final.

2da hilera: 1d, [2pjd por la hebra de atrás, 1d] hasta el final.

Estas dos hileras forman el diseño.

Nota

Asegúrese de tomar juntos el punto y la lazada al tejer al derecho los dos puntos juntos por la hebra de atrás.

Punto 252

Rayas quebradas

NIVEL 1

Estas sutiles líneas están hechas alternando hileras del derecho y del revés. Al girar el tejido, se puede ver como las líneas se quiebran. Una vez que haya trabajado este punto, podrá ver cómo variar el ancho de las líneas.

Procedimiento

Múltiplo de 8 ptos más 4.

Monte los puntos usando A.

1ra (DL) y 2da hileras: usando A, 4d, [4r, 4d] hasta el final.

3ra y 4ta hileras: usando B, trabajar como la 1era y 2da hileras.

Nota

En la muestra, A es azul y B es amarillo.

Punto 253

Punto inglés

NIVEL 2

Tejer uno al derecho y uno al revés es la base de esta versión del punto inglés. Tejer al derecho en la hilera de abajo es fácil; simplemente inserte la aguja derecha dentro del punto que está abajo del primer punto de la aguja izquierda, teja este punto, y deje que los dos puntos se deslicen juntos de la aguja izquierda.

Procedimiento

Múltiplo de 2 ptos más 3.

1ra hilera (DL): 1r, [1d, 1r] hasta el final.

2da hilera: 1d, [1r, 1d] hasta el final.

Estas dos hileras son las hileras de base y no se repiten.

3ra hilera: desl 1r, [1d hil abajo, 1r] hasta el final.

4ta hilera: desl1d, 1r, [1d hil abajo, 1r] hasta el último punto, 1d.

Las hileras 3 – 4 forman el diseño.

Nota

Sostenga firmemente la hebra al tejer los puntos de borde para una terminación prolija.

Punto 254

Punto inglés en dos colores NIVEL 2

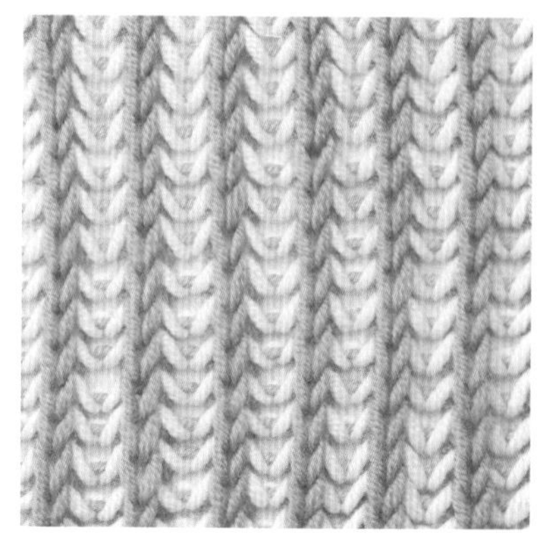

Esta versión del punto inglés (punto 253) contiene líneas verticales en colores alternados. Es difícil ver cómo lucirá el diseño, pero luego de unas pocas repeticiones y ajustando firmemente el borde inferior, se notará claramente.

Procedimiento

Múltiplo de 2 ptos más 1.

Montar puntos con color A.

1ra hil.: 1r, [1d, 1r] hasta el final, deslizar.

Esta hil. es una hil. de base y no se repetirá.

1ra hil.: usando B, 1r, [1d hil abajo, 1r] hasta el final, girar.

2da hil.: usando A, [1d hil abajo, 1r] hasta el último punto, 1d hil abajo, deslizar.

3ra hil.: usando B, 1d, [1r hil abajo, 1d] hasta el final, girar.

4ta hil.: usando A, [1r hil abajo, 1d] hasta el último punto, 1r hil abajo, deslizar.

Estas 4 hil.s forman el diseño.

Notas

- Usted necesitará usar agujas de doble punta o una aguja circular.
- *Deslizar* significa deslizar los puntos a lo largo de la aguja así la próxima hilera puede ser trabajada en la misma dirección.
- El diseño del punto es visible al ser usados tonos constrastantes, en la muestra A es azul y B es crema.

□ d en el DL, r en el RL ● r en el DL, d en el RL

Punto 255

Elástico con cuentas

NIVEL 1

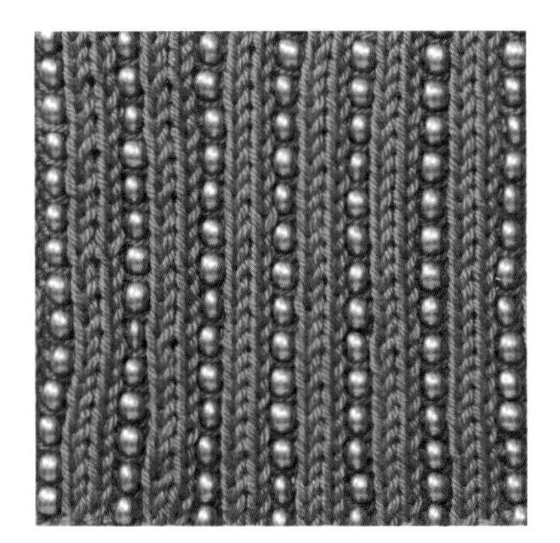

Esta es la manera más fácil de agregar cuentas o mostacillas a su tejido. Simplemente deslice la cuenta para que se ubique entre dos puntos tejidos al revés. Este método funciona muy bien para agregar cuentas más grandes en forma individual ó cuentas con forma. Decida dónde quiere colocar las cuentas y trabaje un punto revés a cada lado así la cuenta se ubica en el derecho de la labor..

Procedimiento

Múltiplo de 4 ptos más 2.

1ra hilera (DL): 2d, (1r, colocar cuenta, 1r, 2d) hasta el final.

2da hilera: 2r, [2d, 2r] hasta el final.

Estas 2 hileras forman el diseño.

Notas

- Pasar las cuentas a través del hilado antes montar los puntos.
- La manera más fácil de pasar las cuentas al hilado es enhebrar una aguja de coser con una hebra corta de hilo de coser, hacer un nudo al final y deslizar ese nudo cerca del ojo de la aguja. Insertar el hilado que se usará para tejer en el rulo formado por el hilo de coser, levantar las cuentas con la punta de la aguja y deslizarlas a través del rulo y luego al hilado.

Punto 256

Parche decorativo

NIVEL 1

No se necesita trabajar con jacquard para crear este divertido diseño de falso parche. Es un sencillo cuadrado de punto elástico quebrado (ver pág 16) con hilos de color contrastante entrelazados en él.

Procedimiento

1ra hilera (DL): usando A, 1r, [1d, 1r] 4 veces.

2da hilera: r

Repetir estas 2 hileras 4 veces más, y luego trabajar la 1ra hilera nuevamente.

Entrelazar

Enhebrar una aguja de lana con B, anudar el final, pasar la aguja por debajo de cada punto revés de la primera columna, tensionar el hilo suavemente, anudar el final, cortar y frotar. Repetir a lo largo de cada columna de puntos revés. Enhebrar la aguja de coser lana con C, anudar el final, pasar la aguja por debajo de cada hebra de la primera columna horizontal de B, anudar el final, cortar y frotar como antes. Repetir a lo largo de cada hilera de color B restante.

Notas

- Se requiere una aguja de tapiz de punta roma.
- En la muestra, A es azul grisáceo, B es rosa y C es celeste.

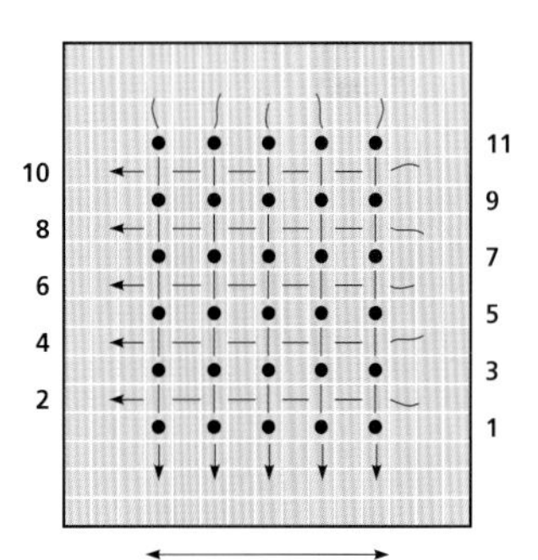

Este cuadrado zurcido de punto elástico quebrado tiene 9 ptos por 11 hileras, pero la medida puede ser ajustada.

Guía de colores

A

Símbolos específicos

↓ dirección de las hebras A

← dirección de las hebras C

Punto 257

Damero simple

NIVEL 1

Para crear este muy efectivo diseño, trabajar las líneas de punto jersey y luego agregar zurcido suizo para crear el escocés.

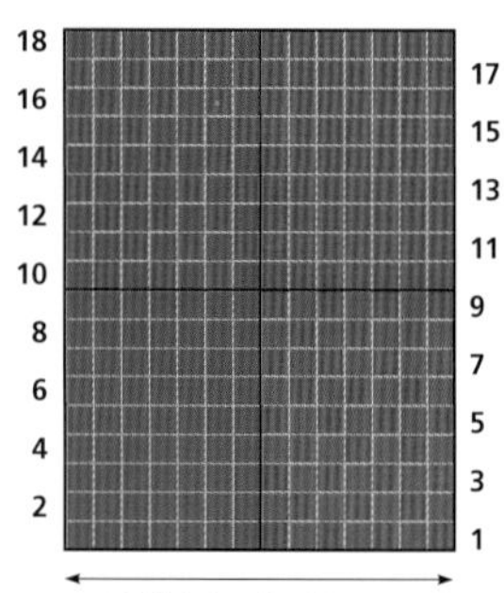

Múltiplo de 14 ptos

Procedimiento

Montar con color A (azul)

Comenzar a tejer, tejer 9 hileras en punto jersey.

Cambiar a color B (rosa)

Estas 18 hileras forman un diseño rayado.

Cuando el tejido alcanza el largo deseado, cerrar los puntos. Luego, con el DL hacia arriba, y usando una aguja de tapiz, seguir el gráfico, trabajando puntos dobles con B sobre las líneas en A y con A sobre las líneas en B para crear un diseño escocés.

Nota

Se requiere una aguja de tapiz de punta roma para trabajar los puntos duplicados.

Punto 258

Lentejuelas

NIVEL 2

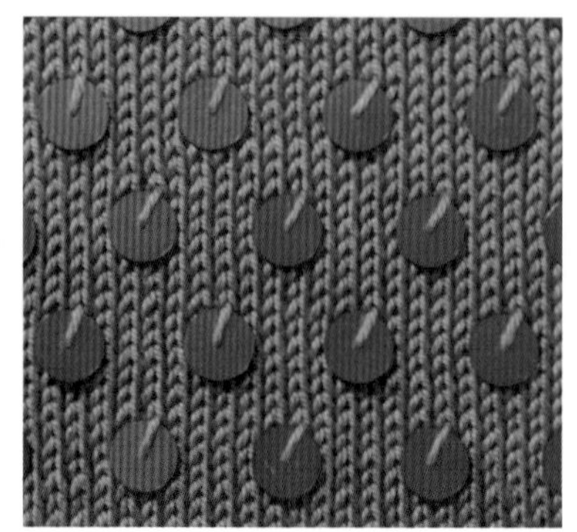

Para hacer que las lentejuelas queden achatadas sobre el derecho del tejido, necesitará incorporarlas a medida que se teje. Este diseño tiene lentejuelas ubicadas de forma regular, pero puede trabajarlas más cerca ó disponerlas aleatoriamente.

Procedimiento

Múltiplo de 6 ptos más 7.

1ra hilera (DL): d.

2da hilera: r.

3ra hilera: d.

4ta hilera: r.

5ta hilera: 3d, [insertar 1 lentejuela, 5d] hasta los últimos 4 ptos, insertar 1 lentejuela, 3d.

6ta, 8va y 10ma hileras: r.

7ma y 9na hileras: d.

11ra hilera: 6d, [insertar 1 lentejuela, 5d] hasta el último pto, 1d.

12da hilera: r.

Estas 12 hileras forman el diseño.

Notas

- Antes de montar los puntos, enhebrar las lentejuelas de la misma manera que las cuentas (ver Notas para el punto 255). Para proyectos más grandes, compre lentejuelas que ya estén enhebradas sobre un hilo de nylon, lo que lo hace más fácil de deslizar al hilado elegido para tejer.
- Nunca aplaste las lentejuelas, ya que se curvarán.

Punto 259

Cuadrillé

NIVEL 2

Este es un diseño de tres colores, pero el deslizar los puntos produce los cuadrados, entonces sólo se trabaja con un color a la vez.

Procedimiento

Múltiplo de 6 ptos más 3.

Montar con A.

1ra hilera (DL): usando A, d.

2da hilera: usando B, 3r, [desl 3r, 3r] hasta el final.

3ra hilera: usando B, 3d, [desl 3r, 3d] hasta el final.

4ta y 5ta hileras: como la 2da y 3ra hileras.

6ta hilera: usando A, desl 3r, [3r, desl 3r] hasta el final.

7ma hilera: usando A, d.

8va hilera: usando C, desl 3r, [3r, desl 3r] hasta el final.

9na hilera: usando C, desl 3r, [3d, desl3r] hasta el final.

10ma y 11ra hileras: como la 8va y 9na hileras.

12da hilera: usando A, 3r, [desl 3r, 3r] hasta el final.

Estas 12 hileras forman el diseño

Notas

- En la muestra, A es verde lima, B es esmeralda y C es crema. Cuando elija su gama de colores, siempre use un tono medio para A.
- Luego de deslizar los puntos, llevar el hilado a lo largo del revés de la labor para trabajar el próximo grupo de puntos.

☐ d en el DL, r en el RL ● r en el DL, d en el RL

Punto 260

Vidriera en damero

NIVEL 1

Para crear este diseño, solo tiene que trabajar un punto a rayas. Luego, usando una aguja de crochet, llenar la superficie con cadenas de puntos verticales.

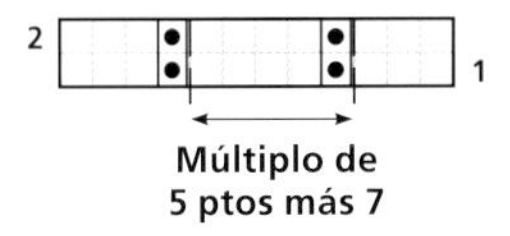

Procedimiento

Montar un múltiplo de 10 ptos más 7 puntos para este damero.

Montar usando color A.

1ra hilera (DL): 3d, [1r, 4d] hasta los últimos 4 ptos, 1r, 3d.

2da hilera: 3r, [1d, 4r] hasta los últimos 4 ptos, 1d, 3r.

Estas 2 hileras forman el patrón como se muestra en el gráfico.

Continuar trabajando 3 hileras más con color A, 1 hilera con color B, 5 hileras con color C, 1 hilera con color D, 5 hileras con color c, 1 hilera con color B, 5 hileras con color A, 1 hilera con color D.

Estas 24 hileras forman el diseño a rayas.

Cuando el tejido tiene el largo deseado, rematar los puntos. Con el DL hacia arriba y usando la aguja de crochet y alternando B y D, trabaje la superficie con cadenetas sobre cada uno de los puntos verticales.

Notas

- Se requiere una aguja de crochet, dos ó tres medidas más pequeñas que la aguja con la que se está tejiendo.
- En la muestra, A es lima, B es negro, C es rosa y D es crema.

Punto 261

Damero reversible

NIVEL 2

Este tejido doble tiene un damero en jersey de cada lado. Podrá ver que los cuadros tienen colores opuestos por el frente y detrás.

Procedimiento

Trabajar sobre un múltiplo de 16 ptos más 8.

Montar con color A. En la muestra, A es rosa y B es verde.

1era línea de dameros, 1ra hil.: usando B, *[con la hebra atrás, 1d, con la hebra adelante, desl 1r] 4 veces, [con la hebra atrás, desl1r, con la hebra adelante, 1r] 4 veces, repetir desde * hasta los últimos 8 ptos, [con la hebra atrás, 1d, con la hebra adelante, desl1r] 4 veces, deslizar. **2da hil.**: usando A, *[con la hebra atrás, desl 1r, con la hebra adelante, 1r] 4 veces, [con la hebra atrás, 1d, con la hebra adelante, desl1r], 4 veces, repetir desde * hasta los últimos 8 ptos, [con la hebra atrás, desl1r, con la hebra adelante, 1r] 4 veces, girar. **3ra hil.**: usando A, trabajar como la 1ra hil. **4ta hil.**: usando B, trabajar como la 2da hil. **5ta, 6ta, 7ma, 8va, 9na y 10ma hils.**: trabajar desde la 1ra a la 4ta hils. nuevamente, luego trabajar la 1ra y la 2da hils.

2da línea de dameros: trabajar desde la 1ra a la 10ma hils. observando que la posición de los dameros está invertida.

Estas 20 hils. forman el diseño.

Para balancear los cuadros, terminar con la 1ª línea de dameros.

Preparación para el cerrado de puntos Usando A, * [desl1d] dos veces, volver esos ptos a la ag izq, observando que la posición de los colores en la hilera está invertida, 2pjr, repetir desde * hasta el final. Cerrar los puntos al r.

Notas

- Usar dos agujas de doble punta o una aguja circular.
- *Deslizar* significa deslizar los ptos. a lo largo de la aguja para que la próxima hilera pueda trabajarse en la misma dirección.
- Al cambiar los colores, torcer los hilos en el revés de la labor.

Punto 262

Tela doble de dos colores

NIVEL 1

Esta ingeniosa manera de trabajar logra un tejido en jersey de dos colores diferentes en ambas caras.

Procedimiento

Múltiplo de 2 ptos.

Montar usando color A.

1ra hilera: usando B, [con la hebra atrás, 1d, con la hebra adelante, desl1r] hasta el final, deslizar.

2da hilera: usando A, [con la hebra atrás, desl1r, con la hebra adelante, 1r] hasta el final, girar.

3ra hilera: usando A, trabajar como la 1ra hilera.

4ta hilera: usando B, trabajar como la 2da hilera.

Estas 4 hileras forman el diseño.

Antes de la hilera de cerrado de puntos, usando A, trabajar 2pjd a lo largo de la hilera, luego cerrar los puntos de la manera usual.

Notas

- Use una aguja circular o dos agujas de doble punta.
- *Deslizar* significa deslizar los puntos a lo largo de la aguja hasta el otro extremo de la misma, así la próxima hilera puede ser trabajada en la misma dirección.
- Al cambiar los colores, torcer los hilos para conectar las superficies.
- En la muestra, A es rosa y B es verde.

Punto 263

Entrelac (entrelazado)

NIVEL 3

Entrelac (entrelazado) es una técnica fascinante que utiliza pequeños bloques tejidos a dos agujas, levantados y trabajados en forma continua para crear un tejido. Esta versión está realizada en punto jersey y posee bloques realmente diminutos, logrando un efecto de telar.

Notas

- En la muestra, A es color vino y B es rosa. Si usted prefiere, puede trabajar el diseño del punto todo en el mismo color o en tres o más colores.
- Al trabajar las líneas de bloques, levantar un punto de cada final, cada dos hileras.
- Una pequeña muestra puede ser trabajada sobre agujas rectas, pero es más fácil ver cómo crecen los puntos y se intercalan entre sí los bloques, si se usa una aguja circular al trabajar una pieza más grande como un almohadón ó una manta.
- El procedimiento es para bloques de cuatro puntos y ocho hileras, lo que es prácticamente la medida más pequeña, pero se puede adaptar el diseño para ser trabajado en un múltiplo de cualquier número de puntos para lograr bloques más grandes.

Procedimiento

Montar con color A. Continuar en color A.

Triángulos base

1ra hilera (DL): 1d, girar.

2da hilera: 1r.

3ra hilera: 2d, girar.

4ta hilera: 2r.

5ta hilera: 3d, girar.

6ta hilera: 3r.

7ma hilera: 4d, girar.

8va hilera: 4r.

9na hilera: 5d, girar.

Estas 9 hileras forman el 1er triángulo base.

La hilera 9 es la 1era hilera del 2do triángulo base. Repetir las hileras 2 – 9 hasta obtener el número requerido de triángulos base, terminando con el último triángulo 4d.

1ra línea de bloques

Trabajadas en las terminaciones de las hileras de los triángulos base. Cambiar a B.

1er triángulo lateral: trabajado en 4 ptos del 1er triángulo base.

1ra hilera: 1r, girar.

2da hilera: tejer 1d ad y at. 2 ptos.

3ra hilera: 1r, 2pjr, girar.

4ta hilera: desl 1r, 1d ad y at. 3 ptos.

5ta hilera: 2r, 2pjr, girar.

6ta hilera: desl 1r, 1d, 1d ad y at. 4 ptos.

7ma hilera: 3r, 2pjr, no girar.

Dejar estos 4 ptos en la aguja.

1er bloque Trabajado en 4 ptos del siguiente triángulo de base.

Levantar y tejer al r 4 ptos del final de las hileras del primer triángulo base, girar.

1ra hilera (DL): 4d, girar.

2da hilera: 3r, 2pjr, girar.

3ra hilera: desl1r, 3d.

4ta hilera: como la 2da hilera.

Trabajar las hileras 3 – 4 dos veces más, usando todos los puntos del triángulo base.

Continuar de esta manera, levantando y tejiendo al revés 4 ptos del final de la hilera del mismo triángulo base y trabajando en los ptos del próximo triángulo base hasta que todos los bloques hayan sido completados.

2do triángulo lateral: levantar y tejer al r 4 ptos del final de la hilera del último triángulo de base, girar.

1ra hilera (DL): 4d, girar.

2da hilera: 4r.

3ra hilera. 2pjd, 2d. 3 ptos.

4ta hilera: 3r.

5ta hilera: 2pjd, 1d. 2 ptos.

6ta hilera: 2r.

7ma hilera: 2pjd. Cerrar.

Se ha completado la primera línea de bloques.

2da línea de bloques

Trabajada dentro de la primer línea de bloques.

Usando A, levantar y tejer al d 4 ptos de los finales de las hileras rectas del 2do triángulo lateral, girar.

1ra hilera (RL): 4r, girar.

2da hilera: 3d, dsi, girar.

3ra hilera: desl1r, 3r.

4ta hilera: como la 2da hilera.

Trabajar las hileras 3 – 4 dos veces más, usando todos los 4 ptos del bloque.

Continuar de esta manera, levantando y tejiendo al d 4 ptos de los finales de hilera del mismo bloque y trabajando los ptos del próximo bloque hasta el último bloque.

Trabajar el último bloque en los ptos del 1er triángulo lateral.

La 2da línea de bloques se ha completado.

Alternar los colores y trabajar las subsiguientes 1eras líneas de bloques en las 2das líneas de bloques de la misma manera que al trabajar los triángulos base, repitiendo las 1eras y 2das líneas de bloques para lograr el largo requerido, terminar con la 1era línea de bloques.

Cerrando los triángulos

Usando A, levantar y tejer al derecho 4 ptos finales de la hilera del 2do triángulo lateral, girar.

1ra hilera (RL): 4r.

2da hilera: 3d, ds, girar.

3era hilera: desl1r, 1r, 2pjr.

4ta hilera: 2d, dsi, girar.

5ta hilera: desl1r, 2pjr.

6ta hilera: 1d, ds, girar.

7ma hilera: 2pjr.

8va hilera: ds, no girar.

Con 1 pto en la ag der, levantar y tejer al d 3 ptos de los finales de hileras del bloque, girar. 4 ptos.

Continuar de esta manera hasta que todos los triángulos cerrados estén completos.

Rematar.

Punto 264

Entrelac en punto Santa Clara NIVEL ❸

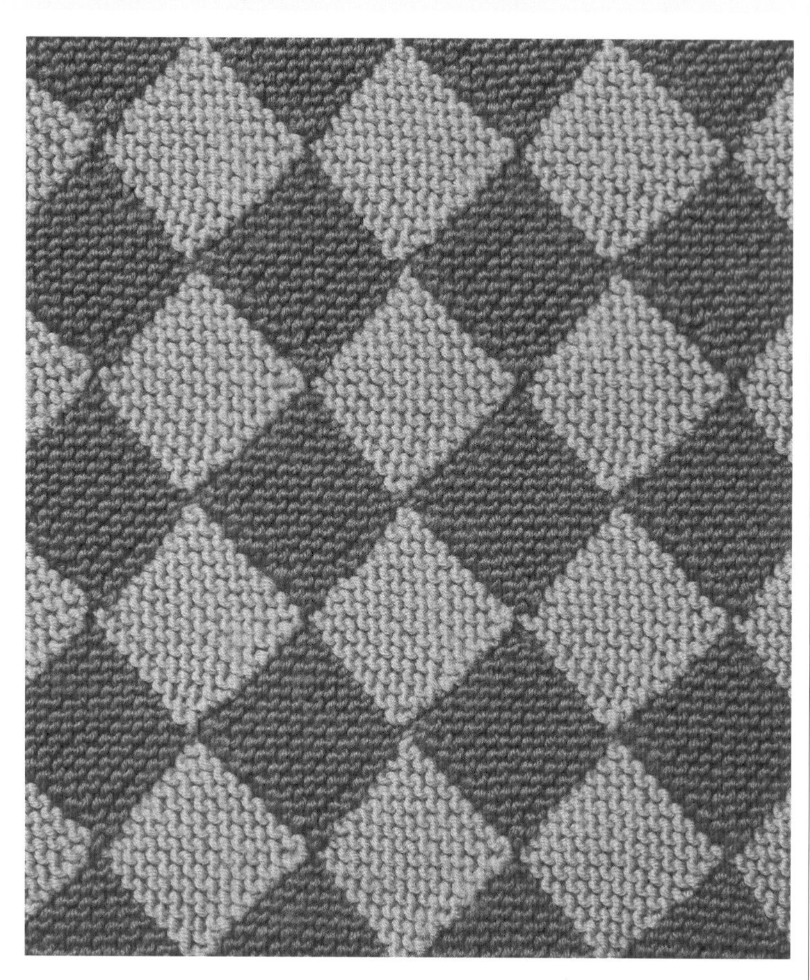

Esta es una variante de la técnica del entrelac con los bloques trabajados en líneas alternadas de punto Santa Clara derecho y punto Santa Clara revés. Como el punto Santa Clara casi siempre logra una tensión cuadrada, los bloques resultan cuadrados y chatos.

Notas

- En la muestra, A es azul oscuro y B es celeste. Puede utilizar tantos colores como desee, y adaptar el diseño para trabajar con un mayor o menor múltiplo de puntos.
- Las disminuciones en los triángulos base impiden que el borde inferior luzca tirante.

Procedimiento

Múltiplo de 12 ptos.

Montar con A. Continuar con A.

Triángulos base

1ra hilera (DL): 2pjd, girar.
2da hilera: 1d.
3ra hilera: 2d, girar.
4ta hilera: 2d.
5ta hilera: 3d, girar.
6ta hilera: 3d.
7ma hilera: 3d, 2pjd, girar.
8va hilera: 4d.
9na hilera: 5d, girar.
10ma hilera: 5d.
11ra hilera: 6d, girar.
12da hilera: 6d.
13ra hilera: 6d, 2pjd, girar.
14ta hilera: 7d.
15ta hilera: 8d, girar.
16ta hilera: 8d.
17ma hilera: 9d, girar.
18va hilera: 9d.
19na hilera: 9d, 2pjd, girar.

Las hileras 1 – 18 forman el 1er triángulo base.

La hilera 19 es la 1ra hilera del 2do triángulo base.

Trabajar las hileras 2 – 19 hasta alcanzar el último triángulo base, luego trabajar las hileras 2 – 18.

Última hilera: 9d.

1ra línea de bloques

Trabajada en los finales de la hileras del triángulo base. Cambiar a B.

1er triángulo lateral Trabajado en 9 ptos del último triángulo base.

1ra hilera (RL): 1r, girar.

2da hilera: 1r.

3ra hilera: 2r, girar.

4ta hilera: 2r.

5ta hilera: 1r ad y at, 2pjr, girar.

6ta hilera: 3r.

7ma hilera: 1r ad y at, 1r, 2pjr, girar.

8va hilera: 4r.

9na hilera: 1r ad y at, 2r, 2pjr, girar.

10ma hilera: 5r.

11ra hilera: 1r ad y at, 3r, 2pjr, girar.

12da hilera: 6r.

13ra hilera: 1r ad y at, 4r, 2pjr, girar.

14ta hilera: 7r.

15ta hilera: 1r ad y at, 5r, 2pjr, girar.

16ta hilera: 8r.

17ma hilera: 1r ad y at, 6r, 2pjr, girar.

18va hilera: 9r.

19na hilera: 9r, dejar estos 9 ptos en la aguja.

1er bloque levantar y tejer al r 9 ptos de los finales de hileras del mismo triángulo de base, girar.

1ra hilera (DL): 9r.

2da hilera: 8r, 2pjr, girar.

Trabajar estas 2 hileras 8 veces más, usando todos los puntos del triángulo base. Dejar estos 9 ptos en la aguja.

Continuar trabajando los bloques de esta manera, levantando y tejiendo al revés 9 ptos de los finales de hileras del mismo triángulo base y trabajando en el próximo triángulo de base hasta que todos los bloques estén completos.

2do triángulo lateral Levantar y tejer al revés 9 ptos de los finales de hileras del último triángulo de base, girar.

1ra hilera: 9r.

2da hilera: 9r.

3ra hilera: 2pjr, 7r.

4ta hilera: 8r.

5ta hilera: 2pjr, 6r.

6ta hilera: 7r.

7ma hilera: 2pjr, 5r.

8va hilera: 6r.

9na hilera: 2pjr, 4r.

10ma hilera: 5r.

11ra hilera: 2pjr, 3r.

12da hilera: 4r.

13ra hilera: 2pjr, 2r.

14ta hilera: 3r.

15ta hilera: 2pjr, 1r.

16ta hilera: 2r.

17ma hilera: 2pjr.

18va hilera: 1r.

Cerrar.

2da línea de bloques

Trabajada en la 1ra línea de bloques. Cambiar a A.

Levantar y tejer al d 9 ptos de los finales de hileras del 2do triángulo lateral.

1ra hilera (RL): 9d.

2da hilera: 8d, ds, girar.

Trabajar estas 2 hileras 8 veces más, usando los 9 ptos del bloque. No girar al terminar la última hilera.

Continuar de esta manera, levantando y tejiendo al d los 9 ptos de los finales de hileras del mismo bloque y trabajando en los ptos del siguiente bloque, hasta el último bloque, trabajar el último bloque en los ptos del 1er triángulo lateral.

Trabajar las siguientes 1eras líneas de bloques en las 2das líneas de bloques de la misma manera que al trabajar en los triángulos base, repitiendo las 1ras y 2das líneas de bloques hasta el obtener largo requerido, terminando con una 1ra línea de bloques.

Triángulos de terminación

Cerrado del 1er triángulo Levantar y tejer al d 9 ptos de los finales de hileras del 2do triángulo lateral, girar.

1ra hilera (RL): 9d.

2da hilera: 8d, ds, girar.

3ra hilera: 7d, 2pjd.

4ta hilera: 7d, ds, girar.

5ta hilera: 6d, 2pd.

6ta hilera: 6d, ds, girar.

7ma hilera: 5d, 2pjd.

8va hilera: 5d, ds, girar.

9na hilera: 4d, 2pjd.

10ma hilera: 4d, ds, girar.

11ra hilera: 3d, 2pjd.

12da hilera: 3d, ds, girar.

13ra hilera: 2d, 2pjd.

14ta hilera: 2d, ds, girar.

15ta hilera: 1d, 2pjd.

16ta hilera: 1d, ds, girar.

17ma hilera: 2pjd.

18va hilera: ds.

Cerrado del próximo triángulo: 1 pto en la ag D, levantar y tejer al d 9 ptos de los finales de hileras del siguiente bloque, girar.

1ra hilera (RL): 8d, 2pjd.

Trabajar las hileras 2 – 18 para completar el triángulo. Continuar de esta manera hasta que todos los triángulos de terminación estén completos.

Cerrar.

SELECTOR DE PUNTOS Letras

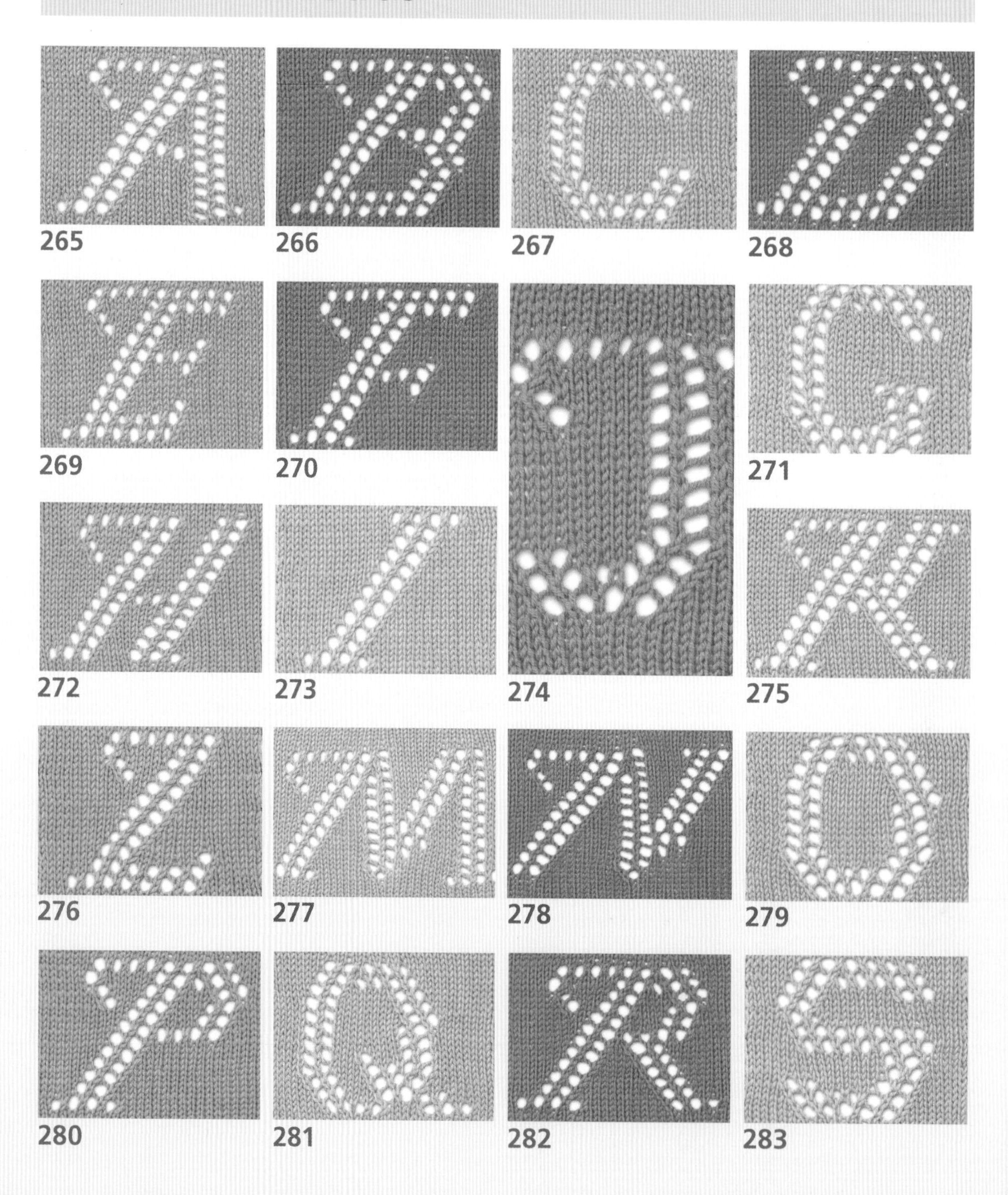

265 266 267 268

269 270 271

272 273 274 275

276 277 278 279

280 281 282 283

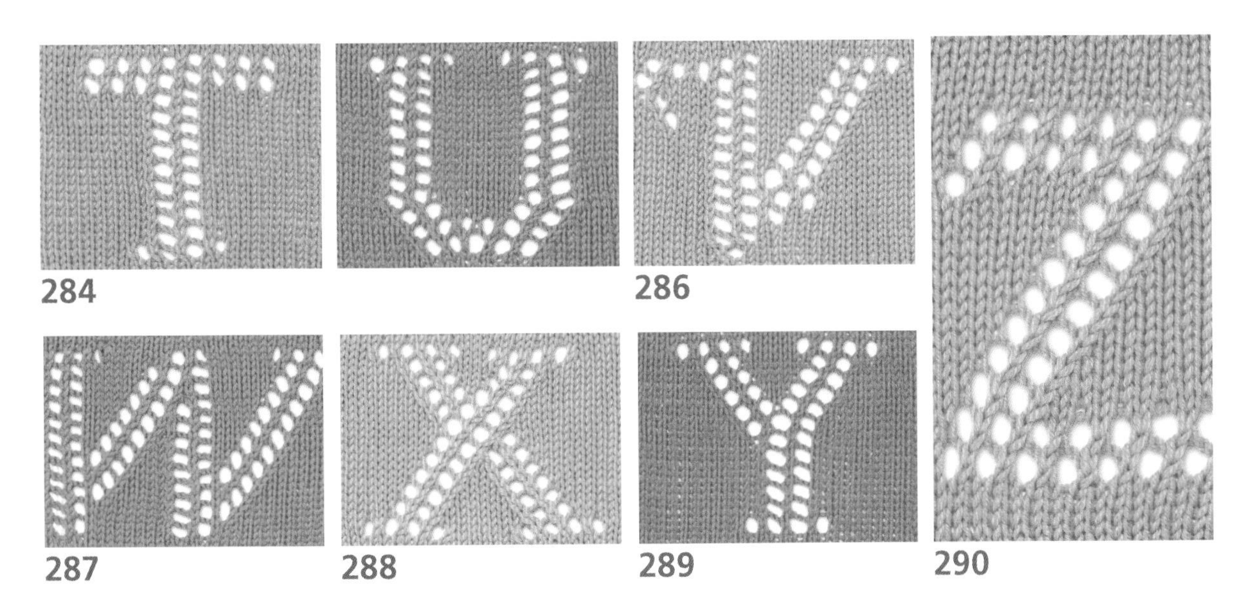

284 286

287 288 289 290

SELECTOR DE PUNTOS Números

291 292 293 294 295

296 297 298 299 300

Puntos 265–269

Letras NIVEL 2

Puede usar este delicado abecedario para firmar su trabajo o para dejar un mensaje. A pesar de que cada letra es fácil de realizar individualmente, la diversión comienza cuando usted decide cómo usarlas. Tome las letras que desea usar y cópielas en un papel cuadriculado, jugando con el espacio entre cada una para lograr el efecto que desea.

Nota

Todas las letras tienen veintitrés hileras de alto y varía su ancho entre dieciséis y treinta y tres puntos.

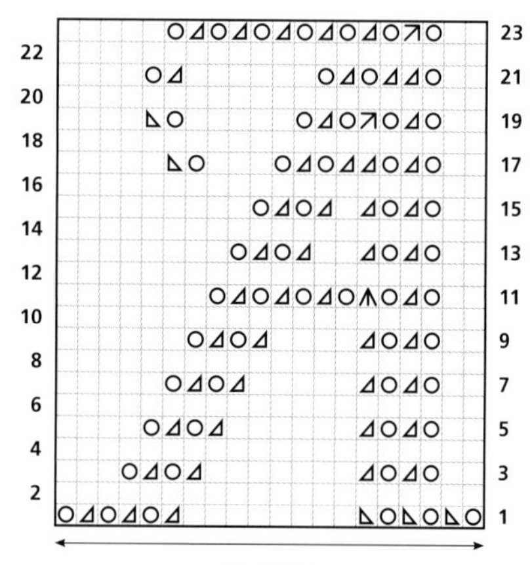

20 ptos.

22 ptos.

d en el DL, r en el RL | 2pjd | dsi | 3pjd | laz

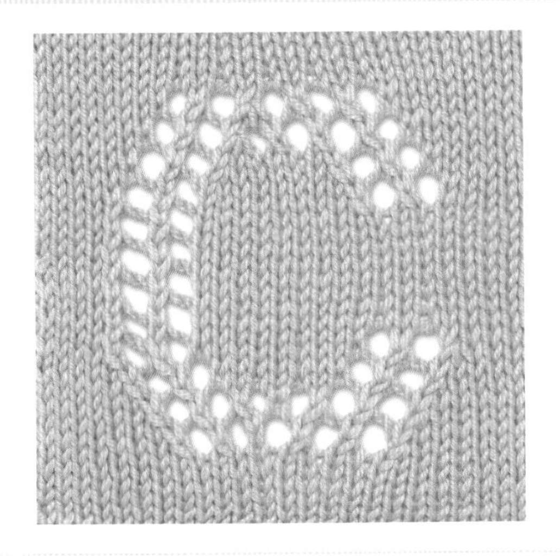

23 O⊿O↗O◺O◺O
22
21 O⊿O↗O◺O◺O◺O
20
19 O⊿O⊿ ◺O◺O
18
17 ⊿O⊿O ◺O◺O
16
15 ⊿O⊿O
14
13 ⊿O⊿O
12
11 ⊿O⊿O
10
9 ⊿O⊿O
8
7 ◺O◺O O⊿O⊿
6
5 ◺O◺O O⊿O⊿
4
3 ◺O◺O◺O O⊿O⊿O⊿
2
1 ◺O◺O O⊿O⊿O⊿

17 ptos.

23 O⊿O⊿O⊿O⊿O⊿O⊿O↗O◺O
22
21 O⊿ O⊿O↗O◺O◺O
20
19 ◺O O⊿O⊿ ◺O◺O
18
17 ◺O O⊿O⊿ ◺O◺O
16
15 O⊿O⊿ O⊿O⊿
14
13 O⊿O⊿ O⊿O⊿
12
11 O⊿O⊿ O⊿O⊿
10
9 O⊿O⊿ O⊿O⊿
8
7 O⊿O⊿ O⊿O⊿
6
5 O⊿O⊿ O⊿O⊿
4
3 O⊿O⊿O⊿O⊿O⊿O⊿O⊿O⊿
2
1 O⊿O⊿O⊿O⊿O⊿O⊿O⊿O⊿

23 ptos.

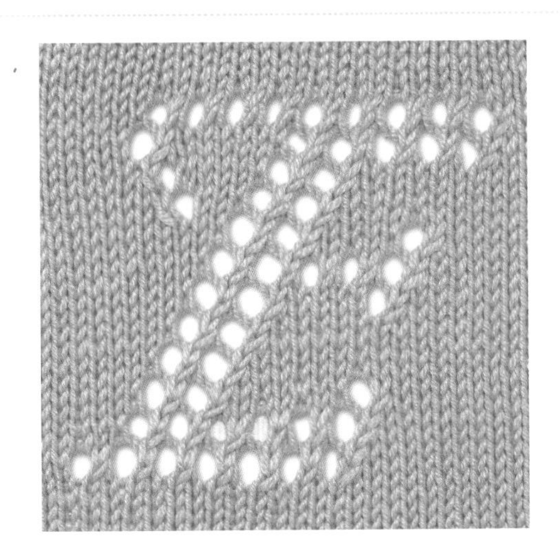

23 O⊿O⊿O⊿O⊿O⊿O⊿O⊿O⊿O⊿
22
21 O⊿ O⊿O⊿O⊿O⊿O⊿
20
19 ◺O O⊿O⊿
18
17 ◺O O⊿O⊿
16
15 O⊿O⊿ O⊿
14
13 O⊿O⊿O⊿O⊿O⊿
12
11 O⊿O⊿ O⊿
10
9 O⊿O⊿
8
7 O⊿O⊿
6
5 O⊿O⊿ O⊿
4
3 O⊿O⊿O⊿O⊿O⊿O⊿
2
1 O⊿O⊿O⊿O⊿O⊿O⊿O⊿O⊿

23 ptos.

Puntos 270–275

Letras NIVEL 2

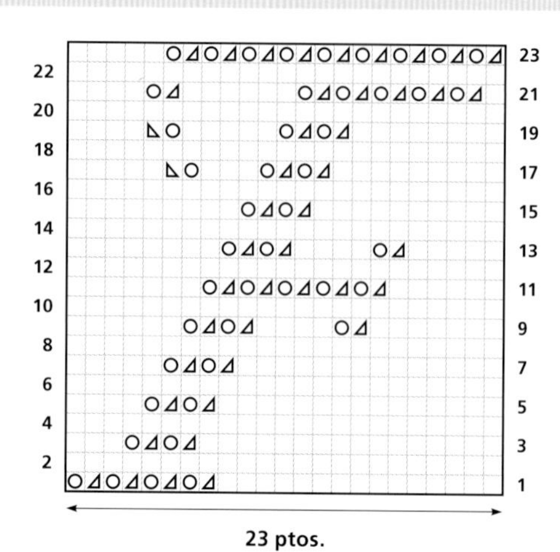

23 ptos.

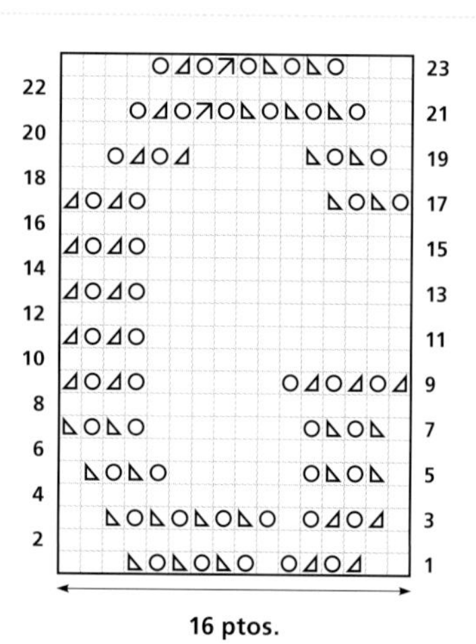

16 ptos.

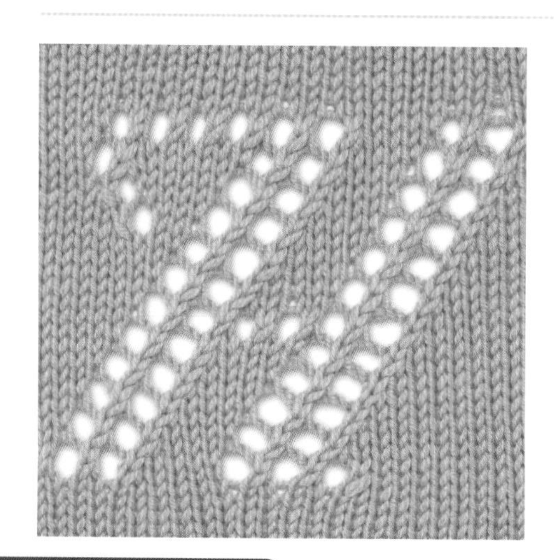

25 ptos.

d en el DL, r en el RL  2pjd dsi laz

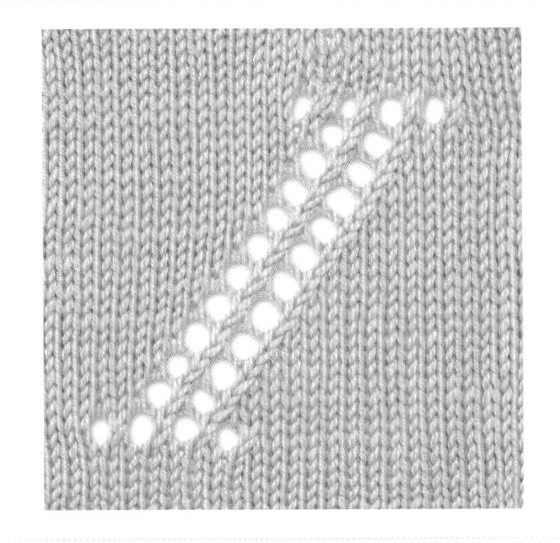

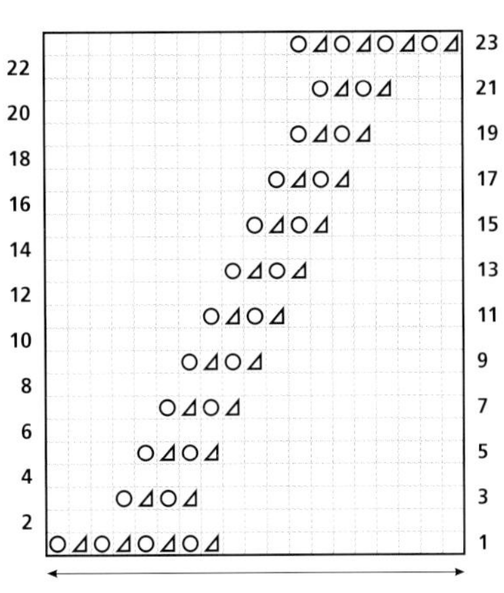

19 ptos.

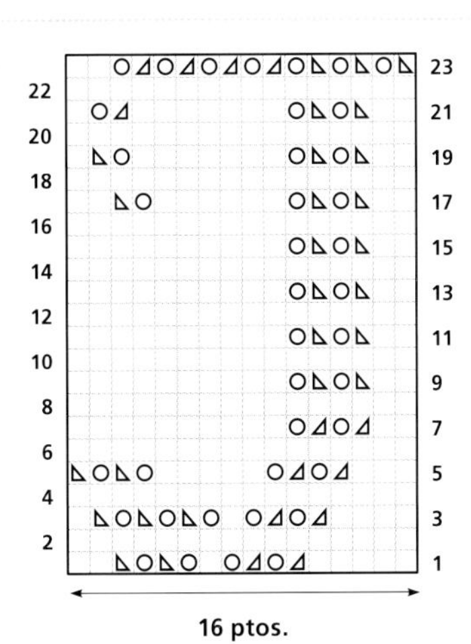

16 ptos.

22
20
18
16
14
12
10
8
6
4
2

23
21
19
17
15
13
11
9
7
5
3
1

25 ptos.

Puntos 276–279

Letras NIVEL 2

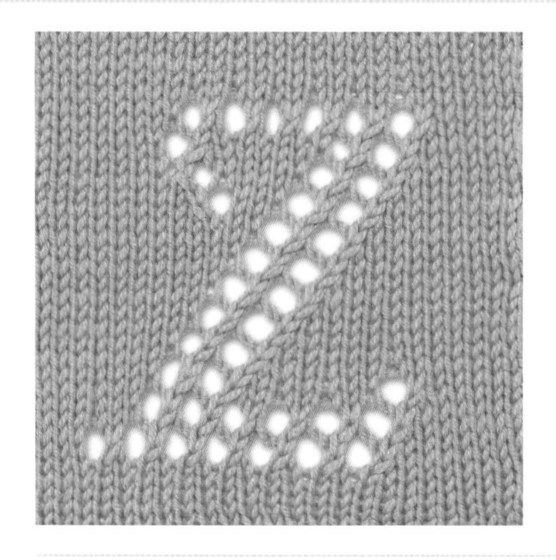

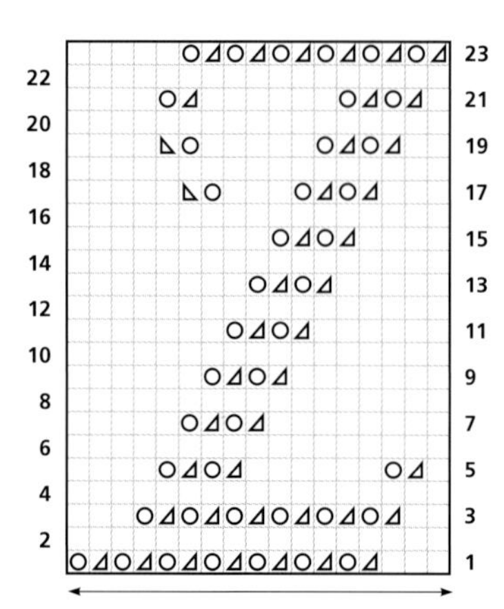

17 ptos.

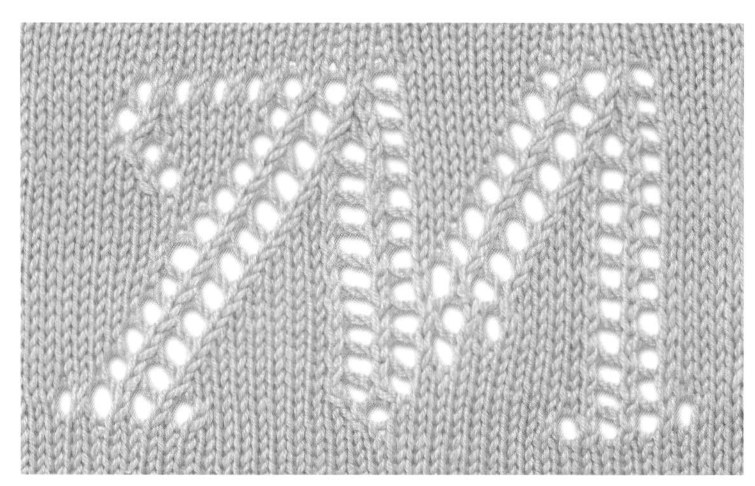

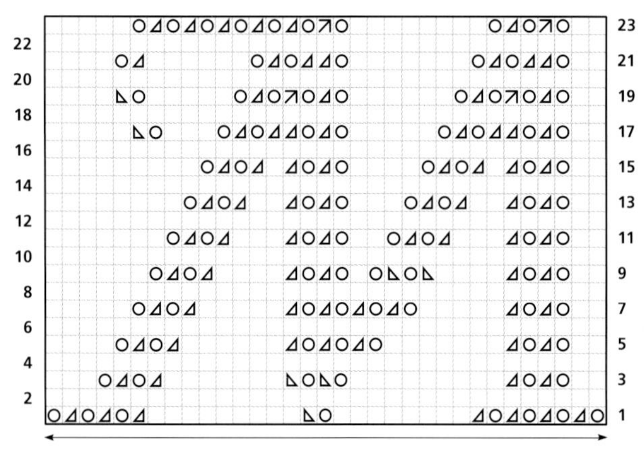

33 ptos.

174–175 Símbolos básicos

d en el DL, r en el RL 2pjd 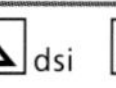 dsi  3pjd laz

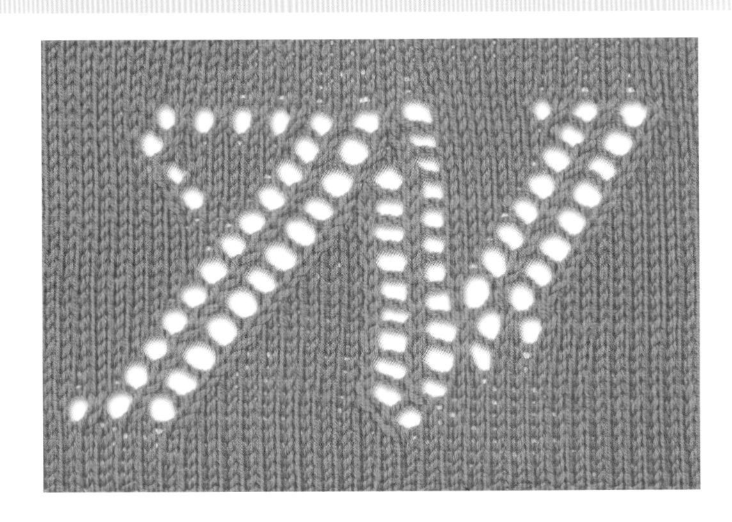

23 21 19 17 15 13 11 9 7 5 3 1

22 20 18 16 14 12 10 8 6 4 2

30 ptos.

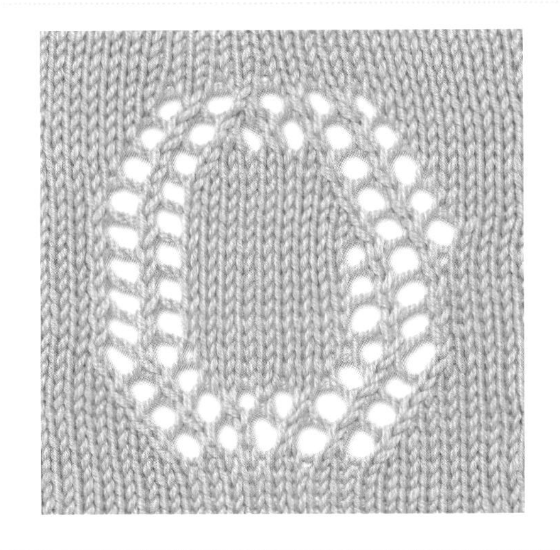

23 21 19 17 15 13 11 9 7 5 3 1

22 20 18 16 14 12 10 8 6 4 2

17 ptos.

Puntos 280–285

Letras NIVEL 2

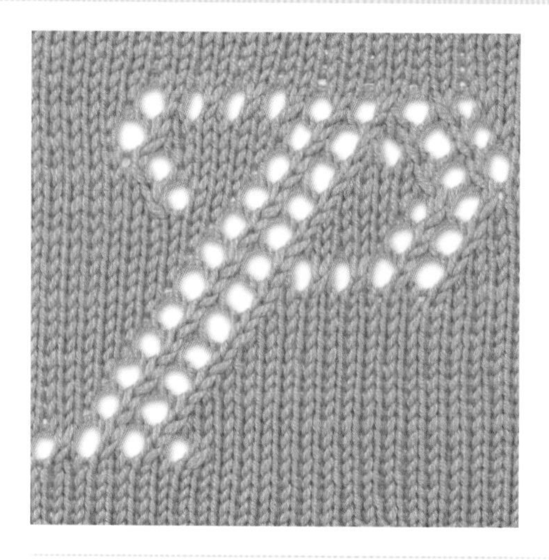

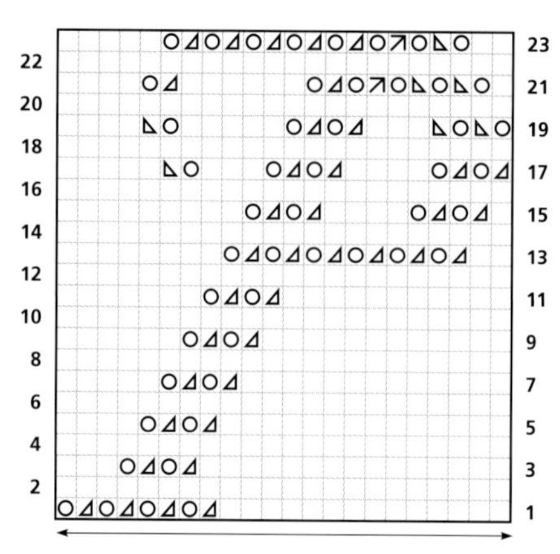

22 ptos.

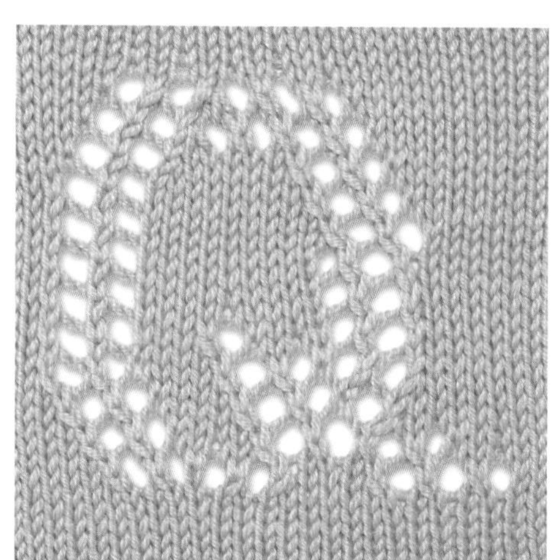

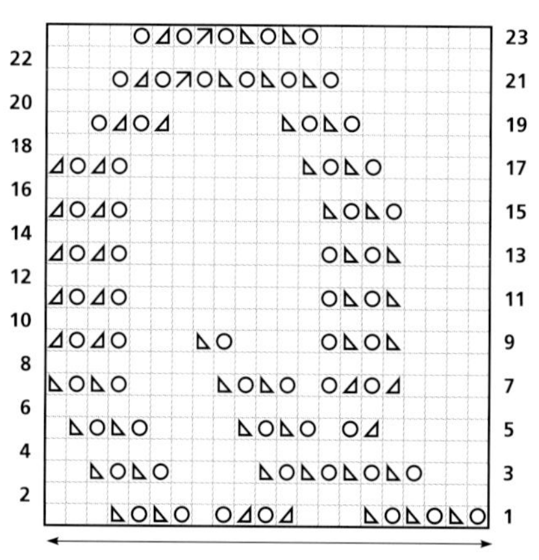

21 ptos.

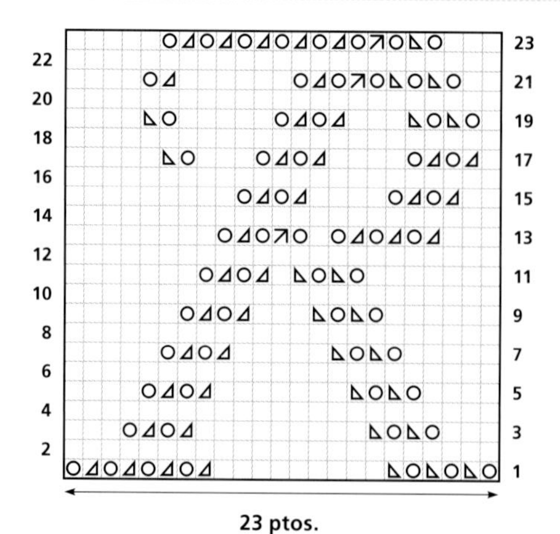

23 ptos.

176–177 Símbolos básicos

d en el DL, r en el RL | 2pjd | dsi | 3pjd | laz

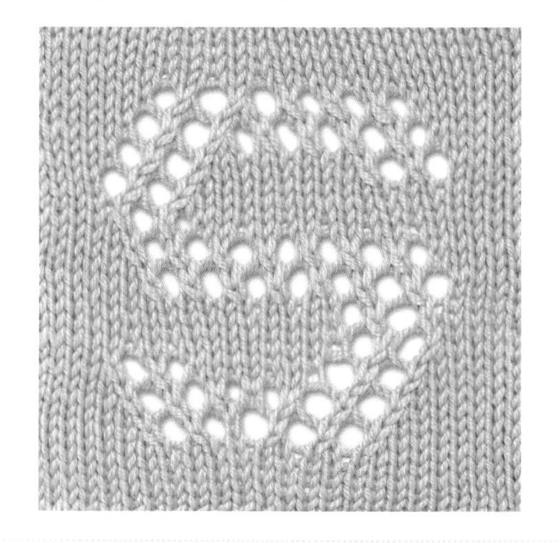

22 20 18 16 14 12 10 8 6 4 2

23 21 19 17 15 13 11 9 7 5 3 1

16 ptos.

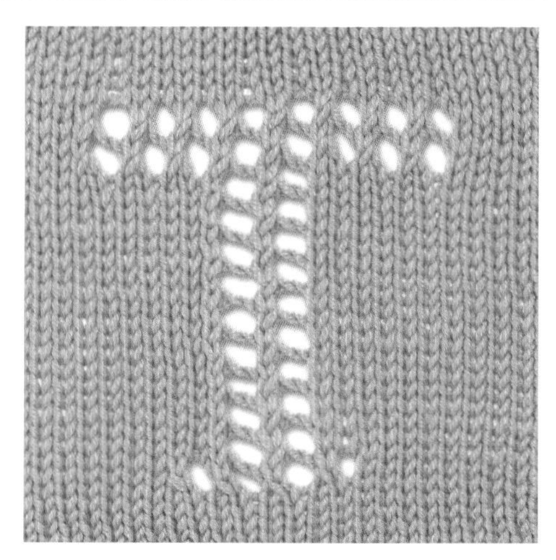

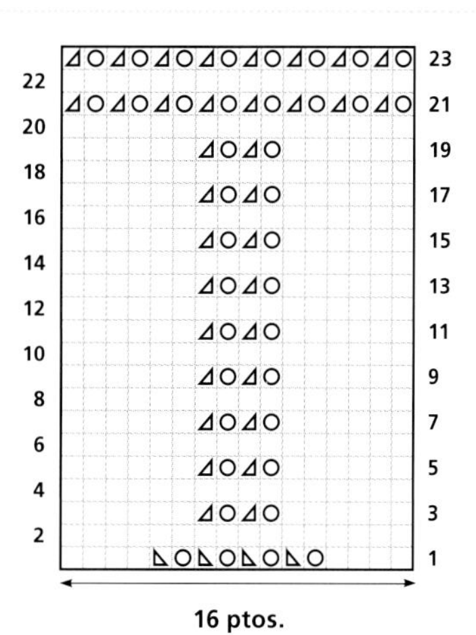

22 20 18 16 14 12 10 8 6 4 2

23 21 19 17 15 13 11 9 7 5 3 1

21 ptos.

Puntos 286–290

Letras NIVEL 2

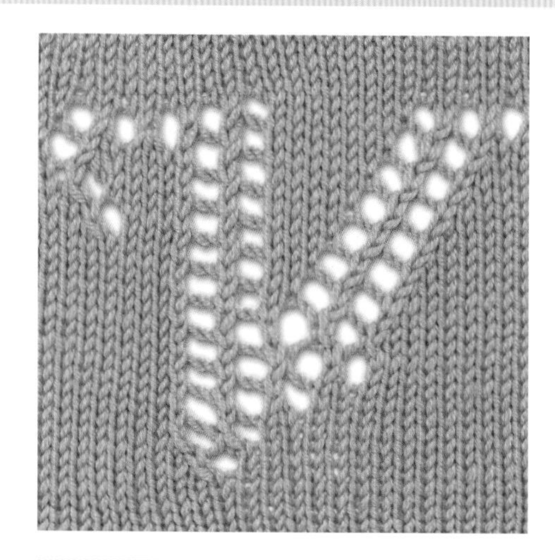

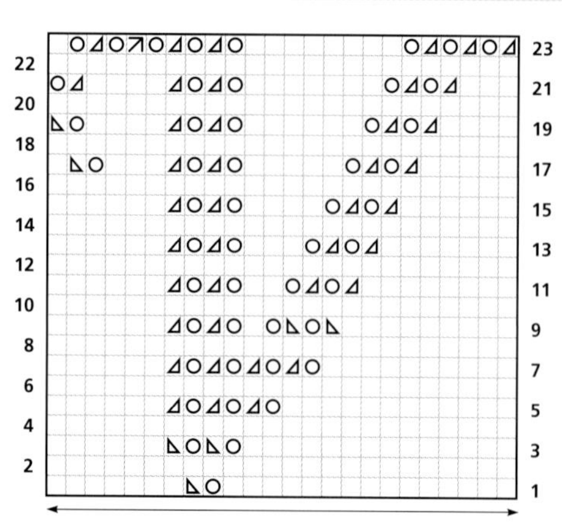

33 ptos.

178–179 Símbolos básicos

☐ d en el DL, r en el RL ◺ 2pjd ◺ dsi ◹ 3pjd ◯ laz

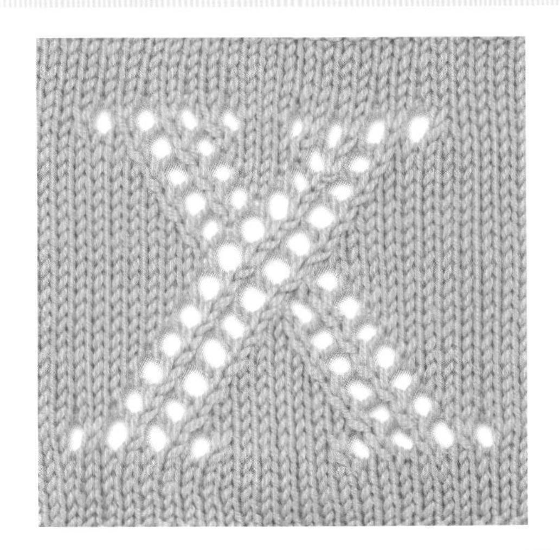

23
22
21
20
19
18
17
16
15
14
13
12
11
10
9
8
7
6
5
4
3
2
1

21 ptos.

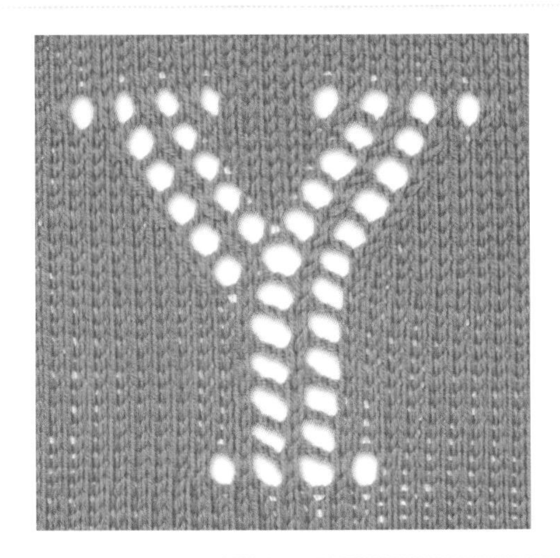

23
22
21
20
19
18
17
16
15
14
13
12
11
10
9
8
7
6
5
4
3
2
1

21 ptos.

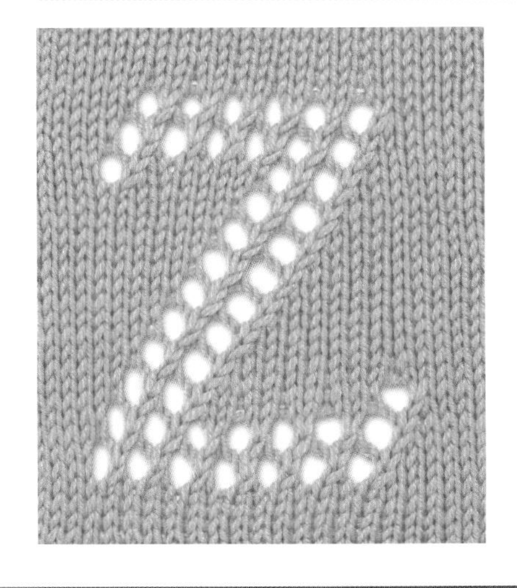

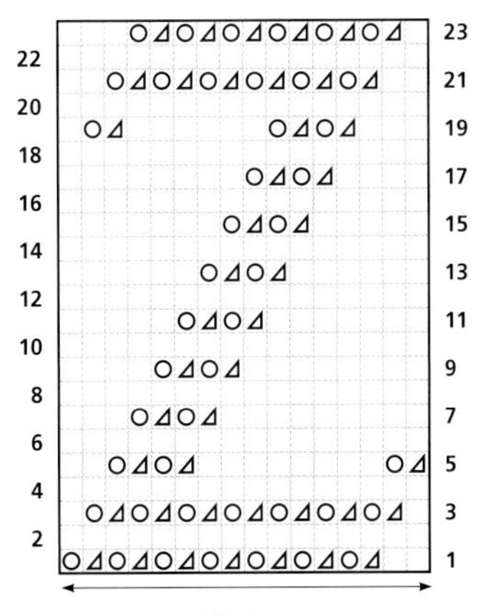

16 ptos.

Puntos 291–295

Números NIVEL 2

Se pueden usar estos números para fechar su trabajo o combinarlos con las letras para realizar un dechado. Los números están basados en la misma técnica del calado de las letras, pero son más delgados y verticales. Para crear su propia combinación de números, copie varios en papel cuadriculado y juegue con los espacios para lograr el efecto deseado.

Nota

Todos los números tienen veintitrés hileras de alto y varía su ancho entre ocho y diecisiete puntos.

16 ptos.

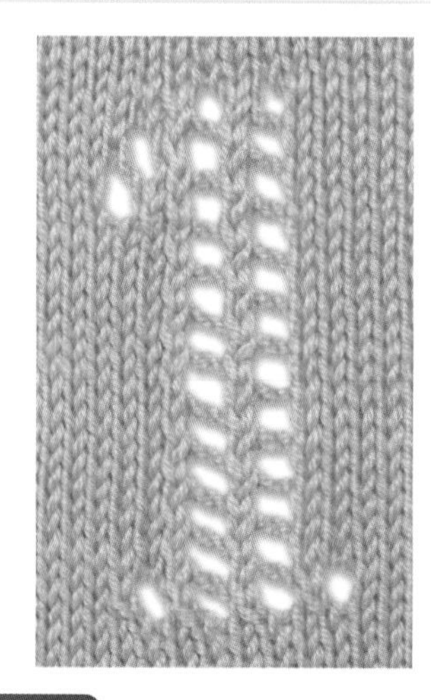

8 ptos.

180–181 Símbolos básicos

d en el DL, r en el RL · 2pjd · dsi · 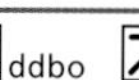 ddbo ·  3pjd ·  laz

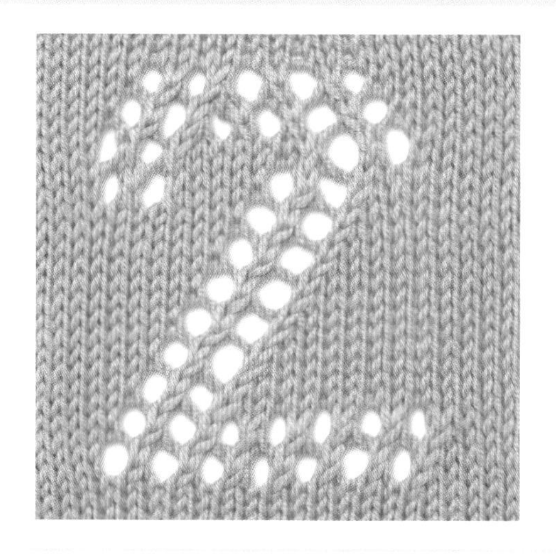

Hilera	Gráfico	Hilera
	O⊿O⌉O◺O◺O	23
22		
	O⊿O⌉O◺O◺O◺O	21
20		
	O◺O◺ ⊿O⊿O	19
18		
	O◺O◺ O⊿O⊿	17
16		
	O⊿O⊿	15
14		
	O⊿O⊿	13
12		
	O⊿O⊿	11
10		
	O⊿O⊿	9
8		
	O⊿O⊿	7
6		
	O⊿O⊿	5
4		
	O⊿O⊿O⊿O⊿O⊿O⊿O⊿	3
2		
	O⊿O⊿O⊿O⊿O⊿O⊿O⊿	1

15 ptos.

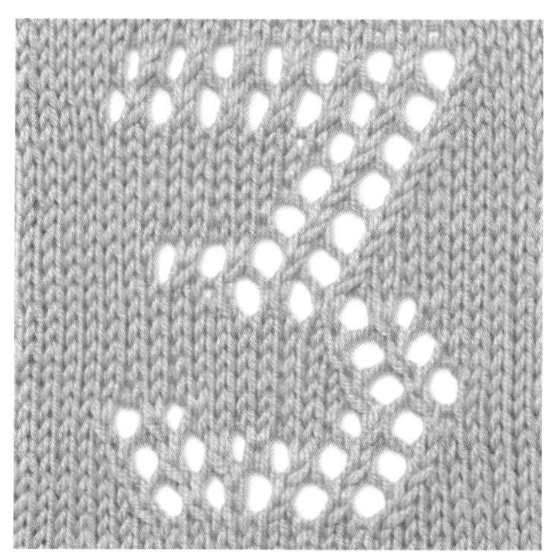

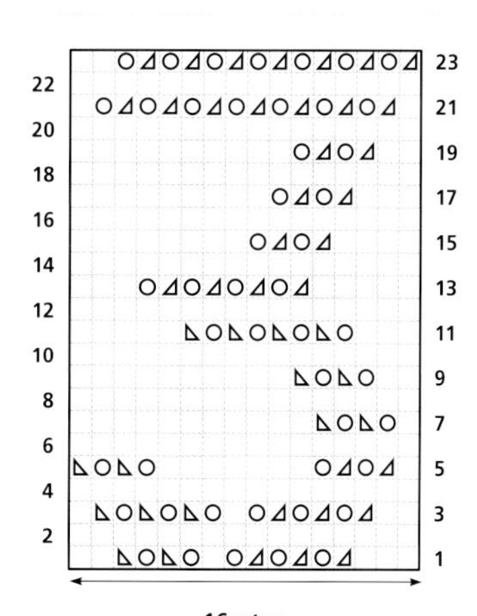

16 ptos.

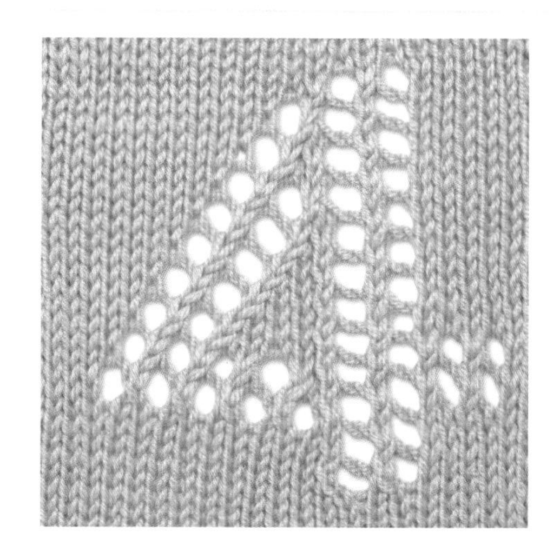

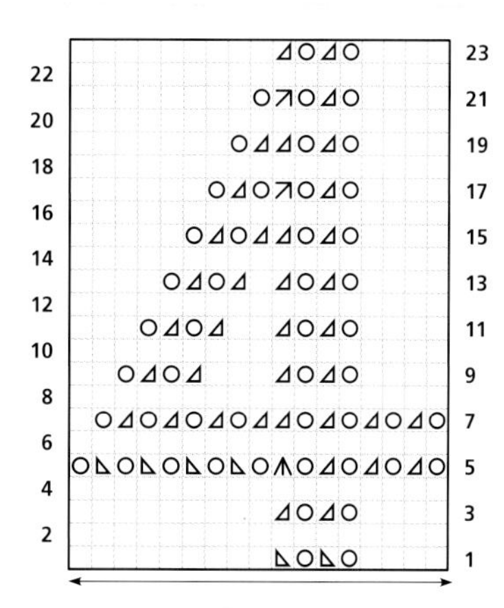

17 ptos.

Puntos 296–300

Números NIVEL 2

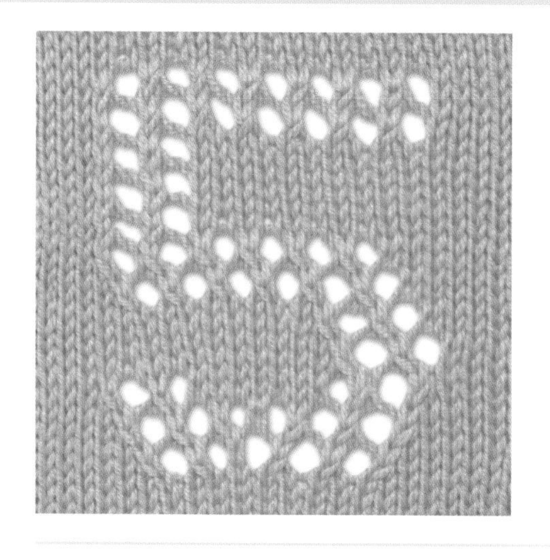

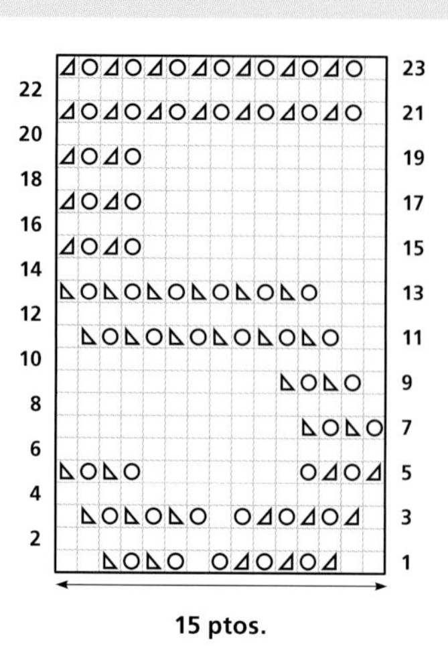

15 ptos.

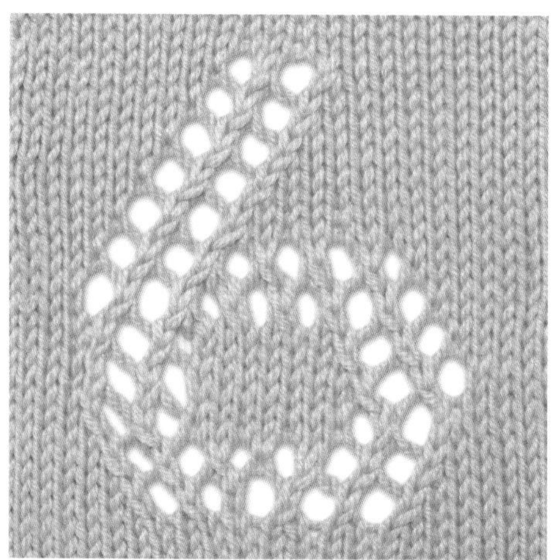

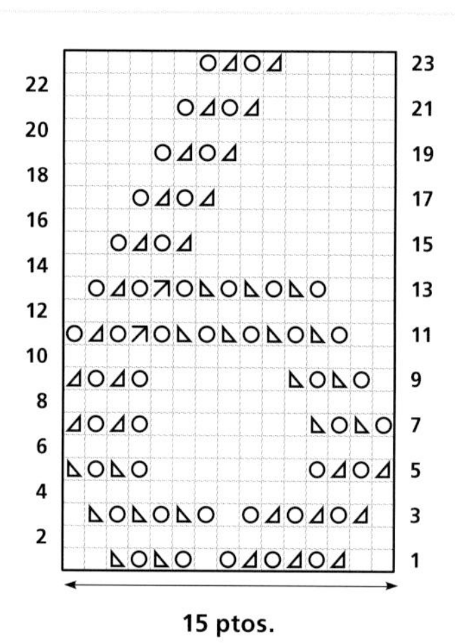

15 ptos.

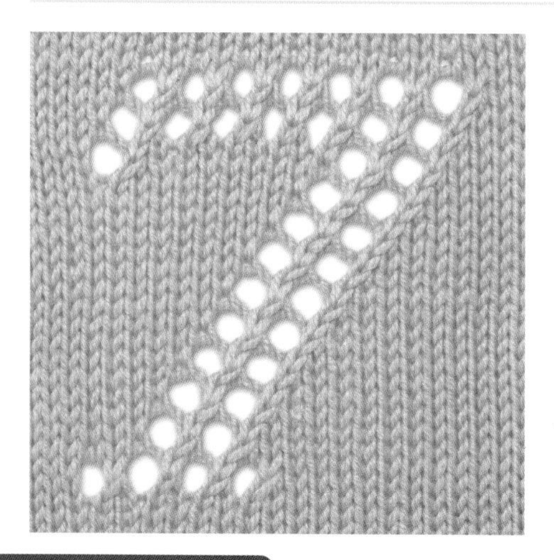

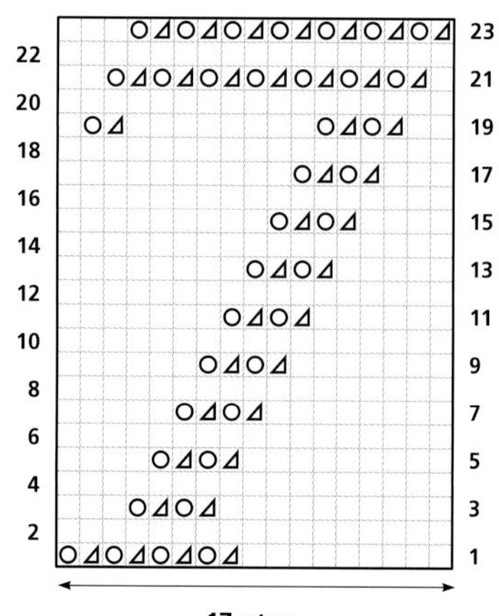

17 ptos.

182–183 Símbolos básicos

d en el DL, r en el RL | 2pjd | dsi | 3pjd | laz

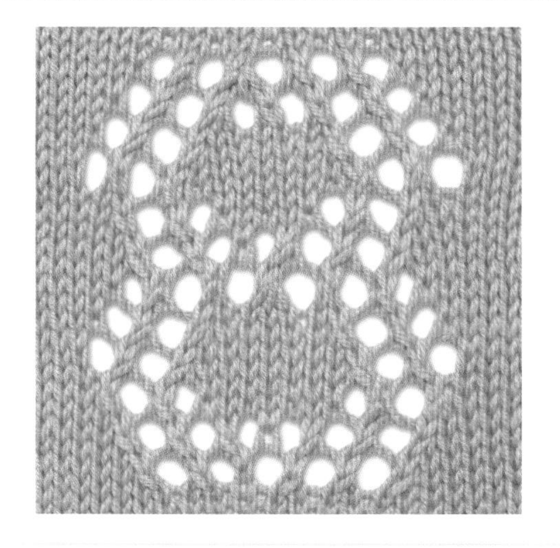

22 20 18 16 14 12 10 8 6 4 2

23 21 19 17 15 13 11 9 7 5 3 1

15 ptos.

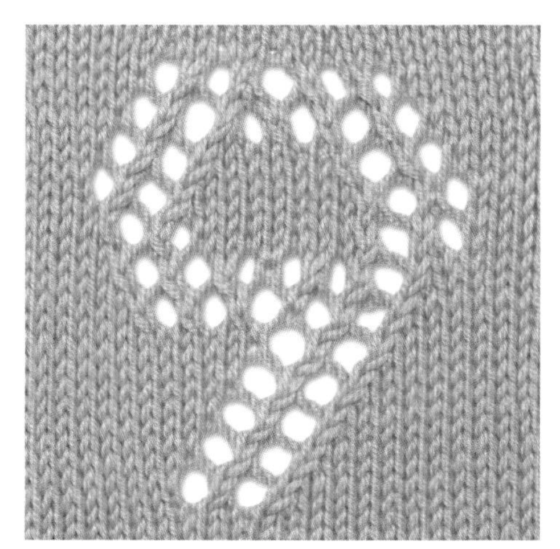

22 20 18 16 14 12 10 8 6 4 2

23 21 19 17 15 13 11 9 7 5 3 1

15 ptos.

Tejer

saber cómo

En este capítulo encontrará información que la ayudará a aprovechar al máximo esta colección de puntos: técnicas básicas, asesoramiento sobre cómo incorporar los puntos a sus diseños, instrucciones clave para leer los gráficos y una lista de abreviaturas y símbolos usados a lo largo del libro.

Usando los puntos

Si los puntos de este libro lo inspiraron para crear sus propios diseños, estas páginas le mostrarán cómo. Antes que nada, necesita decidir qué hacer y luego realizar un simple dibujo. Una vez que tenga listos sus medidas y su hilado, puede empezar a tejer.

COMO CREAR SU PROPIO DISEÑO

Sabe lo que quiere hacer, pero necesita planificar cómo lo quiere hacer. Cualquier cosa que sea, desde una manta a un gorro o un sweater, haga un pequeño dibujo con el diagrama del diseño – no importa cuan básico sea- y tome notas. A medida que el diseño se desarrolla, necesitará adaptar o cambiar cosas, pero es de utilidad para recordar su idea original.
Mire su dibujo y considere la construcción de su diseño. Por ejemplo, una manta puede ser trabajada en franjas o en cuadrados, pero un gorro debe ser trabajado en redondo o en secciones.

Construcción y medidas

Cualquier cosa que usted quiera hacer, diagrame las diferentes formas necesarias por separado, luego agregue medidas a sus diagramas.
Para una prenda, puede tomar las medidas directamente del cuerpo, luego agregar la holgura para el estilo que usted desee, o puede tomar medidas de una prenda existente con un estilo parecido, calce y peso de la tela para el proyecto que pretende hacer.
Las medidas que usted tome para accesorios y prendas para el hogar deben cubrir el ancho y el largo, más un poco de holgura si es apropiado. Recuerde que una tela tejida normalmente se estira, así los almohadones lucirán más rellenos si la funda es apenas más chica que el relleno del almohadón propiamente dicho.

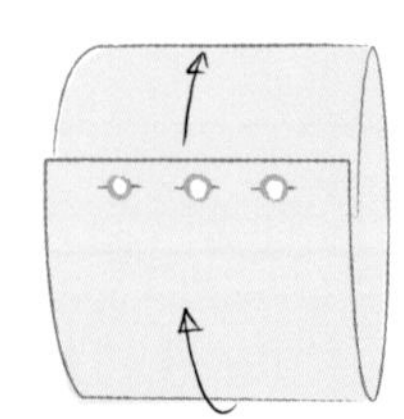

Funda de almohadón
Uno de los más sencillos diseños para hacer es la funda de almohadón, ya que puede ser trabajada en una pieza (en la dirección de las flechas), con los bordes de comienzo y cerrado sobrepuestos. Los ojales cerca del borde de cierre de puntos le darán un cierre a la abertura una vez que las costuras laterales estén cosidas.

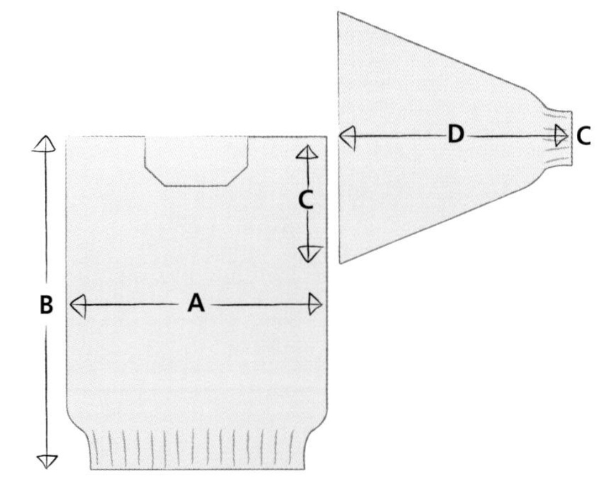

Diseño de un pullover: delantera
No es necesario dibujar ambas mangas, ya que serán iguales. Las medidas más importantes son el ancho (A) y el largo (B). Con estas proporciones en mente, puede planificar la profundidad de la sisa (C). Siempre tome la medida de la manga en forma derecha (D). Con este estilo, es importante tener en cuenta que la punta de la manga se encuentra por debajo de la línea natural de los hombros. Para calcular aproximadamente el largo de la manga, tome una medida de usted mismo de puño a puño (del puño de un brazo al puño del otro brazo) – A más (2xD) – luego reste A y divida el resultado por 2. No es tan complicado como parece.

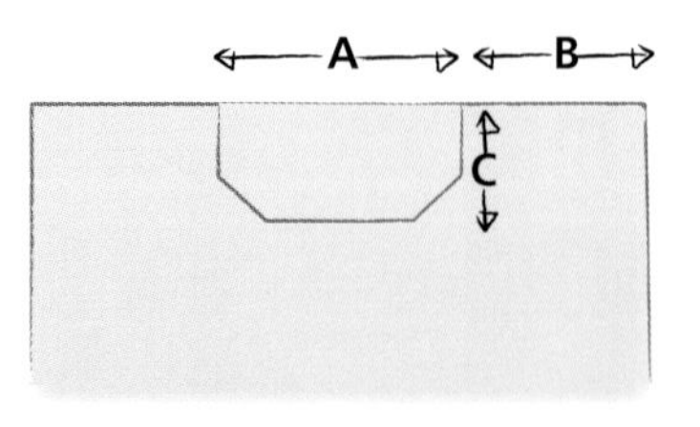

Diseño de pullover: abertura del cuello
Planificar la abertura del cuello es crucial, pero si sus cálculos son equivocados, no es un gran problema tejer nuevamente en este punto de la labor. Obviamente, el cuello debe pasar por su cabeza, pero cualquiera sea el estilo, la relación entre el ancho del cuello (A) y del hombro (B) es importante. La profundidad del cuello afectará tanto al calce como al estilo. Poca profundidad en la parte trasera del cuello ayudará a que el cuello siente bien pero no es absolutamente esencial. Además hay que considerar una terminación, tirilla para el cuello, o borde.

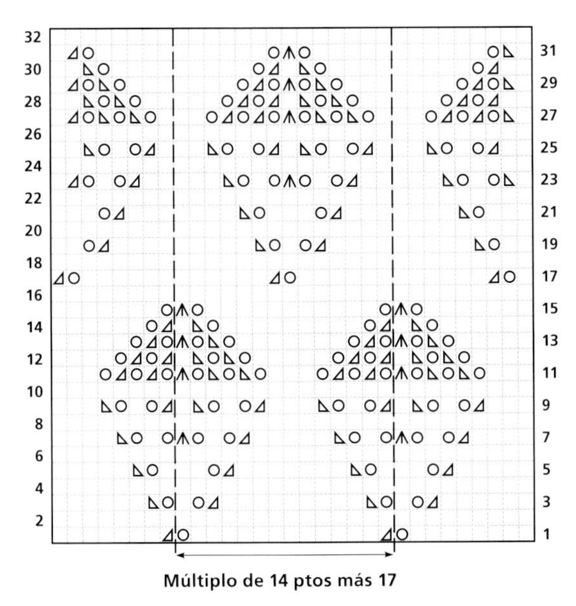

Múltiplo de 14 ptos más 17

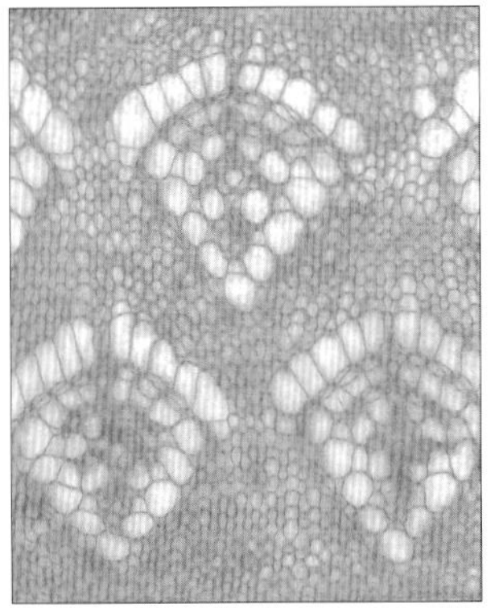

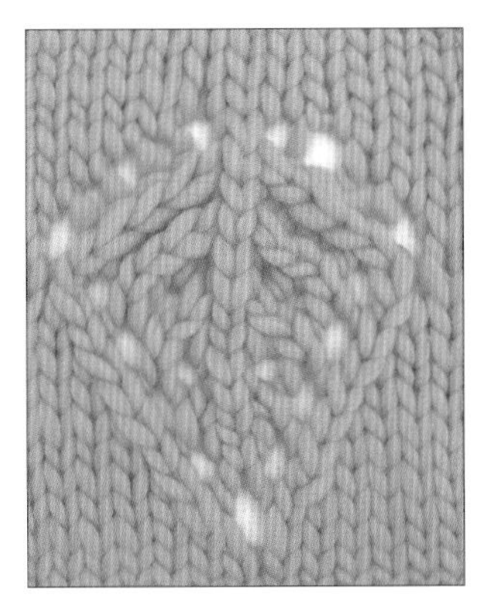

Diferencias entre hilados

Estas dos muestras indican, en este caso el calado de helecho (ver pág. 99), cuán diferentes puede resultar en hilados distintos. Un hilado grueso y suave, expande el motivo de la derecha para darle un efecto de relieve, mientras que el fino mohair de la izquierda produce una delicada y etérea trama y necesita más repeticiones del diseño para cubrir igual superficie.

Comenzar con las muestras

Tome el hilado de su elección y la aguja que usted piensa que es apropiada y teja muestras en el diseño elegido. Necesitará experimentar para crear una trama que considere apropiada para su proyecto, así que tendrá que probar con diferentes medidas de agujas hasta lograr el efecto que usted desea. Una trama cerrada será adecuada para una funda de almohadón, pero muy áspera para una prenda de bebé, una trama suave servirá para un cardigan pero no para un resistente pullover para usar en el exterior. El contenido de fibra y la textura de un hilado también afectará el resultado.

Un hilado con pelitos oscurecerá el diseño si es trabajado en forma apretada, pero puede verse encantador si se lo trabaja holgadamente. Puede usar la información de la etiqueta del ovillo como un punto de partida para elegir la aguja, pero una de las alegrías de crear su propio diseño es que puede trabajar con la medida de aguja que le otorga a usted la trama que le gusta. Siempre ensaye todos los puntos que van a ser usados, juntos o separados.

Midiendo la tensión

Una vez que está conforme con la elección del hilado, necesitará medir la muestra para encontrar cuántos puntos e hileras debe asignarle a las medidas tomadas, normalmente en 10 cm o 4 pulg. Esto se denomina tensión y el número de puntos es la clave para calcular la medida. Si usted desea una tensión más grande o más pequeña, no trate de tejer más flojo o más apretado, simplemente pruebe con una medida diferente de aguja.

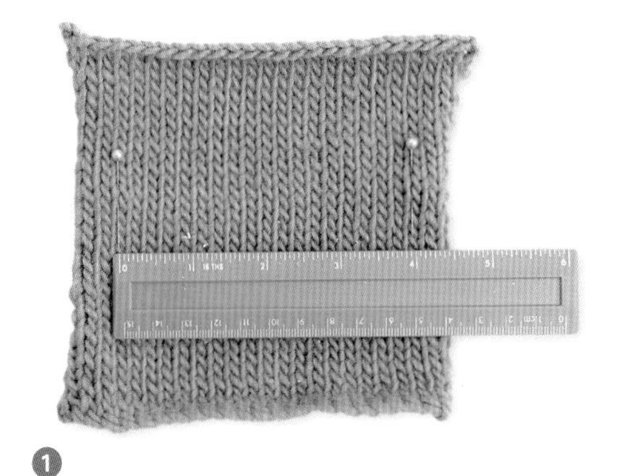

Contando los puntos

Con la muestra sobre una superficie plana, colocar dos alfileres separados por exactamente 10 cm (4 pulg) como se muestra en 1. Contar los puntos (y también los medio puntos) a lo largo de una hilera entre los alfileres. Luego, colocar los alfileres separados verticalmente por 10 cm (4pulg), como se muestra en 2 y contar los puntos que se presentan en la línea vertical.

Usando los puntos – continuación

Trabajando con los números

Una vez que sus medidas están en el diagrama y ha tomado nota de la tensión de sus muestras, necesitará conectar ambas usando la calculadora. Empecemos con un diseño que usa sólo un punto.

Si está trabajando en centímetros, tome el número de puntos que tiene en los 10 cm y divídalo por 10, luego multiplique el resultado por el número de centímetros para cada medida de ancho.

Haga lo mismo usando la muestra de hileras para calcular el largo de la prenda.

Si está trabajando en pulgadas, tome el número de puntos en 4 pulg y divídalo por 4, luego multiplique el resultado por el número de pulgadas para cada medida de ancho. Para establecer cada medida de largo, haga lo mismo usando la tensión de las hileras.

Estos cálculos le darán a usted la idea de cuántos puntos necesitará, pero es necesario ajustar las cifras ya que usted tiene un número de puntos que le dará un total repeticiones completas del punto que elija.

Para un diseño que combine puntos de fondo con paneles de puntos, mida el ancho de los paneles y luego calcule los puntos del fondo que quedan entre ellos. Asegúrese de que las combinaciones de puntos sean atractivas y no olvide de agregar puntos extras para las costuras.

Trabajando con la repetición de hileras
Seleccionando diseños de puntos que se agregarán a la repetición de una hilera es la manera más satisfactoria de manejarse con múltiples repeticiones.
En este ejemplo, el diseño de azafrán (ver pág 89), una repetición de veinticuatro hileras, está bordeado por seis repeticiones de 4 hileras de una torzada (ver pág 54)- la torzada de la derecha está trabajada con cruces frontales- y tres repeticiones de 8 hileras de ramas en zigzag (ver pág 56) para realizar un diseño completo de veinticuatro hileras.

Dándole forma a un patrón calado

Aumentando o disminuyendo en un borde puede ser complicado, porque las disminuciones o aumentos pueden interferir con el conteo de puntos de un diseño. Aquí es cuando graficar el diseño puede ser de gran ayuda. La foto muestra un borde con forma en punto campanitas (ver pág 87), con el diseño del punto tomado lo más cerca posible del borde. El gráfico muestra cómo las disminuciones dobles se usaron para mantener en línea el diseño correctamente y darle forma al borde.

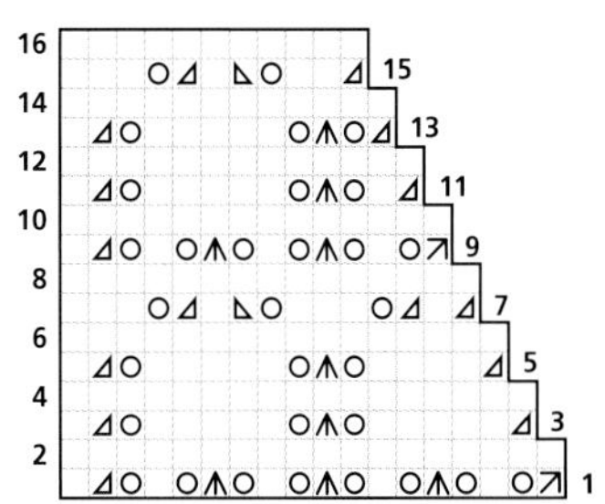

Combinando los diseños de puntos

Con la combinación de torzadas y puntos retorcidos se logra un interesante ribete (borde inferior) que remite al diseño de una caja de sorpresas (ver pág 116). Las torzadas del ribete están trabajadas sobre cinco puntos de la misma manera que las torzadas usadas en la parte principal, y el número de puntos retorcidos es el mismo que el número de puntos del doble arroz en la parte inferior del rombo.

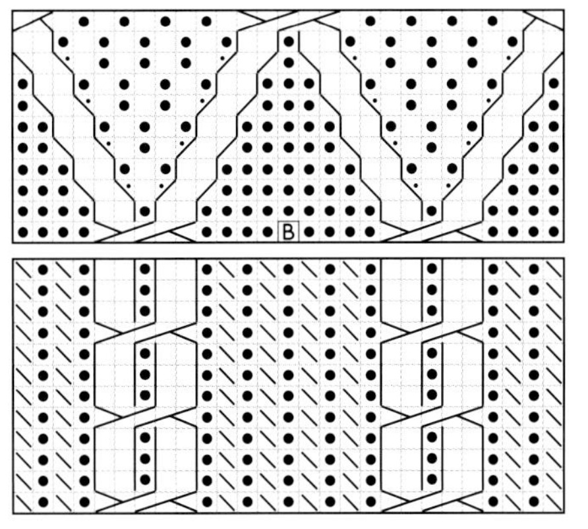

Usando los puntos – continuación

COMO INTEGRAR LOS PUNTOS EN SU DISEÑO

Usted puede crear abundantes y fantásticos diseños combinando puntos, pero no siempre es tan fácil como cambiar de un punto a otro. Tenga en cuenta combinar algunos diseños que conoce bien con uno o dos con los cuales no está tan familiarizada. No tenga miedo de ajustar puntos e hileras para compatibilizar, o mezclar diseños de puntos. Tenga en cuenta que las características de un punto y la composición del hilado (ver Diferencias entre hilados, pág 187) afectan el comportamiento del tejido. Sin embargo, hay varias maneras de influenciar sobre el resultado. Unas pocas técnicas se muestran aquí, pero usted puede experimentar por sí misma.

Integrando diseños de puntos sencillos
Si se usa el mismo número de puntos para un puño de 2d y 2r y para el punto jersey, el resultado será un borde que se contrae y un punto jersey expandido como se indica en la muestra nro 1.
Si éste no es el efecto que desea, puede hacer un tejido con un ancho continuo montando más puntos y disminuyéndolos a lo largo de la última hilera del puño. En la muestra n° 2, del lado del derecho de la labor, los puntos derechos en la última hilera del puño fueron trabajados tejiéndolos juntos al derecho (2pjd). Si necesitara menos disminuciones, las mismas pueden ser trabajadas a lo largo de la primera hilera del punto jersey.

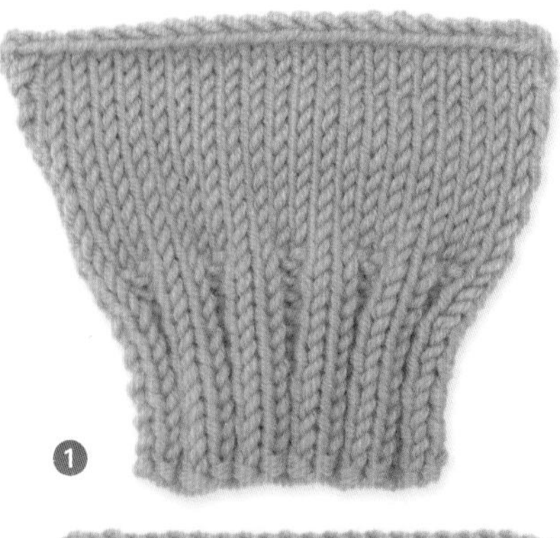
1

2

Trabajando en diagonal
Los cuadrados en punto Santa Clara no necesitan ser tejidos de lado a lado, pueden ser tejidos de esquina a esquina, como se muestra en las instrucciones dadas más abajo. Esto tiene la ventaja de que todos los bordes miden exactamente igual.
Montar 1 punto.
1ra hilera (DL): [1d, 1r, 1d] todo en 1 pto para lograr 3 ptos.
2da hilera y todas las hileras del RL: d
3ra hilera: 1d ad y at dos veces, 1d. 5 ptos.
5ta hilera: 1d ad y at, 2d, 1d ad y at, 1d. 7 ptos.
Continuar aumentando en el primer y en el último pto hasta que los bordes sean del largo deseado.
Próxima hilera del DL: 2pjd, d hasta los últimos 2 ptos, dsi. Continuar disminuyendo de ésta manera hasta que queden 3 ptos.
Próxima hilera del DL: dsi. Cerrar los puntos.

Controlando los bordes de montaje y de cerrado de puntos
Ptos. tales como las torzadas y cruces contraen el tejido; así, los bordes superiores e inferiores parecen estirados, como vemos en la muestra 1. Para contrarrestar esto, realice aumentos en la base de las torzadas y disminuciones al terminarlas. En la muestra 2, 5 ptos. fueron montados para cada torzada de 6 ptos. En la hilera del revés antes del primer cruce de la torzada, cada uno de estos grupos de ptos. fueron trabajados de la siguiente manera: 3r, 1aumR, 2r; así, el aumento queda escondido en el cruce que sigue en la torzada. En la hilera del revés que sigue al último cruce, cada una de las torzadas fue trabajada de la siguiente manera: 1r, 2pjr, 3r, para volver a los 5 ptos. Esto puede ser adaptado para cualquier torzada.

1

2

Frunces plenos

Un gran número de disminuciones pueden fruncir una pieza de tejido, pero lucirá más elegante si las disminuciones son integradas en el diseño del punto. Aquí, dos repeticiones de cuatro hileras del punto alga (ver pág 103) fueron seguidas por una hilera del derecho consistente en 1d, [dsi 2 veces, 1r, dsi 2 veces, 2pjd, 1r, 2pjd] hasta el último pto, 1d. Esto reduce cada repetición de catorce puntos a ocho puntos mientras se mantiene la línea del puño. (Foto a la derecha)

Usando una hilera de repetición como terminación

Las hileras 1 a la 16 forman ramas de cerezas (ver pág 124) y forman un lindísimo borde en el tejido de jersey. Para prevenir que el punto jersey se estire, disminuciones dobles fueron trabajadas a lo largo de la hilera nro 17, reduciendo cada repetición del punto a 18 puntos [9d, ddb, 8d] hasta el último pto, 1d. Empezando con una hilera del revés, continuar en punto Santa Clara. (Foto a la derecha).

Compensando un borde ondulante

Si está trabajando con un diseño de puntos chevron y no desea que el borde de terminación ondee, necesitará completar cada sección separadamente disminuyendo en lugar de aumentar a cada lado, mientras que sigue trabajando las disminuciones en el centro. Dependiendo del hilado y la tensión, necesitará disminuir también en las hileras del revés. (Foto a la derecha).

Galería de ideas

Aquí hay algunos tejidos en miniatura (knitdowns) para hacer estallar las ideas de nuevos proyectos. Son ejemplos simplificados de algunas de las técnicas necesarias para crear sus propias prendas y accesorios.

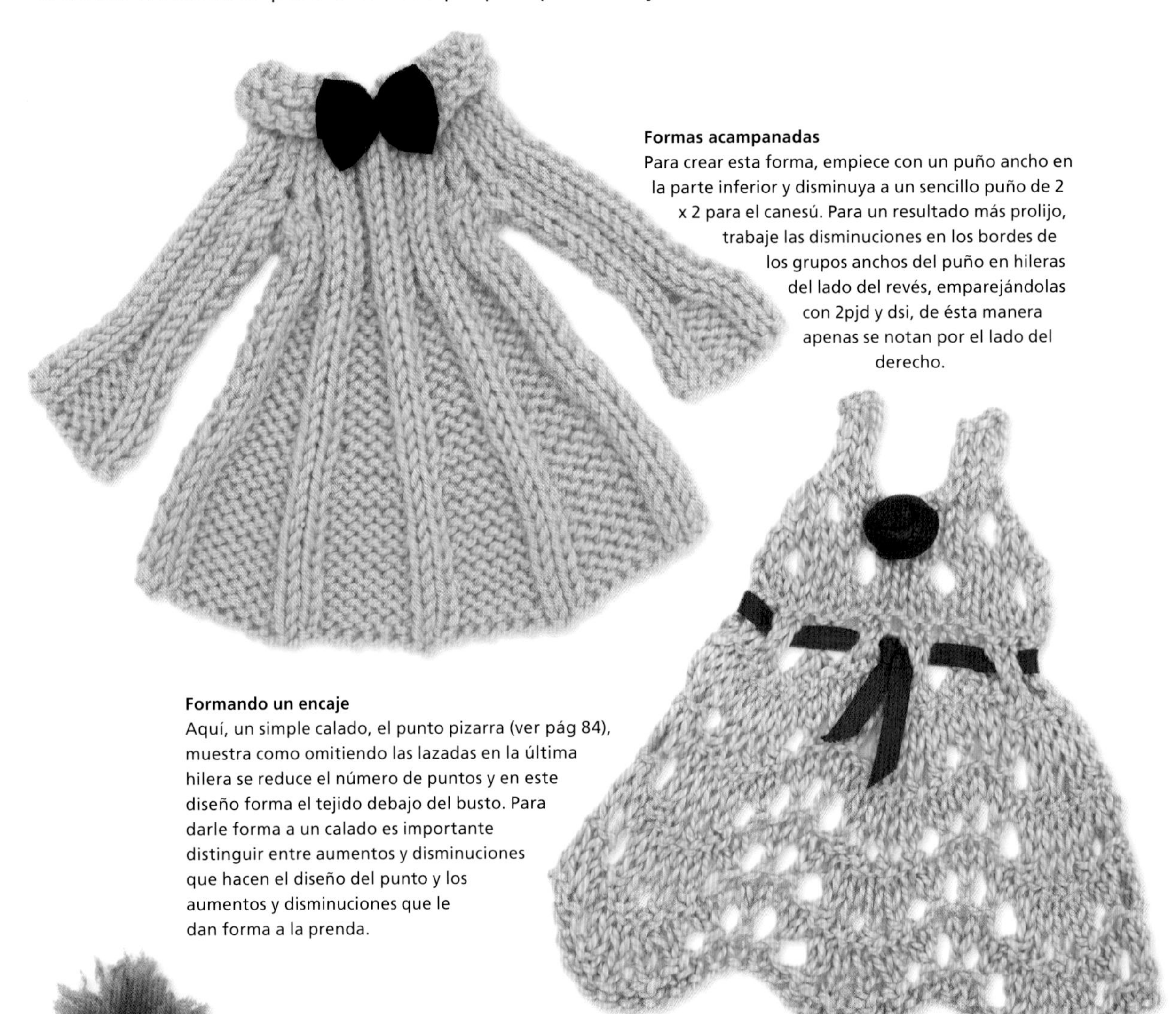

Formas acampanadas
Para crear esta forma, empiece con un puño ancho en la parte inferior y disminuya a un sencillo puño de 2 x 2 para el canesú. Para un resultado más prolijo, trabaje las disminuciones en los bordes de los grupos anchos del puño en hileras del lado del revés, emparejándolas con 2pjd y dsi, de ésta manera apenas se notan por el lado del derecho.

Formando un encaje
Aquí, un simple calado, el punto pizarra (ver pág 84), muestra como omitiendo las lazadas en la última hilera se reduce el número de puntos y en este diseño forma el tejido debajo del busto. Para darle forma a un calado es importante distinguir entre aumentos y disminuciones que hacen el diseño del punto y los aumentos y disminuciones que le dan forma a la prenda.

Midiendo para un gorro
Convierta la medida de la circunferencia de su cabeza en puntos. Tenga en cuenta que los puntos se estiran. Ajuste estos puntos a un número divisible por cuatro para formar la corona de cuatro segmentos más un punto entre cada uno de ellos. Cada segmento será disminuido con una disminución simple de un lado y con 2pjd del otro. Los puntos restantes se fruncen en la punta.

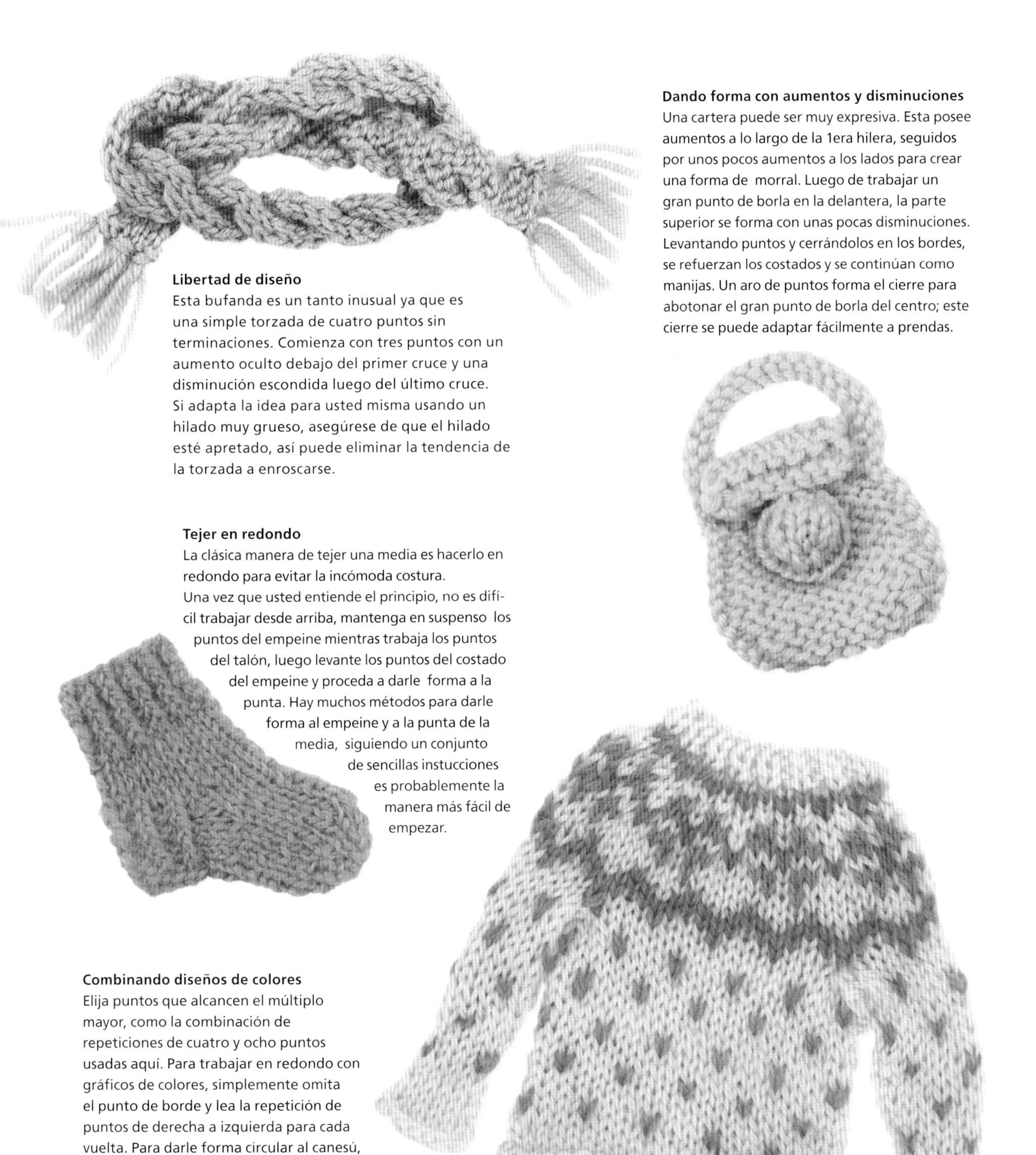

Libertad de diseño
Esta bufanda es un tanto inusual ya que es una simple torzada de cuatro puntos sin terminaciones. Comienza con tres puntos con un aumento oculto debajo del primer cruce y una disminución escondida luego del último cruce. Si adapta la idea para usted misma usando un hilado muy grueso, asegúrese de que el hilado esté apretado, así puede eliminar la tendencia de la torzada a enroscarse.

Dando forma con aumentos y disminuciones
Una cartera puede ser muy expresiva. Esta posee aumentos a lo largo de la 1era hilera, seguidos por unos pocos aumentos a los lados para crear una forma de morral. Luego de trabajar un gran punto de borla en la delantera, la parte superior se forma con unas pocas disminuciones. Levantando puntos y cerrándolos en los bordes, se refuerzan los costados y se continúan como manijas. Un aro de puntos forma el cierre para abotonar el gran punto de borla del centro; este cierre se puede adaptar fácilmente a prendas.

Tejer en redondo
La clásica manera de tejer una media es hacerlo en redondo para evitar la incómoda costura.
Una vez que usted entiende el principio, no es difícil trabajar desde arriba, mantenga en suspenso los puntos del empeine mientras trabaja los puntos del talón, luego levante los puntos del costado del empeine y proceda a darle forma a la punta. Hay muchos métodos para darle forma al empeine y a la punta de la media, siguiendo un conjunto de sencillas instucciones es probablemente la manera más fácil de empezar.

Combinando diseños de colores
Elija puntos que alcancen el múltiplo mayor, como la combinación de repeticiones de cuatro y ocho puntos usadas aquí. Para trabajar en redondo con gráficos de colores, simplemente omita el punto de borde y lea la repetición de puntos de derecha a izquierda para cada vuelta. Para darle forma circular al canesú, usted puede tanto disminuir entre bandas del diseño o disminuir entre motivos.

Técnicas básicas

Si usted es una nueva tejedora, encontrá aquí toda la información que necesitará para empezar y talvez para intentar puntos más ambiciosos.

NUDO CORREDIZO

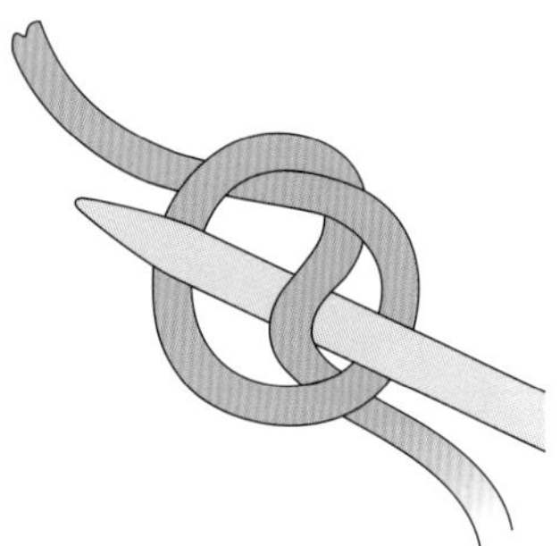

1 Colocando un nudo corredizo en la aguja se logra el primer punto del montaje. Enlace el hilado en dos dedos de la mano izquierda, dejando arriba el hilo que viene del ovillo. Inserte la aguja dentro de la lazada así formada; tome el hilo que viene del ovillo y páselo a través de la lazada.

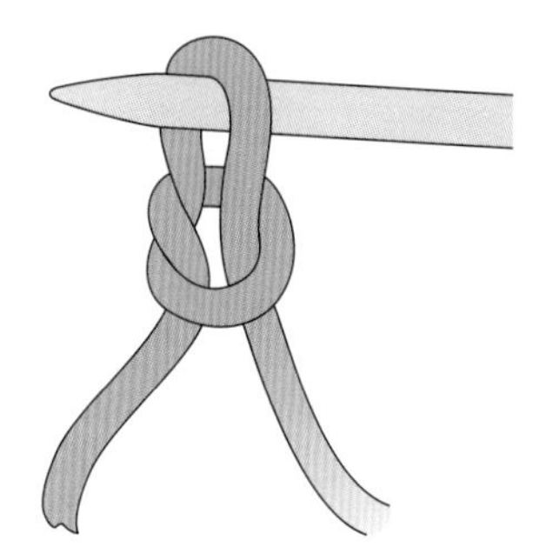

2 Tire de los extremos del hilado para ajustar el nudo.

Terminaciones

La hebra del hilado que queda luego del montaje debe tener el largo adecuado para luego ser usada para coser. Lo mismo debe aplicarse para la hebra que queda luego del cerrado de puntos. La hebra que queda cuando se agrega un nuevo color debe ser entretejida a lo largo de la costura de o en una hilera del revés y puede llegar a ser muy útil para disimular imperfecciones, como un incómodo cambio de colores.
Las hebras que quedan mientras se trabaja un motivo se esconden mejor dentro del mismo. Use una aguja de tapiz de punta roma para zurcirla.

MONTAJE DE HEBRA LARGA

Este montaje usa solamente una aguja de tejer y produce un borde elástico similar a una hilera de punto Santa Clara.

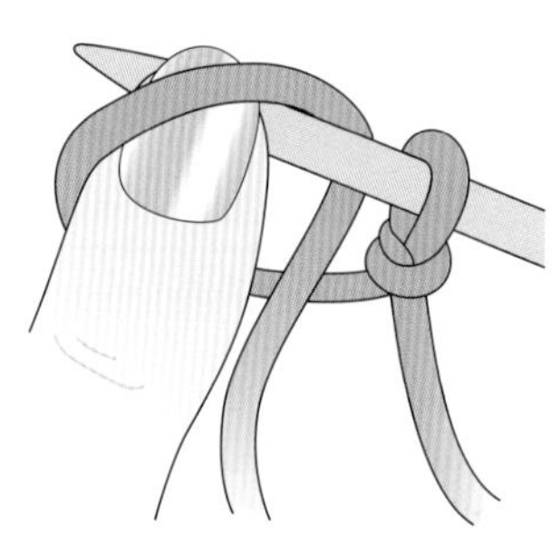

1 Dejando una hebra equivalente a tres veces el largo del montaje requerido, montar un nudo corredizo sobre la aguja. Sosteniendo el hilo que viene del ovillo en la mano izquierda, pasar por debajo del hilo el pulgar izquierdo y llevarlo hacia arriba. Inserte la punta de la aguja dentro de la lazada formada por el pulgar.

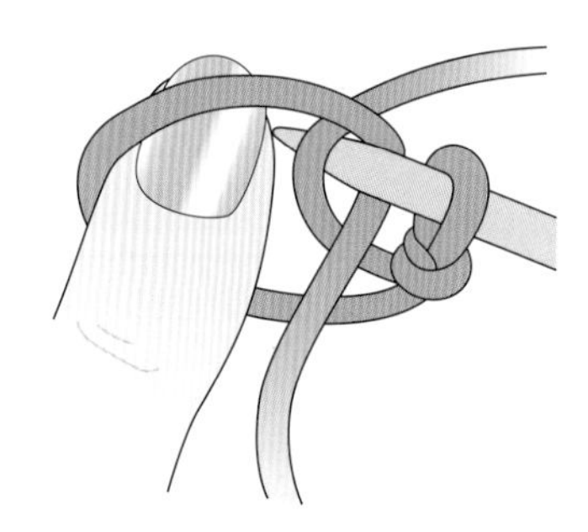

2 Use la hebra del final del ovillo para formar un punto, deslizando el punto fuera del pulgar. Tire del hilo para ajustar el punto en la aguja. Continúe haciendo los puntos de ésta manera.

CERRADO DE PTOS. EN CADENA

Un sencillo cerrado de puntos se usa en la mayoría de estos proyectos. Tejer al derecho dos puntos. *Con la aguja izquierda montar el primer punto sobre el segundo. Tejer al derecho el siguiente punto. Repetir desde * hasta que quede un punto. Corte el hilo, pase la hebra por este punto y ajuste.

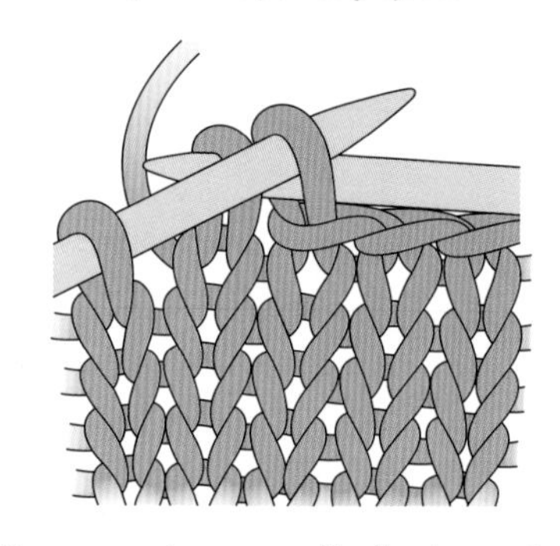

Para rematar en un diseño de puntos, simplemente trabaje los puntos derechos y revés como se presentan en la hilera de remate.

PUNTO DERECHO (d)

Elija como sostener el hilado y las agujas de la forma más confortable para usted. Para ajustar el hilado - esto es, para mantenerlo en un movimiento uniforme - necesitará enroscarlo entre sus dedos, y talvez sostenerlo con su dedo meñique. Hileras contínuas de puntos derechos forman el punto Santa Clara.

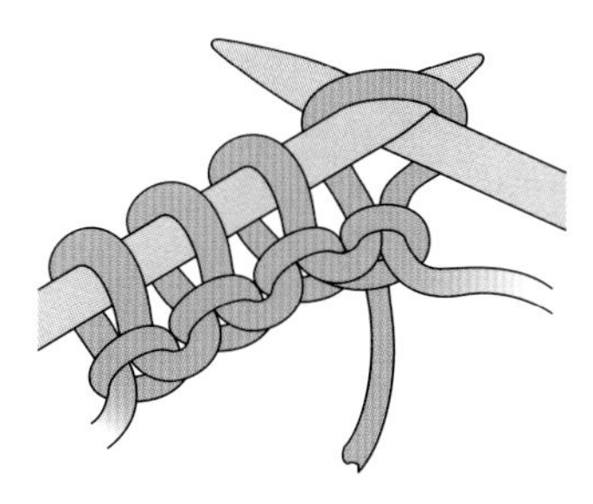

1 Inserte la aguja derecha en el primer punto de la aguja izquierda. Asegúrese de hacerlo de izquierda a derecha por el frente del punto.

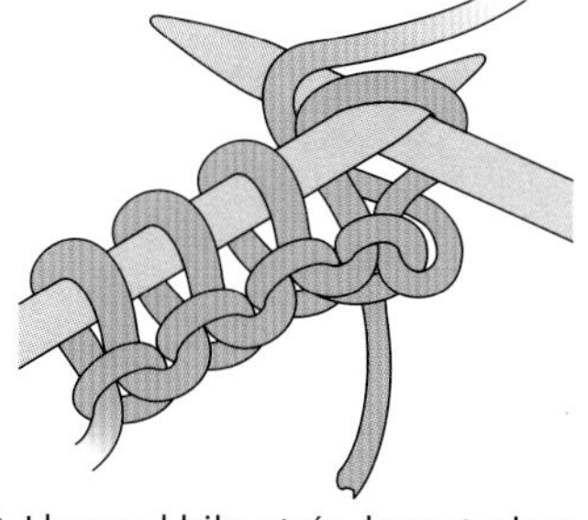

2 Llevar el hilo atrás, levantarlo y colocarlo alrededor de la aguja derecha.

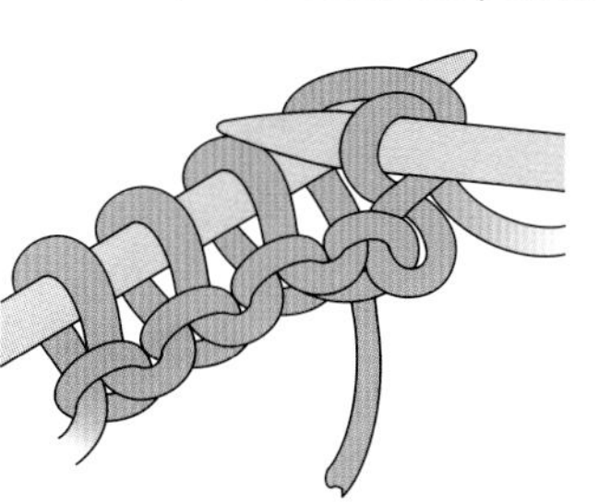

3 Usando la punta de la aguja derecha, sacar una lazada a través del punto.

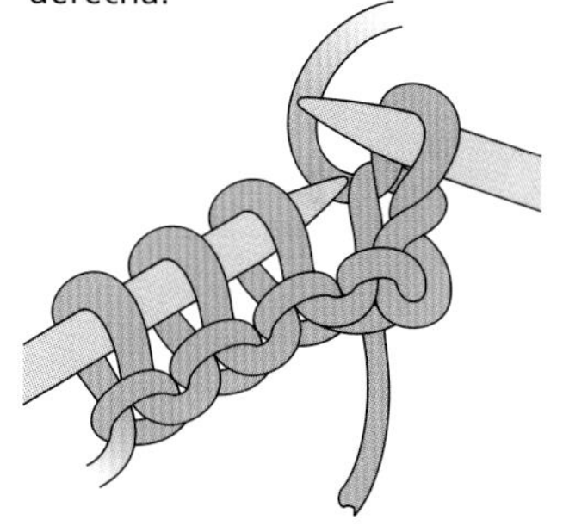

4 Deslizar el punto fuera de la aguja izquierda. Ahora hay un nuevo punto en la aguja derecha.

PUNTO REVES (r)

Sostenga el hilo y las agujas de la misma manera que cuando hace el punto derecho. Un punto revés es exactamente lo opuesto a un punto derecho, produciendo un punto nudoso en el derecho de la labor y una suave V (ve corta) en el revés de la labor, parecido a un punto derecho. Alternando hileras en punto derecho y en punto revés se logra el punto jersey.

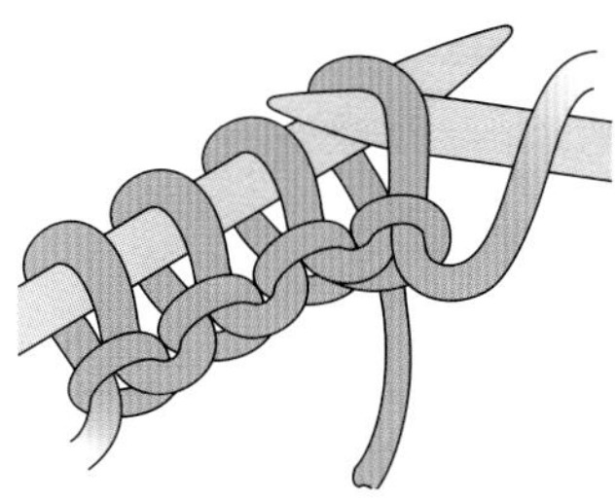

1 Inserte la aguja derecha en el primer punto de la aguja izquierda. Asegúrese de que sea de derecha a izquierda.

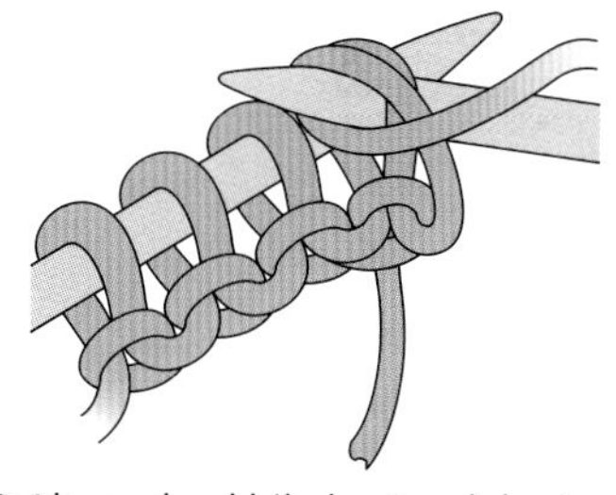

2 Llevando el hilo hacia adelante, envuélvalo alrededor de la aguja derecha.

3 Baje la punta de la aguja derecha, manténgala alejada de usted para formar una lazada de hilo a través del punto.

4 Deslice el punto fuera de la aguja izquierda. Hay ahora un nuevo punto en la aguja derecha.

Técnicas básicas – continuación

DISMINUCIONES

Las disminuciones tienen dos funciones básicas. Pueden ser usadas para reducir el número de puntos en una hilera, como en las sisas y cuellos, y combinadas con aumentos, pueden crear diseños de puntos.

Disminución simple hacia la derecha (2pjd)

Tejiendo dos puntos juntos se logra una suave inclinación, con el segundo punto recostado sobre el primero.

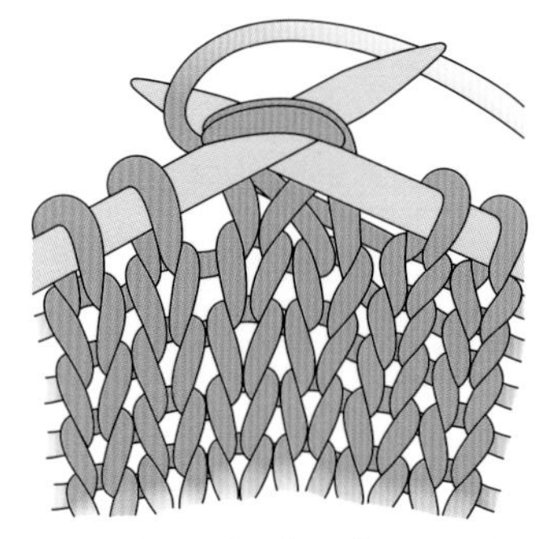

1 Inserte la aguja derecha por el frente de los dos primeros puntos de la aguja izquierda, luego lleve el hilo alrededor de la aguja.

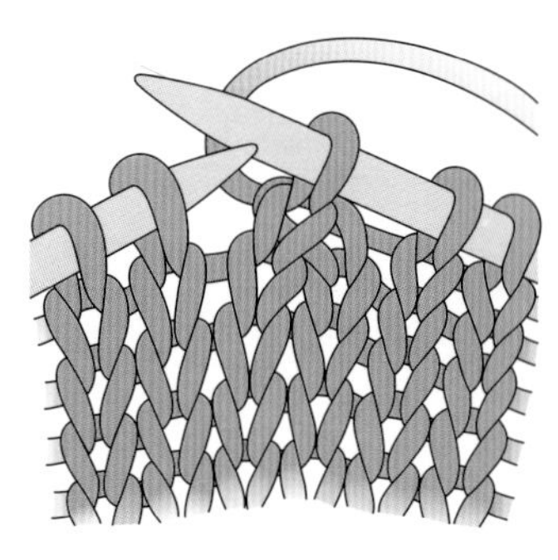

2 Saque el hilo a través del punto y saque los dos puntos de la aguja izquierda.

Disminución simple hacia la izquierda (dsi)

Deslizando un punto, tejiendo luego uno al derecho, y luego levantando el punto deslizado y pasándolo sobre el punto tejido se forma una disminución, con el primer punto recostado sobre el segundo.

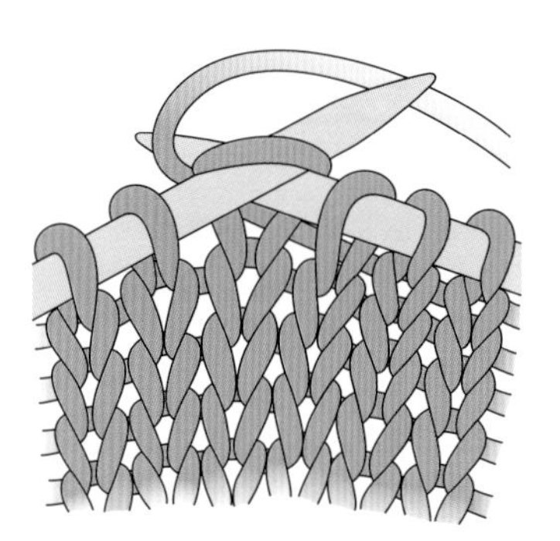

1 Insertar la punta de la aguja derecha como si fura a tejer al derecho por el frente del primer punto de la aguja izquierda, y deslizarlo a la aguja derecha. Teja el siguiente punto al derecho.

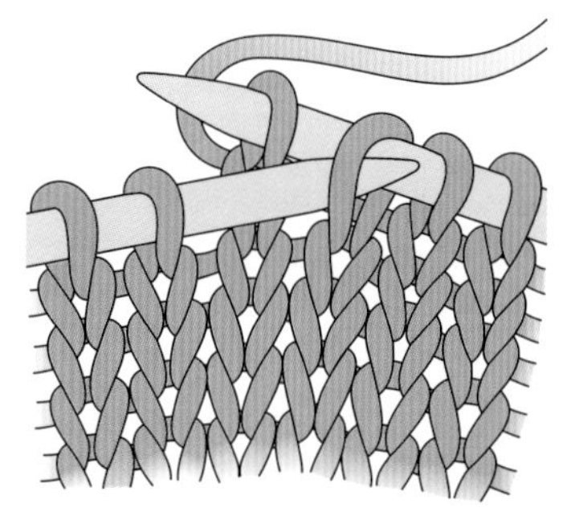

2 Use la punta de la aguja izquierda para levantar el punto deslizado y pasarlo sobre el punto tejido en la aguja derecha.

Disminución doble hacia la izquierda (ddi)

Para una doble disminución que se incline hacia la izquierda, trabajada en una hilera del derecho, necesitará montar el primer punto sobre una disminución simple.

Para una disminución que luzca parecida trabajada en una hilera del revés, teja al revés tres puntos juntos por la hebra de atrás (3pjrhatrás).

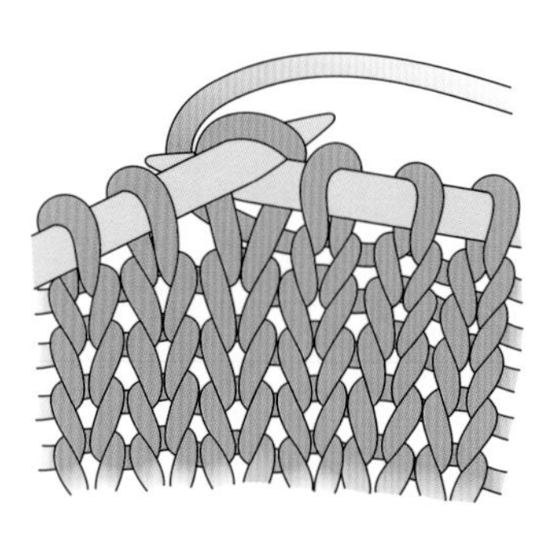

1 Inserte la punta de la aguja derecha como si fuera a tejer al derecho por el frente del primer punto de la aguja izquierda, y deslícelo a la aguja derecha.

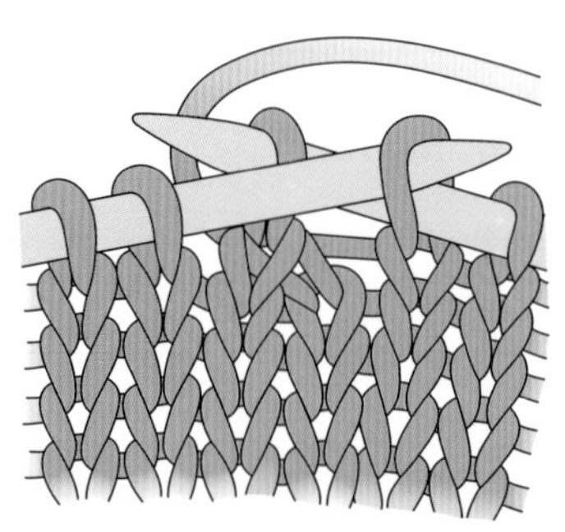

2 Teja juntos al derecho los dos siguientes puntos, luego monte el primer punto como se muestra. Para una disminución doble hacia la derecha, simplemente teja al derecho tres puntos juntos (3pjd).

Doble disminución balanceada (ddb)

Trabajando una disminución que toma un punto de cada lado y deja el punto central por encima, se pueden trabajar hermosos diseños de puntos con gran potencial.

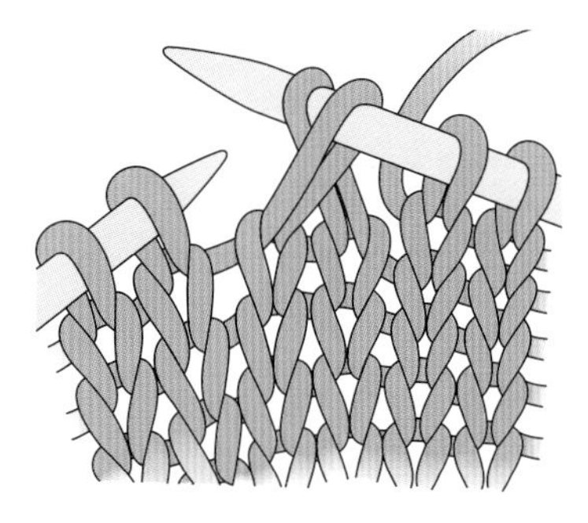

1 Inserte la punta de la aguja derecha en el segundo y primer punto como si los fuera a tejer juntos al derecho, y deslice estos puntos a la aguja derecha.

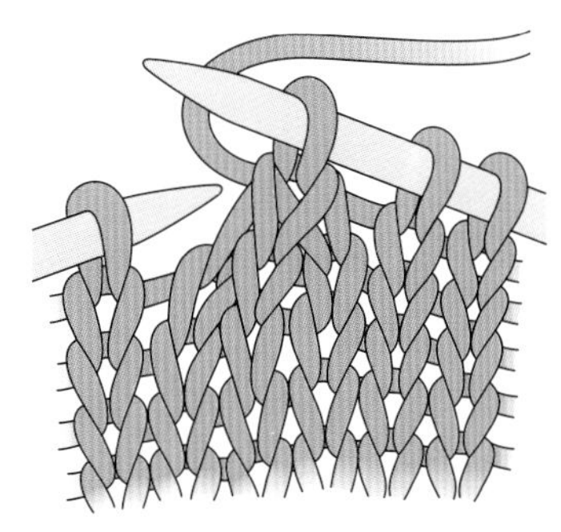

2 Teja el siguiente punto al derecho, luego pase los dos puntos deslizados sobre el tejido.

TORZADAS

Los grupos de puntos tejidos fuera de una secuencia establecida crean excitantes diseños. Las torzadas pueden ser trabajadas con dos o más puntos cruzados hacia adelante o hacia atrás.

Torzada hacia adelante (t4adelante)

Los puntos en este ejemplo de torzada de cuatro puntos están tejidos al derecho, cruzando en el frente. Una torzada de cuatro puntos cruzada por detrás (t4atrás) está trabajada exactamente de la misma manera, excepto que la aguja auxiliar está sostenida atrás del tejido, entonces la torzada cruza en la dirección opuesta.

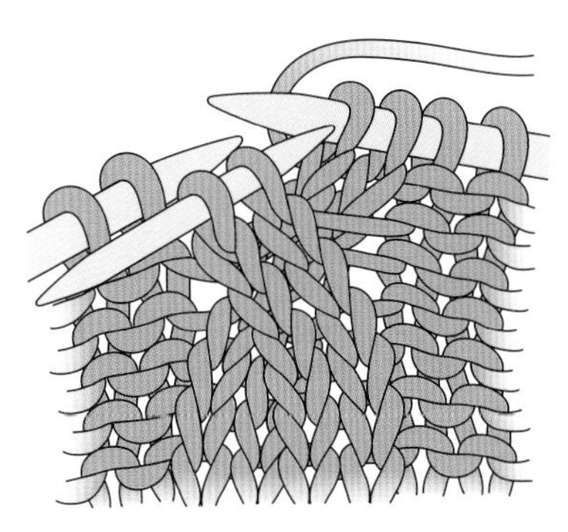

1 Deslizar los dos primeros puntos sobre una aguja auxiliar y sostener adelante del tejido, luego tejer al derecho los dos puntos siguientes de la aguja izquierda.

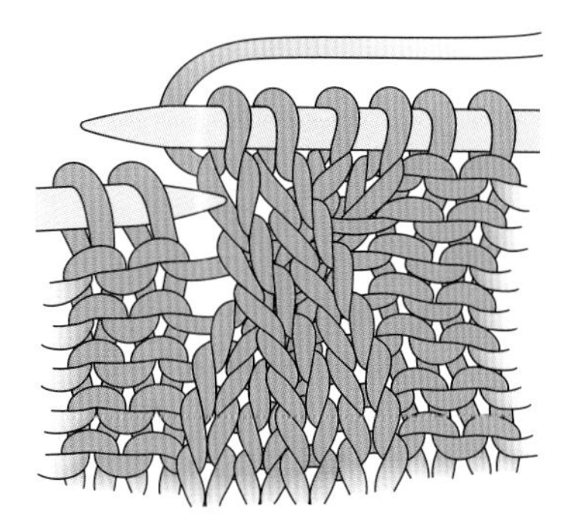

2 Tejer al derecho los dos puntos de la aguja auxiliar.

LAZADA (laz)

Es necesario envolver el hilo en la aguja, para en la siguiente hilera trabajar sobre ésta hebra que forma un agujero. Pero si la hebra está retorcida, el agujero se cierra.

Cuando el punto anterior a la lazada es un punto revés, el hilo estará en el frente de la labor, listo para ser envuelto.

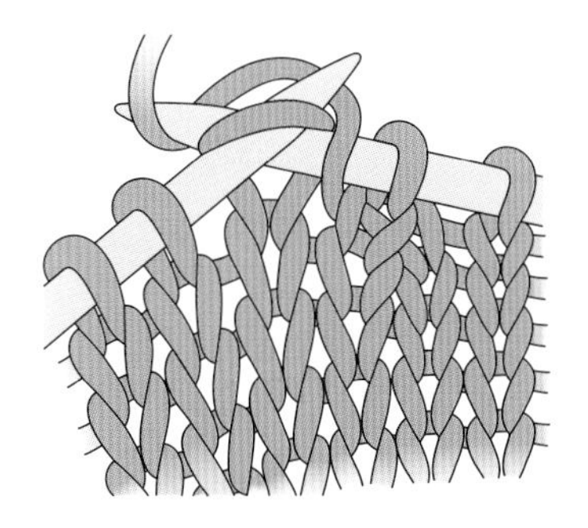

1 Para hacer una lazada entre dos puntos derechos, llevar el hilo adelante como si lo fuera a tejer al revés y luego envolver la aguja para tejer al derecho el siguiente punto.

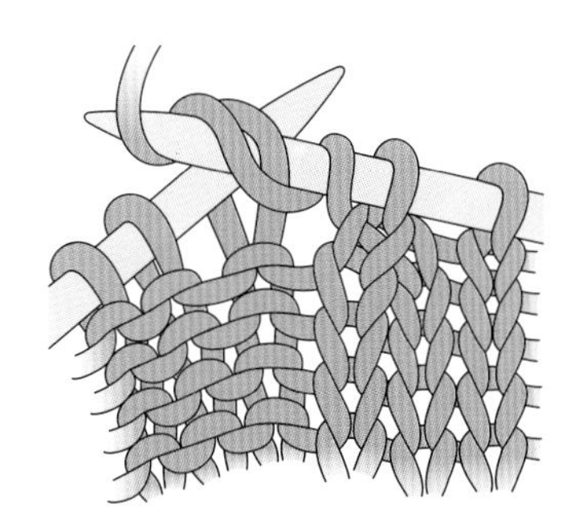

2 Para hacer una lazada entre un punto derecho y un punto revés, llevar el hilo hacia adelante como para tejer al revés, envolver la aguja y llevarlo al frente nuevamente, listo para tejer al revés.

Técnicas básicas – continuación

AUMENTOS

Aquí encontramos dos de los métodos básicos para aumentar un punto – aumento en el mismo punto y aumento entre puntos.

Aumento en el mismo punto (d por ad y at)

Tejer al derecho por delante y por detrás de un punto es el aumento más común. Es prolijo, es firme, y produce una pequeña barra del lado derecho de la labor en la base del nuevo punto. Esto facilita contar hileras y no deja agujeros.

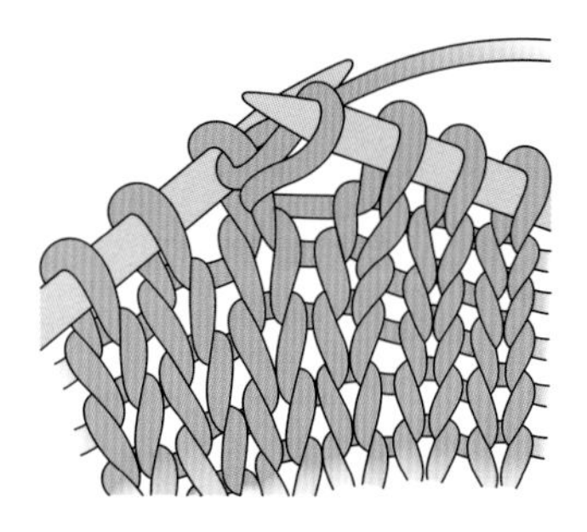

1 Tejer al derecho por el frente del punto y tirar de la laz que se forma, pero dejando el punto en la aguja izquierda.

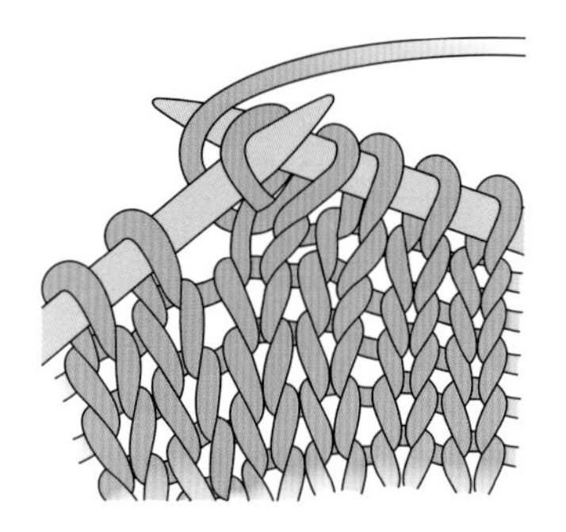

2 Tejer al derecho por la hebra de atrás del punto de la aguja izquierda.

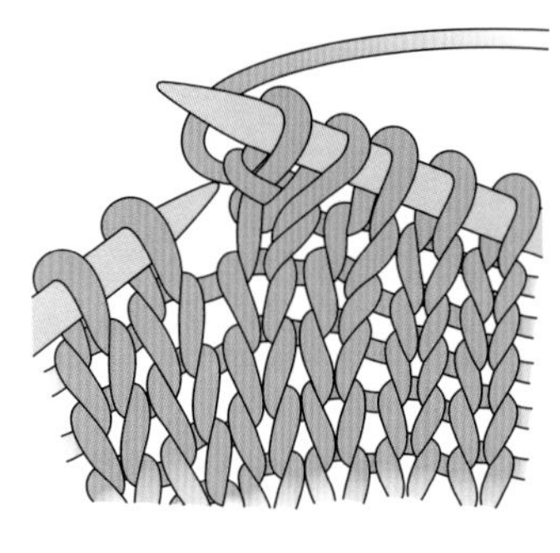

3 Deslizar el punto de la aguja izquierda, resultando dos puntos en la aguja derecha. Note que la barra del nuevo punto se inclina a la izquierda.

Aumento entre puntos hacia la izquierda (1auml)

Hacer un nuevo punto con la hebra que está entre dos puntos es una manera muy prolija de aumentar.

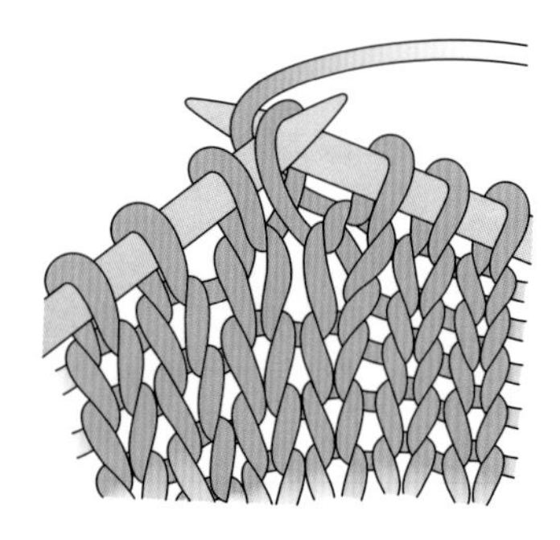

Desde adelante, insertar la aguja izquierda por debajo de la hebra entre dos puntos. Asegúrese de que la hebra se encuentre en la misma dirección que los otros puntos, luego tejer por atrás.

Aumento entre puntos hacia la derecha (1aumD)

Este aumento hacia la derecha equilibra exactamente el aumento entre puntos hacia la izquierda.

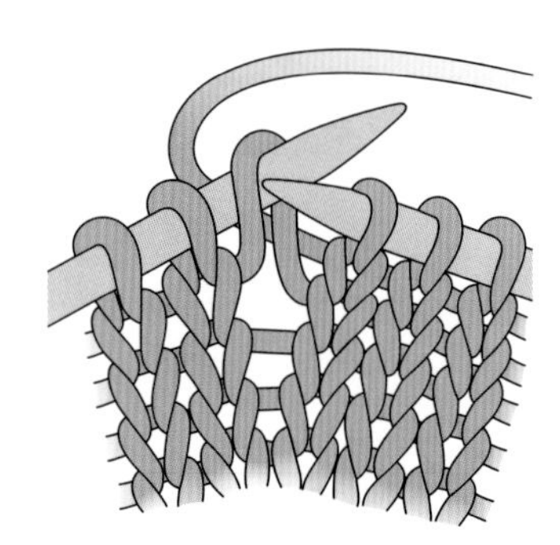

Desde atrás, insertar la aguja izquierda por debajo de la hebra entre dos puntos. No se encontrará en la misma dirección que los otros puntos, entonces hay que tejerlos por adelante.

Aumento doble

Esta es una de las maneras más sencillas de lograr tres puntos a partir de uno.

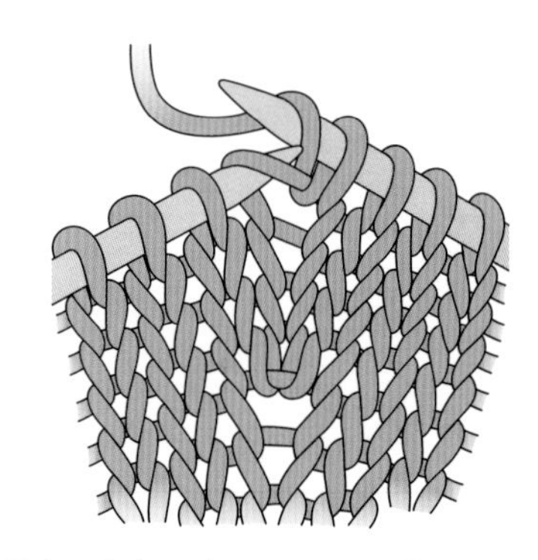

Tejer al derecho un punto sin deslizarlo de la aguja, llevar el hilo sobre la aguja derecha de adelante hacia atrás y volver a tejer el mismo punto. Se forma un pequeño pero decorativo agujerito en el tejido.

RETORCIDOS

Los puntos retorcidos se trabajan sobre dos o tres puntos fuera de secuencia, pero sin usar una aguja auxiliar. Es una manera sencilla de crear diseños donde los puntos "viajan" sobre la superficie del tejido.

Retorcido hacia la izquierda (r2I)

Este retorcido está trabajado en una hilera del derecho. A medida que los puntos cambian de lugar, el primer punto se sitúa arriba y se inclina a la izquierda, mientras que el punto de abajo está trabajado por la hebra de atrás.

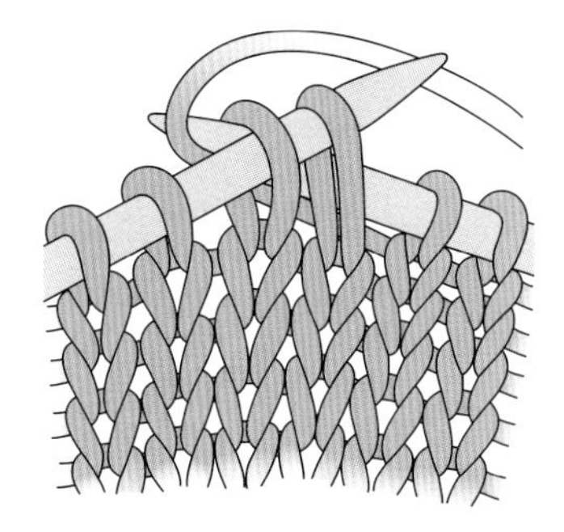

1 Tejer al derecho por la hebra de atrás del segundo punto.

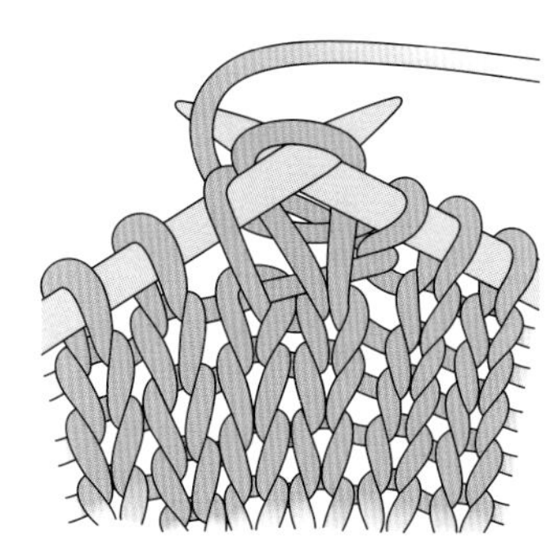

2 Tejer al derecho por delante del primer punto.

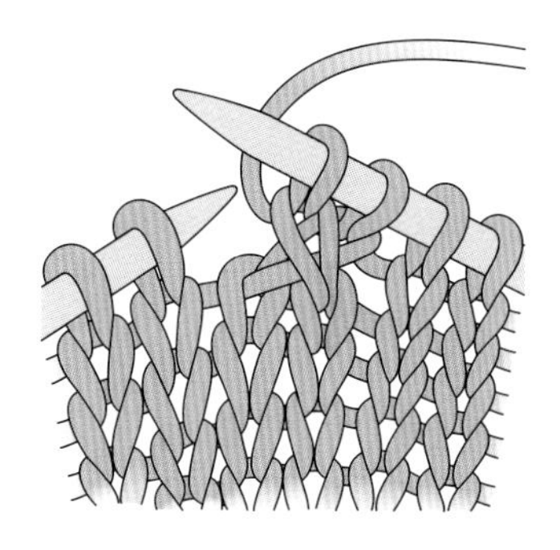

3 Deslizar ambos puntos juntos fuera de la aguja izquierda.

Retorcido hacia la derecha (r2D)

En esta hilera del derecho de la labor, el segundo punto se encuentra arriba y se inclina hacia la derecha, mientras que el punto que está por detrás está trabajado por la hebra de atrás.

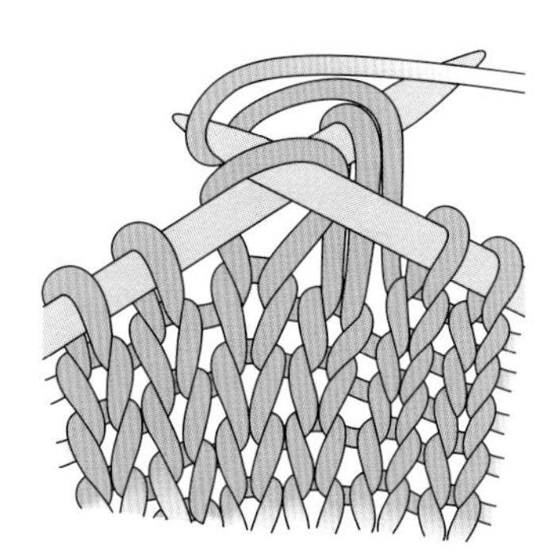

1 Tejer al derecho por el frente del segundo punto.

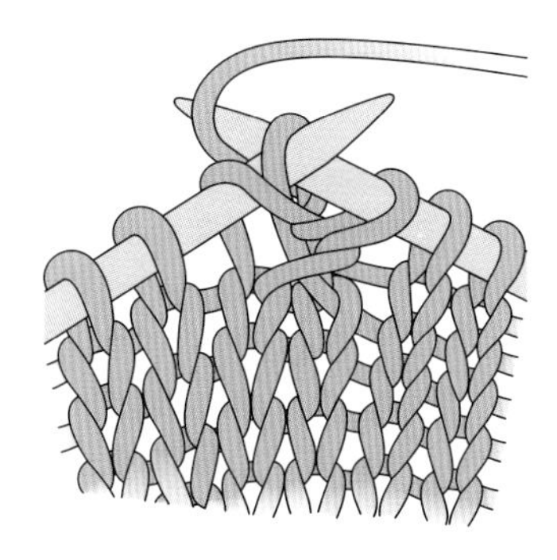

2 Tejer al derecho por la hebra de atrás del primer punto.

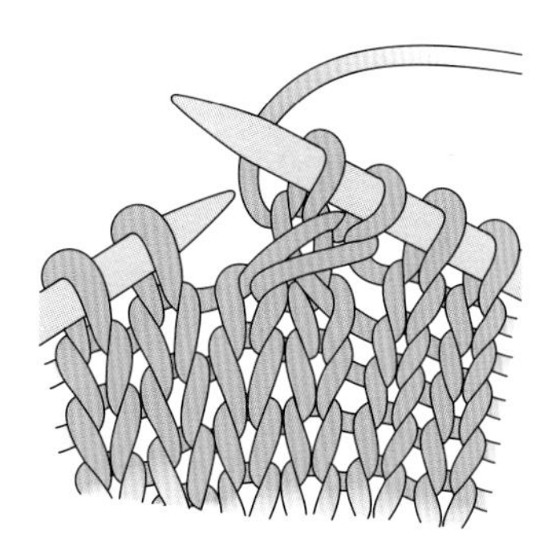

3 Deslizar ambos puntos juntos fuera de la aguja izquierda.

Leyendo los gráficos

Mostrar los diseños de los puntos como gráficos es una explicación visual de cómo trabajarlos, los símbolos son usados para crear figuras estilizadas. Muchas de las secciones de los diseños de puntos contienen unos pocos ejemplos que tienen tanto explicaciones gráficas como instrucciones escritas. Estas le ayudarán a relacionar los símbolos con las palabras que describen a los puntos. Usted encontrará que una de las ventajas de los gráficos es que permiten mostrar diseños más amplios que pueden repetirse y es dificultoso seguirlos en instrucciones escritas.

SIMBOLOS DE DOBLE FUNCION

Como los puntos en este libro están diseñados para trabajar en hileras, algunos de los símbolos tienen dos funciones. Por ejemplo, un cuadrado en blanco debe leerse como un punto derecho en una hilera del derecho de la labor y como un punto revés en una hilera del revés de la labor, un cuadrado con un punto debe ser leído como un punto revés en una hilera del derecho de la labor y tejerlo al derecho en una hilera del revés.

Gráfico de punto sencillo
El gráfico de éste punto sencillo muestra claramente que mientras los puntos al derecho y al revés en el derecho de la labor forman el diseño, todas las hileras del revés están tejidas con puntos al revés.

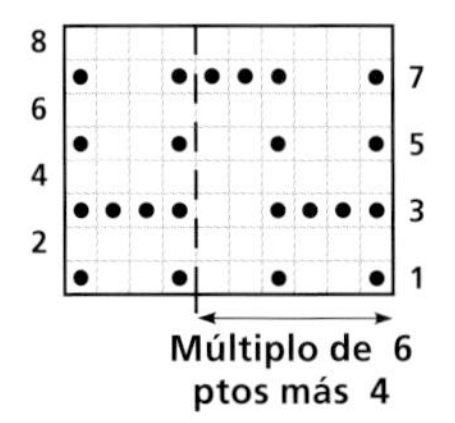

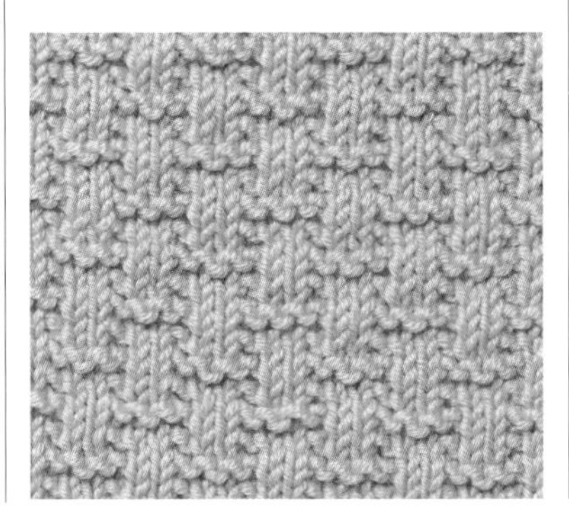

ORDEN DE LECTURA

Cada gráfico debe leerse desde el borde inferior hacia arriba, avanzando al mismo tiempo que la labor, con cada hilera de cuadrados en el gráfico representando una hilera del tejido. Todas las hileras del derecho de la labor se leen de derecha a izquierda y todas las hileras del revés de la labor se leen de izquierda a derecha. Las hileras están numeradas, y en la mayoría de los casos las primeras y las impares, son hileras del derecho de la labor (empezando con el número 1 a la derecha). Ocasionalmente, los gráficos comienzan con una hilera del revés, entonces la hilera nro 1 y todas las hileras impares estarán en la izquierda. Una vez que fueron trabajadas todas las hileras del gráfico, comience nuevamente con la primera hilera para continuar el diseño, o en la hilera especificada.

Leyendo de derecha a izquierda y a la inversa
Si las hileras del derecho de la labor no se leen de derecha a izquierda y las del revés de la labor de izquierda a derecha, éste diseño de puntos no formará diagonales.

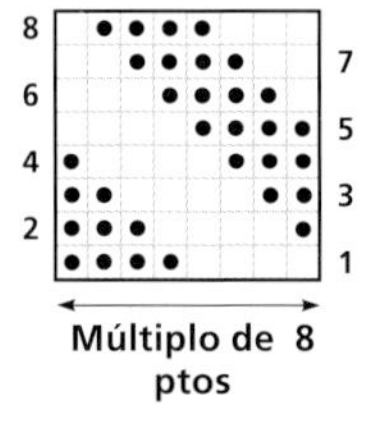

ANTES DE EMPEZAR

Antes de empezar a tejer lea el gráfico elegido para asegurarse de entender cómo trabajar los símbolos usados para crear el diseño del punto. Verifique cualquier otro requerimiento. Por ejemplo, para todos los puntos del capítulo de torzadas, usted necesitará una aguja auxiliar, pero si una aguja auxiliar es requerida en otras secciones, las instrucciones así lo indicarán. Los símbolos usados más frecuentemente son mostrados en "Símbolos básicos", al pie de página. Símbolos que son usados ocasionalmente o son para trabajar de una manera en particular para un gráfico determinado son dados como "Símbolos específicos" junto con el gráfico mismo.

Verificar los gráficos
El símbolo específico está trabajado sobre dos puntos y una lazada y se aplica a éste gráfico únicamente.

Múltiplo de 4 ptos más 2

RECUENTO VARIABLE DE PUNTOS

Algunos diseños de puntos no tienen la misma cantidad de puntos en cada hilera. Si hay cuadrados ó zonas sombreadas en el gráfico, no cuente estos puntos, están ahí para compensar los puntos tejidos o no tejidos en la labor. Un cuadrado sombreado en la lista de símbolos es simplemente denominado un "no punto".

Símbolos "no punto"
Todas las hileras en este punto mora (ver pág 25) tienen cuatro puntos, pero los aumentos dobles y las disminuciones dobles en las segunda y cuarta hileras requieren zonas sombreadas para compensar.

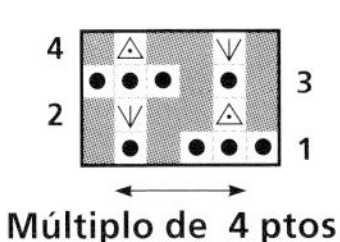

Múltiplo de 4 ptos

GRÁFICOS SUPLEMENTARIOS

Un gráfico puede tener gráficos suplementarios en forma separada, por ejemplo, para mostrar hojas (ver pág 117). Los números de las hileras del gráfico suplementario se corresponden con los números recuadrados en el gráfico principal y cada hilera deberá ser trabajada en la posición indicada. Al montar puntos para un diseño de cantidad variable de puntos, siempre montar el mútiplo indicado, ignorando las zonas sombreadas, y si lo indica, agregar los puntos extras del gráfico suplementario, más los puntos de borde.

Trabajando con gráficos separados
Los puntos recuadrados sobre siete hileras en el centro del gráfico principal están numerados correspondiéndose con las hileras del gráfico suplementario.

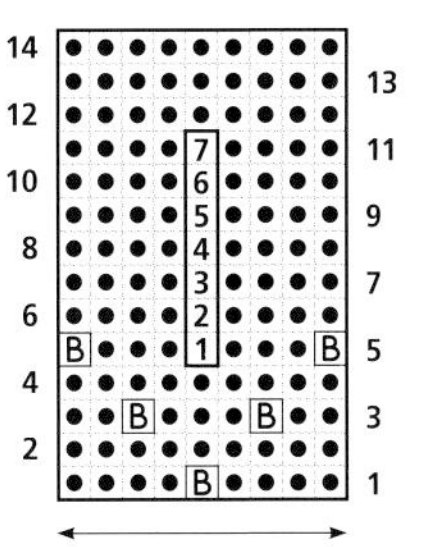

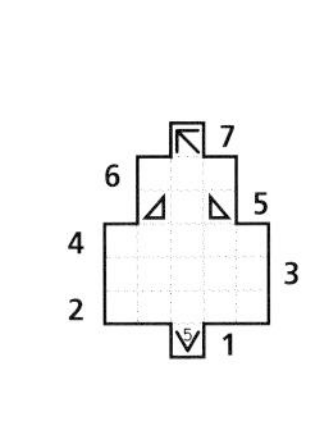

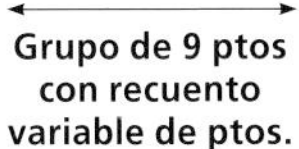

Grupo de 9 ptos con recuento variable de ptos.

Leyendo los gráficos – continuación

REPETICIONES CONTINUADAS

Para grupos de puntos o motivos, la cantidad de puntos está escrita debajo del gráfico. Para los diseños de puntos en general, se indica como el múltiplo de puntos más uno o más puntos. Para montar puntos para una muestra, multiplique el número de puntos para la repetición dos o más veces y agregue un punto o más para los bordes. En el gráfico, el número de puntos a repetir está indicado por una flecha debajo del mismo y por líneas punteadas verticales. Donde se encuentra una de esas líneas punteadas verticales, en una hilera del derecho, trabaje la repetición de puntos tantas veces como necesite, luego trabaje el punto ó los puntos que siguen a la línea punteada vertical hasta completar la hilera. En una hilera del revés, trabaje el punto ó los puntos una vez antes de la línea punteada vertical, luego trabaje la repetición de 1 punto ó de los puntos tantas veces como se necesite para completar la hilera.

Un punto de borde
Este gráfico muestra sólo un punto de borde sobre la izquierda.

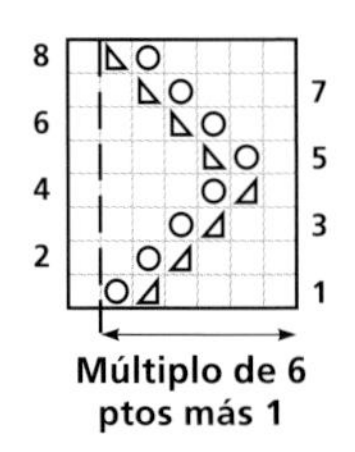

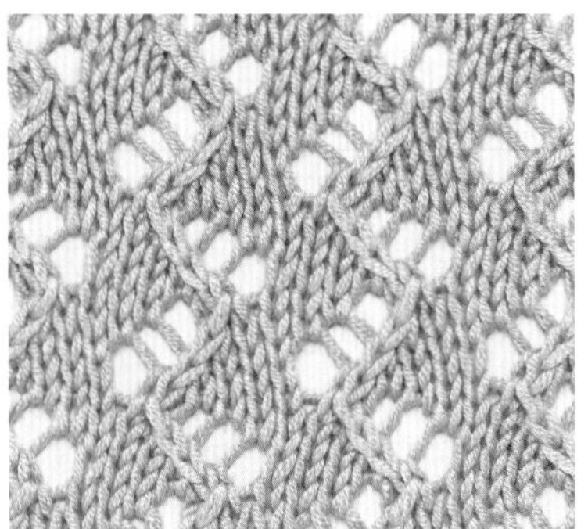

Lineas punteadas en las hileras de derecho y del revés de la labor

Cuando figuran dos líneas de puntos, tanto en hileras del derecho como en hileras del revés, trabajar el punto ó los puntos que se muestran antes de la línea una vez, luego trabajar la repetición del punto tantas veces sea necesario, y por último trabajar el punto ó los puntos fuera de la línea punteada una vez para completar la hilera.

Líneas punteadas que atraviesan un grupo de puntos

Si las líneas punteadas que muestran la repetición atraviesan un grupo de puntos trabajados en forma conjunta, tal como una torzada, continúe trabajando el resto como está indicado a cada lado de las líneas punteadas, y luego complete la hilera con los puntos que quedan de borde.

Acabado prolijo
Los puntos de borde aquí logran un acabado prolijo a cada lado de este diseño de repetición de cuatro puntos.

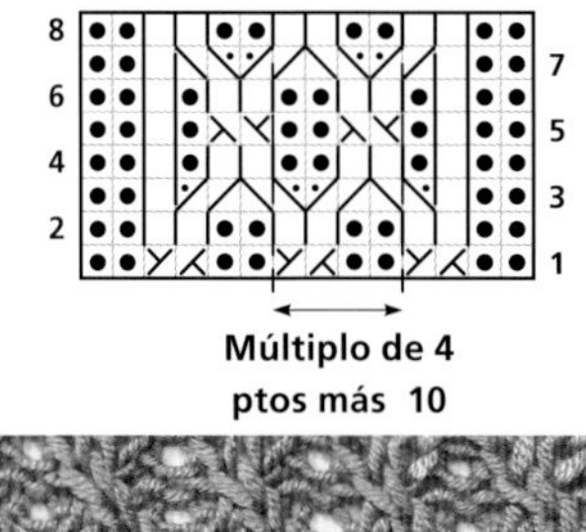

Conectando líneas

Para seguir más fácilmente los gráficos, líneas adicionales pueden conectar un símbolo con otro, como por ejemplo entre torzadas, pero éstas no afectan la manera en cómo los puntos están trabajados.

Conectando líneas y torzadas
Líneas adicionales verticales conectan las torzadas de cuatro puntos para hacer este gráfico más fácil de leer.

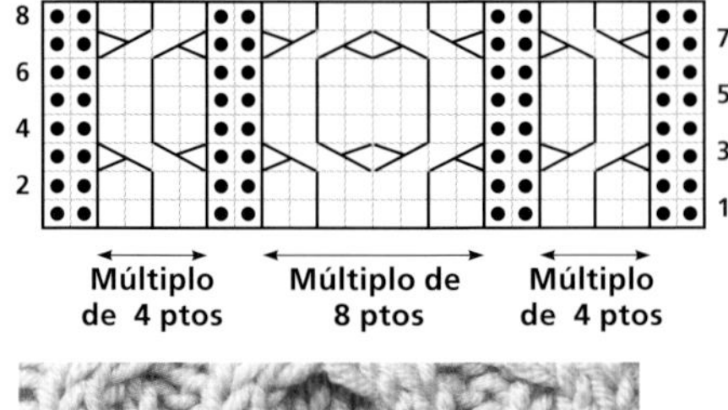

TEJIENDO EN COLORES

Los gráficos en colores se leen de la misma manera que un gráfico de punto jersey con cada hilera del derecho de la labor tejida al derecho y cada hilera del revés de la labor tejida al revés, usando los colores como se muestran. Hay dos métodos para el tejido en colores, el tejido jacquard y el Intarsia. En el tejido jacquard, los hilados usados son continuos y el color que no se usa es llevado a través del revés de la labor. Es usado para pequeñas o regulares repeticiones.

Tejido Jacquard

Al trabajar estos pequeños diseños, nunca necesitará llevar el hilado por más de tres puntos.

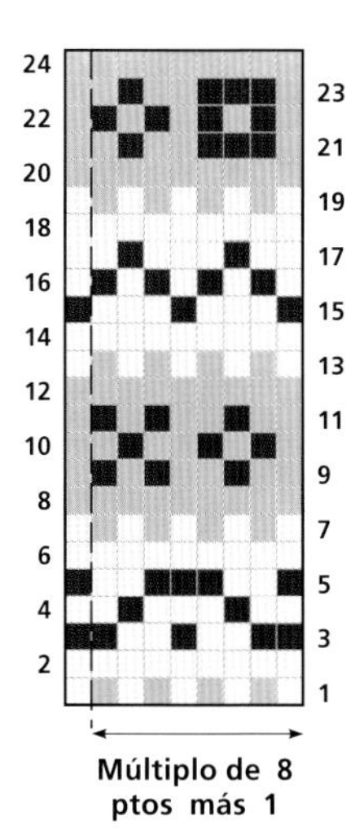

Múltiplo de 8 ptos más 1

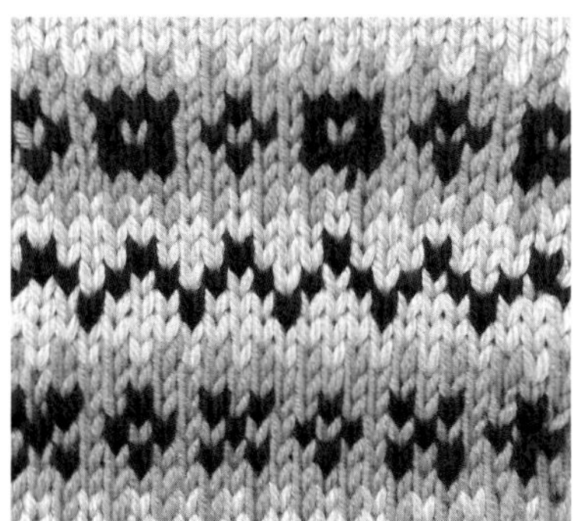

Eligiendo el método

Intarsia es usado para áreas más grandes de color, con un pequeño ovillo o el largo del hilado usado para cada área diferente de color. Al cambiar los colores, cruce las hebras firmemente para conectarlas. Debe entrelazarlas a lo largo de un área grande de color, rematar el segundo hilo en el revés, pero tenga cuidado de que esto no haga el tejido más grueso. Algunos diseños se trabajan mejor con una mezcla de las técnicas de jacquard e intarsia.

Intarsia

A pesar de que se encuentra una pequeña cantidad de puntos tejidos en jacquard alrededor del nudo del moño, la mayor parte de este diseño se trabajó en intarsia, ya que las áreas de color eran muy grandes para entrelazar las hebras.

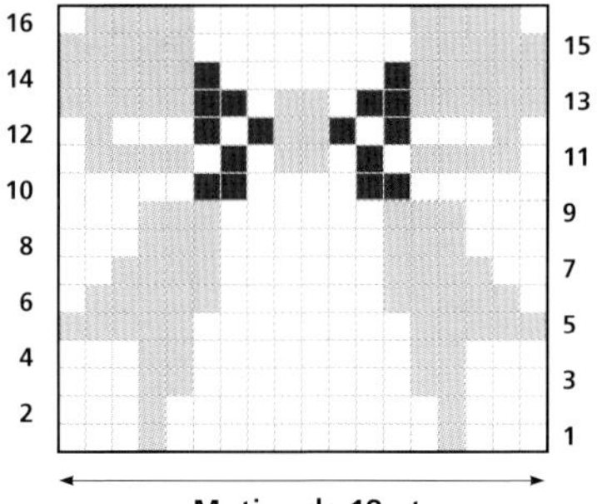

Motivo de 18 ptos

Tips para trabajar con los gráficos

- Al trabajar con gráficos, le resultará más fácil si cubre las hileras que están encima de la cuál usted está trabajando, tanto como para marcar su lugar como para ver como los puntos se relacionan con las hileras anteriores sin preocuparse de lo que viene después.
- Las fotocopias son muy útiles. Una fotocopia ampliada del gráfico elegido lo hará más fácil de llevar y usarlo donde quiera.
- Marque las hileras o repeticiones a medida que va trabajando en la fotocopia. Esto le ayudará mientras trabaja sin echar a perder la copia en el libro.
- Si le es difícil acordarse como retorcer los puntos o cruzar las torzadas, use un resaltador para marcar la dirección en la parte superior de los puntos.
- Para ver cómo una repetición se une a otra, haga varias copias y péguelas cuidadosamente, o copie el gráfico en papel cuadriculado y agregue las repeticiones necesarias.

Abreviaturas y símbolos

Términos de tejido y abreviaturas frecuentemente usados son provistos en esta página y en la siguiente. Cualquier abreviatura ó símbolo poco convencional - específico de un diseño en particular - son presentados como "símbolos específicos" al lado del gráfico principal.

Abreviaturas

1 aum igual que 1auml

1aumD usando la aguja izquierda, levantar la hebra entre los ptos desde atrás y tejer al d por el frente, así el pto se inclina hacia la derecha

1aum r usando la aguja izquierda, levantar la hebra entre ptos desde adelante y tejer este pto al r por la hebra de atrás.

1auml usando la aguja izquierda, levantar la hebra entre los ptos desde adelante y tejer al d este punto por la hebra de atrás, así el pto se inclina hacia la izquierda

1d hil abajo tejer el próximo pto al d en la hilera de abajo

1d ad y at tejer al d por adelante y por atrás del punto

2pjd tejer 2 ptos juntos al d

B hacer la mota como se indica

cont continuar

d punto derecho

D derecha

DL derecho de la labor

ddb (disminución doble balanceada) desl 2 ptos como 2pjd, 1d, pasar los desl sobre el pto tejido.

ddi (disminución doble a la I) desl 1d, tejer 2pjd, pasar el desl sobre los ptos tejidos juntos.

ddr desl 1d, desl otro d, volver los ptos a la ag izq, con la punta de la ag der tomar por atrás del 2do pto y luego del 1ro y tejerlos juntos al revés.

desl deslizar

dsi (disminución simple a la I) desl 1 pto d, 1d, pasar el pto desl sobre el pto tejido

h atrás por la hebra de atrás

h adelante por la hebra de adelante

I izquierda

j juntos

laz lazada (ver técnicas básicas, pág. 197)

pto (ptos) punto (puntos)

r punto revés

rep repetir

rest restantes

TRENZAS

t2atrás: desl 1 a la ag aux, sostener atrás, 1d, luego 1d de la ag aux

t2atrás, 1d, 1r: desl 1 a la ag aux, sostener atrás, 1d, luego 1r de la ag aux

t2adelante: desl 1 a la ag aux, sostener adelante, 1d, luego 1 d de la ag aux

t2adelante, 1r, 1d: desl 1 a la ag aux, sostener adelante, 1r, luego 1 d de la ag aux

t3atrás: desl 1 a la ag aux, sostener atrás, 2d, luego 1d de la ag aux

t3atrás, 2d, 1r: desl 1 a la ag aux, sostener atrás, 2d, luego 1 r de la ag aux

t3adelante: desl 2 a la ag aux, sostener adelante, 1d, luego 2d de la ag aux

t3adelante, 1r, 2d: desl 2 a la ag aux, sostener adelante, 1r, luego 2d de la ag aux

t4atrás: desl 2 a la ag aux, sostener atrás, 2d, luego 2d de la ag aux

t4atrás, 2d, 2r: desl 2 a la ag aux, sostener atrás, 2d, luego 2r de la ag aux

t4adelante: desl 2 a la ag aux, sostener adelante, 2d, luego 2d de la ag aux

t4adelante, 2r, 2d: desl 2 a la ag aux, sostener adelante, 2r, luego 2d de la ag aux

t5atrás, 3d, 2r: desl 2 a la ag aux, sostener atrás, 3d, luego 2 r de la ag aux

t5adelante, 2r, 3d: desl 3 de la ag aux, sostener adelante, 2r, luego 3 d de la ag aux

t6atrás: desl 3 a la ag aux, sostener atrás, 3d, luego 3d de la ag aux

t6atrás, 3d, 3r: desl 3 a la ag aux, sostener atrás, 3d, luego 3 r de la ag aux

t6adelante: desl 3 a la ag aux, sostener adelante, 3d, luego 3d de la ag aux

t6adelante, 3r, 3d: desl 3 a la ag aux, sostener adelante, 3r, luego 3 d de la ag aux

RETORCIDOS

r2I: retorcer 2 a la izq: tejer al d por la h atrás del 2do pto, luego tejer al d por la h de adelante del 1er pto, desl ambos ptos juntos fuera de la ag izq

r2Irevés: r2Ir en el DL y en el RL, tejer 1 r por la h de atrás del 2do pto, luego 1 d por la h de adelante del 1er pto, desl juntos ambos ptos de la ag izq

r2D: retorcer 2 a la der: 1d por la h de adelante del 2do pto, luego 1d por la h de atrás del 1er pto, desl juntos ambos ptos de la ag izq

r2Drevés: en el DL, tejer al d por la h de adelante del 2do pto, luego tejer al r por la h de adelante del 1er pto, desl juntos ambos ptos de la ag izq; en el RL, tejer al d por la h de adelante del 2do pto, luego al r por la h de atrás del 1er pto, desl juntos ambos ptos de la ag izq

RL: revés de la labor

[ ]: repetir las instrucciones entre corchetes

( ): los paréntesis indican un grupo de puntos trabajados en 1 punto

Símbolos

d en el DL, r en el RL

r en el DL, d en el RL

dhatrás en el DL, rhatrás en el RL

2pjd

dsi

2pjr

ddb

3pjd

ddi

1aum

1aum r

1 aum I

1 aum D

laz (ver Técnicas básicas, pág 197)

no punto (ver Leyendo los gráficos, pág 201)

1d ad y at

1r ad y at

r2DyR o t2atrás

r2Dr o t2atrás, 1d, 1r

r2I o t2adelante

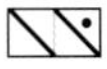

r2Ir o t2adelante, 1r, 1d

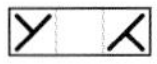

t3atrás

t3atrás, 2d, 1r

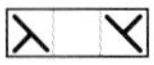

t3adelante

t3adelante, 1r, 2d

t4atrás

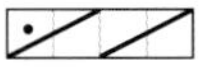

t4atrás, 2r, 2r

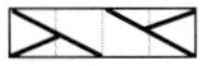

t4adelante

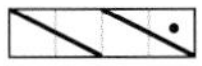

t4adelante, 2r, 2d

t5atrás, 3d, 2r

t5adelante, 2r, 3d

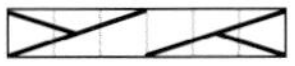

t6atrás

t6atrás, 3d, 3r

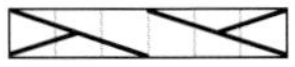

t6adelante

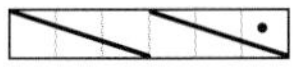

t6adelante, 3r, 3d

Índice

Solapa desplegable

Despliegue esta solapa mientras teje, para recordar de un vistazo las abreviaturas usadas en las instrucciones de los diseños. Abajo, un práctico cuadro de conversión de medidas de agujas.

MEDIDAS INTERNACIONALES DE AGUJAS

Métrico (mm) Europeo	Reino Unido/ Canada/Australia	Estados Unidos	Japón/ China
2.0	14	0	—
2.10	—	—	—
2.25	13	1	—
2.40	—	—	1
2.70	—	—	2
2.75	12	2	
3.0	11	—	3
3.25	10	3	—
3.30	—	—	4
3.5	—	4	—
3.60	—	—	5
3.75	9	5	—
3.90	—	—	—
4.0	8	6	—
4.20	—	—	7
4.5	7	7	8
4.80	—	—	9
5.0	6	8	—
5.10	—	—	10
5.40	—	—	11
5.5	5	9	—
5.70	—	—	12
6.0	4	10	13
6.30	—	—	14
6.5	3	10½	—
6.60	—	—	15
7.0	2	—	—
7.5	1	—	—
8.0	0	11	—
9.0	00	13	—
10.0	000	15	—
12.75	—	17	—
15.0	—	19	—
19.0	—	35	—
25.0	—	50	—

Glosario

Un listado de equivalencias lingüísticas para los términos de tejido más usados.

Para tejer:
tejer a dos agujas (Argentina, Uruguay)
tejer a palillos (Chile)
hacer punto (España)
calcetar (España)

Para hilera:
hilera, vuelta (Argentina, Uruguay)
corrida (Chile)
carrera (España)

Para lazada:
lazada (Argentina, Chile, Uruguay)
hebra (España)

Para disminuir:
disminuir (Argentina, Chile, Uruguay)
menguar (España)
surjete (España)

Punto Santa Clara (Argentina)
punto bobo (España)
punto musgo (México)

Punto jersey derecho (Argentina, México, Uruguay)
Punto jersey (Chile)

Montar puntos (Argentina, Uruguay)
urdir puntos (Chile)

Punto elástico (Argentina, Uruguay)
punto elasticado (Chile)

Agradecimientos

Milana Hilados
Av. Raúl Scalabrini Ortiz 1062
Ciudad de Buenos Aires, Argentina
tel: +5411 4772-0898
www.milanahilados.com.ar

In Memoriam: Melody Griffiths

Este libro está dedicado a la memoria de la autora Melody Griffiths, quien falleció en las etapas finales de la producción del libro. Melody fue una diseñadora y autora excepcional, una verdadera profesional, y sobre todo una maravillosa amiga. Se la extraña enormemente.